Sören Bischof

Der Musiker im Steuerrecht

Der Musiker im Steuerrecht

Sören Bischof

Allen, die zur Verfassung dieses Buches beigetragen haben, danke ich für Geduld, Anregungen, Erfahrungen und Hilfestellungen: Meiner Familie, insbesondere meinem Bruder Karsten und allen musikalischen Weggefährten, mit denen ich zusammen musizieren durfte.

Alle Rechte an der Zusammenstellung dieses Buches beim Voggenreiter Verlag.

Nachdruck nur mit ausdrücklicher Genehmigung der Verfügungsberechtigten erlaubt.

Umschlaggestaltung: OZ, Essen (Christian und Katrin Brackmann)
Lektorat und Satz: B&O

© 2002 Voggenreiter Verlag
Viktoriastraße 25, D-53173 Bonn
www.voggenreiter.de

Aktualisierte Ausgabe 2007

ISBN 978-3-8024-0424-5

Vorwort

Das deutsche Steuerrecht besteht aus einem äußerst komplizierten Zusammenwirken der einzelnen Steuergesetze wie Einkommen-, Umsatz- und Gewerbesteuergesetz, der Abgabenordnung, den Verwaltungsauffassungen (Richtlinien, Erlasse, Verfügungen), der Rechtsprechung durch die Finanzgerichtsbarkeit und den Urteilen des Bundesverfassungsgerichts und Europäischen Gerichtshofs.

Die Vielzahl der Vorschriften sowie das unumstrittene Chaos in der Systematik der Gesetzgebung und der zeitlichen Anwendung der Rechtslage führen in der Praxis leider dazu, dass selbst Profis wie Finanzbeamte, Steuerberater oder Fachanwälte für Steuerrecht vielfach nicht mehr in der Lage sind, die steuerlich relevanten Sachverhalte in allen Auswirkungen zu durchschauen. Damit wird es auch immer schwieriger, den Steuerpflichtigen vor allen steuerlichen Risiken umfassend zu schützen. Auch dieses Buch wird dazu keinesfalls in der Lage sein. Es wird aber den in steuerlichen Angelegenheiten in der Regel nicht als Experten einzustufenden Musiker durch die Einführung in die wichtigsten Steuerarten im **1. Teil** des Buches befähigen, die Grundsätze des deutschen Steuerrechts zu verstehen.

Besonderes Augenmerk wird im 1. Teil auf die Umsatzsteuer gelegt, da hier offensichtlich ein großer Erläuterungsbedarf gegeben ist. Gerade die Umsatzsteuer beinhaltet viele „Fallen", in die der selbständige Musiker immer wieder hineintappt und die bei einer Außenprüfung seitens des Finanzamtes über mehrere Jahre oft unnötigerweise zu äußerst schmerzlichen Steuernachzahlungen führen. Der Bereich der Umsatzsteuer wird daher im ersten Teil nicht nur einführend, sondern umfassend für den Musiker erläutert.

Zu den behandelten Themen gibt es neben der steuerfachspezifischen Ausdrucksweise, die leider in den meisten Fällen unumgänglich ist, eine mit **Translation** bezeichnete Übersetzung in die Normalausdrucksweise des Musikers oder alternativ ein praxisgerechtes **Beispiel** mit Inhalten aus der Musikszene, um die Themen verständlicher zu machen.

Im **2. Teil** werden dann unter gesonderten Überschriften in Frageform die am häufigsten vorkommenden Fragestellungen und Probleme des Musikers aus der täglichen Praxis beantwortet, wobei hierzu das Grundlagenwissen des 1. Teils sehr hilfreich sein wird:

- Wie wird eine Musikgruppe (Band) steuerlich behandelt?
- Wann ist der Umsatzsteuersatz 7 % oder 19 % maßgebend?

- Welche „Aufzeichnungspflichten" hat der Musiker (Stichwort Buchführung)?
- Sind Einnahmen aus Auftritten im Ausland in der deutschen Steuererklärung anzugeben?
- Wie kann man das Auto des Musikers steuerlich absetzen?

Dies sind auszugsweise einige der Fragen, die immer wieder von Musikern gestellt werden. Der Autor wird solche Fragen zu den einzelnen Themen wie schon im 1. Teil anhand praktischer Beispielsfälle verständlich veranschaulichen und Lösungs- und Gestaltungshinweise geben.

Der 3. Teil des Buches ist nochmals ganz speziell auf die Musikszene abgestellt. Unter der Überschrift „Aufräumarbeiten in der Gerüchteküche" fasst der Autor alle ihm aus Musikerkreisen bekannten Gerüchte um steuerliche Sachverhalte zusammen, die in der Praxis vielfach für Verwirrung sorgen, und klärt über deren Wahrheitsgehalt auf.

Dieses Buch ist damit in weiten Teilen seiner Ausführungen in erster Linie direkt an die Musiker gerichtet, die ihre Einnahmen über die Selbständigkeit in Form einer Einzelunternehmung oder Personengesellschaft wie die GbR erzielen. Es handelt sich daher nicht um ein umfassendes steuerliches Nachschlagewerk, **sondern um ein auf den Musiker in der täglichen Praxis zugeschnittenes Buch**. Es soll aber auch dem Steuerfachmann als Nachschlagewerk oder zumindest als Problemhinweisliteratur dienen. Aus diesem Grunde sind zu den einzelnen Erläuterungen Fußnoten angegeben, welche auf die entsprechenden Rechtsgrundlagen bzw. Literatur oder Fundstellen hinweisen.

Wichtiger Hinweis:

Alle hier veröffentlichten Kapitel wurden sorgfältig recherchiert. Dennoch können Fehler in Bezug auf Inhalt, Gesetze, Rechtsprechung und Verwaltungsmeinung und deren Auslegung sowie der zeitlichen Anwendung der jeweiligen Rechtslage gerade in dem der ständigen Änderung unterliegenden Steuerrecht nicht völlig ausgeschlossen werden. Weder Autor noch Verlag übernehmen daher eine Haftung oder sonstige juristische Verantwortung für daraus resultierende Folgen.

Der Inhalt des Buches soll und kann keinen steuerlichen Berater ersetzen. Bevor Gestaltungshinweise oder Inhalte dieses Buches praktisch umgesetzt werden, ist dringend vorher der Rat eines Steuerberaters oder Rechtsanwaltes einzuholen.

Münster, im Januar 2007

Inhalt

Teil 1

1.	Systematische Einführung in das deutsche Steuerrecht	14
1.1	Die wichtigsten Steuern im Umfeld des Musikers	14
1.1.1	Die Einkommensteuer	14
1.1.2	Lohnsteuer	22
1.1.3	Abzugssteuer für beschränkt steuerpflichtige Künstler nach § 50a EStG (Ausländerabzugsteuer)	24
1.1.3.1	Der in Deutschland unbeschränkt einkommensteuerpflichtige Musiker macht einen künstlerischen Auftritt im Ausland	25
1.1.3.2	Der in Deutschland unbeschränkt einkommensteuerpflichtige Musiker engagiert einen nicht in Deutschland unbeschränkt steuerpflichtigen ausländischen Kollegen	29
1.1.4	Umsatzsteuer	30
1.1.4.1	Einführung in die Umsatzsteuer	30
1.1.4.2	Wesen der Umsatzsteuer	32
1.1.4.3	Die einzelnen Voraussetzungen für das Anfallen von Umsatzsteuer	34
1.1.4.3.1	Unternehmer	34
1.1.4.3.2	Umsatzsteuerbarer Umsatz	37
1.1.4.3.3	Der Musiker als Kleinunternehmer	52
1.1.4.4	Die wichtigsten Umsatzsteuerbefreiungen für den Musiker	58
1.1.4.4.1	Die Umsatzsteuerbefreiung § 4 Nr. 20. a) UStG für Orchester, Kammermusikensembles und gleichartige Einrichtungen anderer Unternehmer mit Bescheinigung der zuständigen Landesbehörde und für Solisten nach der EUGH-Rechtsprechung vom 03.04.2003	58

1.1.4.4.2	Die Umsatzsteuerbefreiung § 4 Nr. 20. b) UStG für Veranstaltungen von Konzerten, an denen der unter 1.1.4.4.1 genannte Personenkreis die Darbietung erbringt	61
1.1.4.4.3	Die Umsatzsteuerbefreiung nach § 4 Nr. 21. a) UStG für Schulen oder Bildungseinrichtungen mit Bescheinigung der Landesbehörde	63
1.1.4.4.4	Die Umsatzsteuerbefreiung nach § 4 Nr. 21. b) UStG für Unterrichtsleistungen selbständiger Lehrer an Hochschulen, öffentlichen Schulen und privaten Einrichtungen mit Bescheinigung der Landesbehörde	67
1.1.4.5	Die wichtigsten Umsatzsteuerermäßigungen auf 7%	71
1.1.4.5.1	Die Lieferungen, die Einfuhr und der innergemeinschaftliche Erwerb der in der Anlage zum Umsatzsteuergesetz bezeichneten Gegenstände nach § 12 (2) Nr. 1 UStG	71
1.1.4.5.2	Die Steuerermäßigung auf 7% nach § 12 (2) Nr. 7.a) für die Eintrittsberechtigung für Theater, Konzerte sowie die den Theatervorführungen und Konzerten vergleichbaren Darbietungen ausübender Künstler	73
1.1.4.5.3	Die Steuerermäßigung auf 7% nach § 12 (2) Nr. 7.c, UStG für die Einräumung, Übertragung und Wahrnehmung von Rechten, die sich aus dem Urhebergesetz ergeben	80
1.1.4.6	Die Bemessungsgrundlage für die Umsatzsteuer	89
1.1.4.7	Ausstellen von Rechnungen	93
1.1.4.8	Die Vorschriften über den unrichtigen oder unberechtigten Umsatzsteuerausweis nach § 14c UStG	103
1.1.5.	Der Vorsteuerabzug nach § 15 UStG	107
1.1.5.1.	Die Vorschrift des § 15 (1) UStG	107
1.1.5.2	Der Ausschluss des Vorsteuerabzugs nach § 15 (2) und der Nichtausschluss wegen § 15 (3) UStG	113
1.1.6	Die Gewerbesteuer	117
1.1.6.1	Voraussetzungen für ein Anfallen von Gewerbesteuer	118
1.1.6.2	Gewerbliche Einkünfte kraft gewerblicher Betätigung	118
1.1.6.2.1	Abgrenzung der Einkünfte aus Gewerbebetrieb von den freiberuflichen (künstlerischen) Tätigkeiten des Musikers	119

1.1.6.3 Gewerbliche Einkünfte aufgrund eines Gewerbebetriebs kraft Rechtsform bzw. einer gewerblich geprägten Personengesellschaft.... 122

1.1.6.4 Die gewerbliche Tätigkeit wird bei Vorliegen einer Personengesellschaft, die grundsätzlich nicht gewerbesteuerbar tätig ist (z.b. eine Musikgruppe als GbR), durch eine geringfügige gewerbliche Tätigkeit in vollem Umfang zur Gewerblichkeit infiziert....... 123

1.1.6.5 Sonstiges zur Gewerbesteuer 127

1.1.6.6 Vereinfachtes Schema zur Berechnung der Gewerbesteuer............... 128

Teil 2

2. Erläuterungen der am häufigsten von Musikern gestellten Fragen aus der steuerlichen Beratungspraxis 132

2.1 Was ist gegenüber dem Finanzamt oder anderen Behörden zu tun, wenn man sich als einzelner Musiker selbständig macht?........... 132

2.2 Was ist gegenüber dem Finanzamt oder anderen Behörden zu tun, wenn sich eine Band bzw. Musikgruppe selbständig macht?....... 134

2.3 Sollte eine Band als GbR zwingend einen Gesellschaftsvertrag abschließen?... 134

2.4 Wie funktioniert die steuerliche Abwicklung einer Band/Musikgruppe gegenüber dem Finanzamt? 135

2.5 Ist eine Band steuerlich immer automatisch eine GbR? 139

2.6 Wie sieht eine Einnahmen-Überschussrechnung nach § 4 (3) EStG für den selbständigen Musiker als Einzelunternehmer bzw. für eine Musikgruppe als GbR aus und was ist der Unterschied zu einer Bilanz? 140

2.7 Welche Ausgaben kann der selbständige Musiker als Einzelperson oder über eine Gruppe als GbR steuerlich absetzen?............... 143

2.8 In welcher Form können Reisekosten und Verpflegungsaufwendungen abgesetzt werden und wie hat ein Nachweis auszusehen? 147

2.9 Wann und wie kann ein Arbeitszimmer geltend gemacht werden? 149

2.10	Wie kann man als Musiker ein Auto bzw. die Fahrten absetzen?	153
2.11	Wie wirkt sich die Nutzung eines Kfz oder der Ansatz der Kfz-Pauschalen auf die Umsatzsteuer aus?	159
2.12	Wie muss die Buchführung bzw. die Aufzeichnungspflicht von Unterlagen aussehen?	165
2.13	Muss zwingend ein Kassenbuch oder Kassenbericht geführt werden und wenn ja, was ist zu beachten?	170
2.14	Was versteht man unter Umsatzsteuer nach € 13b UStG – Leistungsempfänger als Steuerschuldner bei der Mitwirkung von ausländischen Musikern bei einem Auftritt?	179
2.15	Wie muss bei Engagement eines ausländischen Musikers die Abzugsteuer für beschränkt steuerpflichtige Künstler (Ausländerabzugsteuer nach § 50a EStG) berechnet und abgeführt werden?	183
2.16	Wo liegt der Unterschied zwischen Selbständigkeit, Selbständiger mit nur einem Auftraggeber und Scheinselbständigkeit?	195
2.17	Was passiert bei einer steuerlichen Betriebsprüfung?	198
2.18	Was unternimmt man gegen einen fehlerhaften Steuerbescheid?	200
2.1.9	Was versteht man unter Abschreibung bzw. Ansparabschreibung?	204

Teil 3

Aufräumarbeiten in der Gerüchteküche 208
Gerücht 1: Der Selbständige zahlt in den ersten 2 Jahren keine Steuern 208
Gerücht 2: Als Musiker ist man doch Künstler und kann daher immer mit 7 % Umsatzsteuer abrechnen 209
Gerücht 3: Wenn man ein Engagement gegen Honorarrechnung für eine umsatzsteuerbefreite Einrichtung macht, muss keine Umsatzsteuer berechnet werden 209
Gerücht 4: Als verheirateter selbständiger Musiker kann ich durch die bessere Lohnsteuerklassenwahl meines Partners die Steuer senken 210
Gerücht 5: Als Selbständiger muss ich eine Bilanz und eine doppelte Buchführung erstellen 211
Gerücht 6: Als Student zahle ich keine Steuer für musikalische Nebentätigkeiten 211
Gerücht 7: Im Ausland erhaltene und dort versteuerte Gagen haben keine Auswirkungen auf die deutsche Einkommensteuer, weil ja schon Steuer abgeführt wurde 212
Gerücht 8: Als Musiker ist man doch Künstler und hat daher nichts mit Gewerbesteuer zu tun.. 213
Gerücht 9: Das Steuerrecht wird immer einfacher 213
Gerücht 10: Auf Musikunterricht muss nie Umsatzsteuer abgeführt werden.. 214
Gerücht 11: Wer als Selbständiger Einkommensteuer zahlt, ist konservativ oder hat keinen oder einen schlechten Steuerberater 216

Anhang

Fußnoten 218
Der Autor 222

Teil 1

1. Systematische Einführung in das deutsche Steuerrecht

1.1 Die wichtigsten Steuern im Umfeld des Musikers

1.1.1 Die Einkommensteuer

Der Musiker kann sich in der Bundesrepublik Deutschland in den verschiedensten Bereichen am Erwerbsleben beteiligen. Er kann selbständig als Live-Musiker Auftritte machen, in einer Gruppe als Instrumentalist oder Sänger sein Können beweisen, eigene Songs und Texte schreiben, arrangieren, Unterricht geben oder als Studiomusiker sein Glück versuchen.
Dies sind Tätigkeiten, die durch den Musiker im eigentlichen Sinne primär ausgeübt und daher im Rahmen dieses Buches steuerlich behandelt werden. Sie sollen nachfolgend immer als die **primären Tätigkeiten** des Musikers bezeichnet werden.

Im weiteren Sinne kann der Musiker ein Tonstudio betreiben, einen Verlag oder eine eigene Plattenfirma gründen, sich durch Werbevertragseinnahmen beglücken, ein Musikmanagement betreiben ... Die zuletzt genannten Betätigungen sind solche, die in der Regel ertragsteuerlich als Einkünfte aus Gewerbebetrieb eingeordnet werden, und sollen nachfolgend als die **sekundären Tätigkeiten** des Musikers in steuerlicher Sicht angesprochen, aber nicht vertieft behandelt werden.

Seine Tätigkeiten kann der Musiker als selbständige Einzelperson, als Gesellschafter einer Personengesellschaft (z.B. GbR) oder Kapitalgesellschaft (z.B. GmbH) oder als Angestellter ausüben. Die Wahl dieser Rechtsformen oder die Unterscheidung zwischen dem selbständigen oder dem angestellten Musiker hat steuerliche Auswirkungen auf die jeweilige Art der Einkünfte und damit auch darauf, ob neben der Einkommensteuer oder neben der Umsatzsteuer noch zusätzlich Gewerbesteuer anfallen kann.

Die **Einkommensteuer (ESt)** ist von allen Steuerarten die Steuer, mit welcher der Musiker unabhängig von der Art der ausgeführten Tätigkeit und unabhängig von der Rechtsform immer konfrontiert wird, wenn sein zu versteuerndes Einkommen über dem steuerlichen Grundfreibetrag des Kalenderjahres liegt. Sie gehört zu den Ertragsteuern. Besteuert wird damit im Ergebnis der Gewinn oder Überschuss aus einer gewerblichen oder beruflichen Tätigkeit. Die oben beispielhaft für den Musiker genannten Tätigkeiten führen dann in Deutschland zu Einkommensteuerzahlungen, wenn:

1) der Musiker der **unbeschränkten Einkommensteuerpflicht**[1] unterliegt

und

2) eine oder mehrere der **sieben steuerlich relevanten Einkunftsarten**[2] mit seiner Tätigkeit erzielt

und

3) das zu **versteuernde Einkommen** den **steuerlichen Grundfreibetrag** übersteigt.

zu 1) Unbeschränkte Einkommensteuerpflicht

Die unbeschränkte Einkommensteuerpflicht liegt vor, wenn eine natürliche Person im Inland ihren Wohnsitz oder gewöhnlichen Aufenthalt hat[3].

zu 2) Steuerlich relevante Einkunftsart

Das Einkommensteuergesetz nennt sieben verschiedene Einkunftsarten, wobei speziell für den Musiker nur 3 bzw. im erweiterten Sinne die 4 erstgenannten Einkunftsarten in der Praxis von Bedeutung sein werden.

Einkünfte aus selbständiger Arbeit § 18

Diese Einkunftsart liegt vereinfacht ausgedrückt beim Musiker vor, wenn er als Selbständiger die primär unter dem Begriff „Musiker" zusammenzufassenden Tätigkeiten wie Live-Auftritte, Komponieren mit Rechtsübertragungen an den Werken, Studiomusikertätigkeit, Arrangieren etc. nachhaltig mit Gewinnerzielungsabsicht ausführt.[4]

Einkünfte aus Gewerbebetrieb § 15

Diese werden beim Musiker mit seinen primären Tätigkeiten grundsätzlich nicht vorliegen. Der Unterschied zu den Einkünften aus selbständiger Tätigkeit nach § 18 EStG ist, dass sich der Gewerbetreibende am allgemeinen wirtschaftlichen Verkehr beteiligt. Die Folge von Einkünften aus Gewerbebetrieb liegt darin, dass neben der Einkommensteuer zusätzlich noch Gewerbesteuer anfallen kann.[5] Typischerweise sind Einkünfte aus Gewerbebetrieb gegeben, wenn der Musiker Handel betreibt (z.B. eigener Vertrieb einer selbstproduzierten CD), einen Musikverlag gründet oder aber auch, wenn er seine Tätigkeit in bestimmten Rechtsformen wie z.B. der GmbH betreibt.

Einkünfte aus nichtselbständiger Arbeit § 19

Diese liegen immer vor, wenn die berufliche Tätigkeit in einem abhängigen Beschäftigungsverhältnis, d.h. als Angestellter oder Arbeiter über Lohnsteuerkarte oder in Form der pauschalbesteuerten Aushilfskräfte (400 €-Jobs), ausgeübt wird. Hier treten in der Praxis vielfach Schwierigkeiten zur Abgrenzung der selbständigen Tätigkeit gegenüber der nichtselbständigen Tätigkeit auf.[6]

Einkünfte aus Kapitalvermögen § 20

Dabei handelt es sich in erster Linie um solche Einkünfte aus Zinsen, Dividenden etc.
Damit ist es keine musikertypische Einkunftsart, die aufgrund irgendwelcher praktischen Besonderheiten für den Musiker erläutert werden muss. Sofern der Musiker aber seine Tätigkeit in der Rechtsform einer Kapitalgesellschaft wie z.B. der GmbH abwickelt, so wären mit Gewinnausschüttungen aus der GmbH grundsätzlich auch solche Einkünfte aus Kapitalvermögen gegeben.

Die weiteren Einkunftsarten wie:

- Einkünfte aus Land-/Forstwirtschaft § 13
- Einkünfte aus Vermietung und Verpachtung § 21
- Sonstige Einkünfte § 22 und § 23

sind für die spezielle praktische Beurteilung der beruflichen Tätigkeit des Musikers von untergeordneter Bedeutung.

zu 3) Zu versteuerndes Einkommen und Grundfreibetrag

Dieses ermittelt sich stark vereinfacht aus[7]:

Gesamtbetrag der Einkünfte

= Gewinn oder Überschuss bzw. Verlust aus allen Einkunftsarten. Der Gewinn, Überschuss oder Verlust berechnet sich vereinfacht aus der Differenz zwischen Einnahmen und absetzungsfähigen Ausgaben[8].

abzüglich Sonderausgaben

= Vorsorgeaufwendungen wie Krankenversicherungen, Altersvorsorgebeiträge, der auf der Lohnsteuerkarte ausgewiesene Sozialversicherungsbetrag usw., allerdings alle nur abziehbar bis zu bestimmten Höchstbeträgen. Andere Sonderausgaben können Berufsausbildungskosten wie Semesterbeiträge und Fachliteratur für Studenten oder die bezahlte Kirchensteuer sein.[9]

abzüglich außergewöhnliche Belastungen

= privat und nicht direkt durch den Beruf veranlasste Kosten, die dem Steuerpflichtigen zwangsläufig entstehen wie z.b. Rechtsanwaltskosten für eine Scheidung, Eigenanteil der Zahnersatzkosten, die nicht von der Krankenversicherung erstattet werden, Unterhalt an den geschiedenen Ehegatten, der nicht die Anlage U unterschrieben hat, Aufwendungen aufgrund einer Behinderung etc. Dabei ist zu beachten, dass bestimmte Aufwendungen sich steuerlich nur bis zu bestimmten Höhen und gekürzt um die sogenannte zumutbare Eigenbelastung geltend machen lassen.[10]

= zu versteuerndes Einkommen

Liegt dieses zu versteuernde Einkommen unter dem Grundfreibetrag von derzeit € 7.664,00 bei Ledigen bzw. bei Verheirateten von € 15.328,00, die sich zusammen veranlagen lassen, so fällt überhaupt keine Einkommensteuer an.

Zusammenfassendes Beispiel 1 zur Einkommensteuer:

Die beliebte Rock & Bluessängerin Inga Mic-Phon[11], wohnhaft in der Es-Em-Straße 58 in Münster, arbeitet als Angestellte 25 Wochenstunden in einer Musikschule und gibt dort Gesangsunterricht. Die Schule liegt in 2 km Entfernung von ihrem Wohnort in Münster. Sie verdient laut Lohnsteuerkarte € 25.000,00 im Jahr. Auf der Lohnsteuerkarte sind neben dem Gehalt ausgewiesen: € 3.537,00 einbehaltene Lohnsteuer, € 318,00 einbehaltene Kirchensteuer, € 195,00 einbehaltener SolZ und € 2.560,00 einbehaltene Sozialversicherungsbeiträge. Daneben noch € 2.430,00 Arbeitgeberanteil und € 2.430,00 Arbeitnehmeranteil an gesetzlichen Rentenversicherungsbeiträgen. Weiterhin singt sie nebenher in Kneipen, Clubs oder auf Stadtfesten auf eigene Rechnung. Sie hatte im Kalenderjahr € 20.000,00 Einnahmen von Veranstaltern aus solchen Auftritten gegen Rechnung erhalten. Für die Auftritte hatte sie immer den Gitarristen Carl Salton zur Begleitung engagiert. Carl erhielt dafür insgesamt € 7.500,00 an Honoraren von Inga gegen Rechnung. Weiterhin hatte sie Fahrten zu den Auftritten in Höhe von 3000 km aufgeschrieben. An sonstigen Kosten wie Porto, Bürobedarf, Telefon im Zusammenhang mit den Auftritten zahlte sie € 800,00. An Versicherungen hatte sie € 1.800,00 für Kapitallebensversicherung zur Altersversorgung (Abschluss der Versicherung vor dem 01.01.2005) und eine Unfallversicherung über € 240,00 im Jahr bezahlt.

Lösung zu Beispiel 1:

Ob und wie hoch eine Einkommensteuerzahlung anfällt, ermittelt sich wie folgt:

1) Inga ist **unbeschränkt einkommensteuerpflichtig**, da sie ihren Wohnsitz in Münster in der Es-Em-Str. 58 = Deutschland = Inland hat.

2) Inga erzielt mit ihren Tätigkeiten 2 der 7 **steuerlich relevanten Einkunftsarten**. Diese sind hier zum einen Einkünfte aus nichtselbständiger Arbeit (§ 19 EStG) über das Gehalt, das sie als Angestellte über Lohnsteuerkarte aus der Musikschule erhält. Zum anderen sind dies hier Einkünfte aus selbständiger Arbeit (§ 18 EStG) als selbständig auftretende Sängerin auf eigenem Namen unter eigenem Risiko, nicht weisungsgebunden in ihrer künstlerischen Darbietung und aufgrund einer eigens für die jeweiligen Auftritte geschriebenen Rechnung.

3) Das zu **versteuernde Einkommen** für das Beispiel beträgt:

```
Einnahmen aus nichtselbständiger Arbeit        € 25.000,00
- Werbungskosten-Pauschbetrag                  - €    920,00
= Einkünfte aus nichtselbständiger Arbeit      € 24.080,00      € 24.080,00

Betriebseinnahmen aus selbständiger Arbeit     € 20.000,00
- Betriebsausgaben
    Carl Salton                                - €  7.500,00
    Fahrtkostenpauschalen zu Auftritten 3.000 km
    x € 0,30                                   - €    900,00
    Porto, Büro, Telefon etc.                  - €    800,00
= Einkünfte aus selbständiger Arbeit           € 10.800,00      € 10.800,00

Gesamtbetrag der Einkünfte                                      € 34.880,00
- Sonderausgaben € 2.560,00
  € 4.860,00
  € 1.800,00
  € 240,00 = € 9.460,00
  aber maximal nach neuer Höchstberechnungsgrenze               - €  1.968,00
- Kirchensteuer als Sonderausgabe                               - €    350,00
- außergewöhnliche Belastungen (keine)                          - €      0,00

= zu versteuerndes Einkommen                                    € 32.562,00
```

Aus der Einkommensteuergrundtabelle ergibt sich nun beispielhaft bei diesem zu versteuernden Einkommen eine Einkommensteuer von insgesamt € 6.644,00 zuzüglich € 365,00 an Solidaritätszuschlag und € 597,00 an Kirchensteuer (weil Inga katholischer Konfession ist) = insgesamt **€ 7.606,00** an Steuerfestsetzungen.

Auf der Lohnsteuerkarte sind wie oben im Fall angegeben insgesamt € 3.537,00 Lohnsteuer, € 318,00 KiSt und € 195,00 SolZ = insgesamt € 4.050,00 an Steuern einbehalten und damit durch die Angestellte schon bezahlt worden. Diese Steuer wird angerechnet, so dass die Nachzahlung für Einkommen- und Kirchensteuer sowie SolZ für Inga per Saldo in ca. 8 Wochen nach Abgabe ihrer Einkommensteuererklärung betragen wird:

```
Steuerfestsetzung                           €  7.606,00
einbehaltene = gezahlte Steuer            - €  4.050,00
Steuernachzahlung                         =  €  3.556,00
```

Praxishinweis:

Aus dem Berechnungsschema des obigen Beispiels ist zu entnehmen, dass sich die festzusetzende Einkommensteuer immer nach der Höhe des zu versteuernden Einkommens aus der jeweiligen Einkommensteuertabelle ergibt.
Soweit das zu versteuernde Einkommen den Grundfreibetrag übersteigt, ergibt sich immer eine Einkommensteuerzahlung.[12]

Derjenige Musiker, der wie Inga Mic-Phon im Beispiel bereits mit seinen Einkünften aus nichtselbständiger Arbeit (Angestelltentätigkeit in der Musikschule über Lohnsteuerkarte) abzüglich der Sonderausgaben über dem Grundfreibetrag liegt, wird daher zwingend eine Einkommensteuernachzahlung nach Abgabe der Einkommensteuererklärung leisten müssen, sofern ein Gewinn oder Überschuss aus einer anderen Einkunftsart hinzukommt, für die keine Steuervorauszahlungen geleistet wurden.
Sollte der jeweilige Musiker nicht bereits zu Einkommensteuervorauszahlungen je zum 10.03./10.06./10.09./10.12. des laufenden Jahres durch das Finanzamt veranlagt worden sein, so empfiehlt es sich dringend, einen Teil der nebenher als selbständiger Musiker erzielten Einnahmen für Steuernachzahlungen vorsichtshalber beiseite zu legen, z.B. durch Einzahlung auf ein Termingeldkonto bei der Bank etc.

Noch schlimmer wird es den Musiker liquiditätsbezogen auf einen Schlag treffen, wenn er noch keine Einkommensteuervorauszahlungen geleistet hat und die Einkommensteuererklärung eines Jahres z.B. aufgrund eines Fristverlängerungsantrages erst mit Ablauf des Folgejahres abgibt. Der Bescheid über die eigentliche Steuernachzahlung kommt in der Regel ca. 4–8 Wochen nach Abgabe der Erklärung. Gibt Inga Mic-Phon ihre Einkommensteuererklärung für 2007 erst Ende Oktober 2008 ab, so zahlt sie ca. 4–8 Wochen später im Dezember 2008 die Nachzahlung für das Jahr 2007 über € 3.556,00. Damit alleine ist es aber nicht getan. Das Finanzamt wird hier nun zulässigerweise zum 10.12.2008 einen Einkommensteuervorauszahlungsbescheid für das nun schon fast abgelaufene Kalenderjahr 2008 zustellen. Diese Vorauszahlung zum 10.12.2008 würde nochmals denselben Betrag zum annähernd selben Zeitpunkt ausmachen. Inga fließen hier somit 2 x € 3.556,00 = € 7.112,00 im Dezember 2008 als Steuerzahlungen ab. Wenn so etwas passiert, wird sie als Musikerin in der Folgezeit ihre Hausbank meist nur noch mit Trenchcoat und Sonnenbrille betreten können.

Dies zeigt, wie wichtig es ist, regelmäßig einen Teilbetrag für Steuernachzahlungen zur Seite zu legen. Gerade die gesetzlich vorgegebene und m.E. in bestimmten Fällen äußerst kritisch zu sehende Möglichkeit, seitens des Finanzamtes die Vorauszahlungen anzupassen, führt in der Praxis nicht selten dazu, dass Steuerzahler in Liquiditätsschwierigkeiten kommen, die sogar existenzbedrohend sein können. Wurden keine Rücklagen für Steuern gebildet oder nur geringe Vorauszahlungen geleistet, so wird man sich das Geld von seiner Bank leihen müssen. Bankunternehmen sind nicht gerade entzückt, wenn schlecht verdienende Musiker Kredite für Steuernachzahlungen wünschen. Diese werden meist nicht oder nur auf Kontokorrentbasis mit Zinssätzen über 10 % gewährt, was der sensiblen Musikerseele empfindlichen Schaden zuführen kann.

Translation:

Die Einkommensteuer ist die Steuer auf den Ertrag, den ein Steuerpflichtiger durch eine Tätigkeit erzielt, die eine der 7 steuerlichen Einkunftsarten berührt.
Sie fällt immer an, wenn das zu versteuernde Einkommen den einkommensteuerlichen Grundfreibetrag übersteigt. Aufgrund der Höhe des zu versteuernden Einkommens kann man anhand der allgemein zugänglichen Einkommensteuertabellen die festzusetzende Steuer ablesen. Zieht man davon die Steuer ab, die man für das Jahr vorausgezahlt hat, so lässt sich die Erstattung oder Nachzahlung ermitteln.

1.1.2 Lohnsteuer

Die Lohnsteuer ist nichts anderes als eine besondere Erhebungsform der Einkommensteuer. Der Musiker, der hauptberuflich oder teilweise als Angestellter über Lohnsteuerkarte ein Gehalt oder Arbeitslohn bezieht, unterliegt grundsätzlich der Lohnsteuer.

Der Arbeitgeber ist verpflichtet, vom Bruttogehalt oder Bruttolohn genau den Betrag an Lohnsteuer, Kirchensteuer (sofern eine Kirchzugehörigkeit gegeben ist) und Solidaritätszuschlag einzubehalten und an das für den Arbeitgeber zuständige Finanzamt abzuführen, der sich anhand der konkreten Steuerklasse aus der Lohnsteuertabelle ergibt. Die einbehaltene Lohnsteuer, die der Arbeitgeber nach Ablauf des Jahres auf der Lohnsteuerkarte bescheinigt, hat die Wirkung einer Lohnsteuer-(= Einkommensteuer)vorauszahlung[13] für den Arbeitnehmer.

Hilfreich ist zu wissen, dass weiterhin die Möglichkeit besteht, bei geringfügig Beschäftigten bis zu einem monatlichen Betrag an Lohn oder Gehalt von derzeit € 400,00 die Lohnsteuerzahlung vom Arbeitgeber pauschalisiert abzuführen[14]. Bei dieser Alternative zahlt der Arbeitgeber einen Betrag von 30 % an die Bundesknappschaft. Darin sind 2 % pauschale Lohnsteuer enthalten. Das wird für den Arbeitgeber teuer, weil er neben dem Betrag von maximal € 400,00 zusätzlich die 30 % als Kosten zu tragen hat. Der Musiker als geringfügig Beschäftigter hat aber den Vorteil, dass er diese Einnahmen nicht in seiner Steuererklärung angeben muss, weil mit der pauschalen Lohnsteuer die Besteuerung erfüllt ist.

In der Praxis wird es von Arbeitgebern vielfach so gehandhabt, dass man trotz der geringfügigen Beschäftigung bis maximal € 400,00 die Lohnsteuerkarte von dem Arbeitnehmer einsammelt. Hier ist Vorsicht geboten. Sammelt der Arbeitgeber die Lohnsteuerkarte ein, so wird er dies wahrscheinlich deshalb machen, um das Arbeitseinkommen über die Lohnsteuerkarte abzuwickeln. Dann muss der Arbeitgeber nämlich nur 28 % und nicht 30 % an die Bundesknappschaft abführen. Bei einem 400 €-Job spart er also maximal 2 % = € 8,00. Der Angestellte muss dann die € 400,00 in seiner Steuererklärung versteuern. Je nachdem wie hoch seine anderen Einkünfte zu diesem Nebenjob sind, versteuert er diese € 400,00 dann womöglich mit einem viel höheren Steuersatz.

Folglich sollte man bei Annahme eines solchen Geringverdiener-Jobs klar vereinbaren, dass der Arbeitgeber den kompletten Betrag von derzeit 30 % anstatt 28 % an die Bundesknappschaft trägt, es sei denn man hat nur geringe andere Einkünfte, so dass das zu versteuernde Einkommen insgesamt noch unter dem Grundfreibetrag verbleibt.

Auf der anderen Seite kann der Musiker dann etwas mit der Lohnsteuer zu tun bekommen, wenn er selbst zum Arbeitgeber wird und andere anstellt oder beschäftigt. Dann muss er für den Arbeitnehmer die Lohnsteuer von seinem Bruttoverdienst einbehalten und abführen, eine Lohnbuchhaltung einrichten oder in Auftrag geben und auch eventuelle Sozialversicherungsbeiträge berechnen, einbehalten und abführen.

Praxishinweis:

Die Wahl der Steuerklasse auf der Lohnsteuerkarte bei Verheirateten zwischen den Kombinationen IV–IV oder III–V ist per Saldo nicht mit steuerlichen Vor- oder Nachteilen verbunden, sofern nach Ablauf des Jahres eine Steuererklärung abgegeben wird.

Bei der Steuerklasse III wird in der Kombination die geringste Lohnsteuer einbehalten, bei Steuerklasse V die höchste Lohnsteuer. Steuerklasse IV hingegen ist identisch mit der Steuerklasse I bei Ledigen und liegt vom Steuereinbehalt zwischen den Klassen III und V.

Wie bereits aus der Einführung zur Einkommensteuer und zur Lohnsteuer zu entnehmen ist, wird die Lohnsteuer als Vorauszahlung eines Arbeitnehmers auf seine Einkommensteuer gesehen, die sich immer nach der Höhe des zu versteuernden Einkommens richtet. Wählen Ehegatten nun die für ihre konkrete Einkommenskonstellation „schlechtere Steuerklasse", so zeigt sich dies dadurch, dass zunächst mehr Lohnsteuer einbehalten wird. Die Folge dieser höheren Einbehaltung der Lohnsteuer ist eine geringere Nettoauszahlung des Gehalts durch den Arbeitgeber. Wird nun aber nach Ablauf des Kalenderjahres eine Einkommensteuererklärung abgegeben, so wird bei sonst gleichen Verhältnissen genau dieser aufgrund der ungünstigeren Lohnsteuerklasse zuviel einbehaltene Betrag wieder erstattet bzw. weniger ans Finanzamt nachgezahlt.

Dabei gilt es noch zu wissen, dass es bei der Steuerklassenwahl III–V anstatt IV–IV ohnehin zwingend zur Abgabe einer Einkommensteuererklärung kommt. Bei der Steuerklassenwahl IV–IV hingegen ist nur dann eine Einkommensteuererklärung abzugeben, wenn weitere Einkünfte von mindestens € 410,00 vorliegen, von denen kein Steuerabzug vorgenommen wurde. Die Ehegatten können bei nicht zwingender Einkommensteuerveranlagung freiwillig eine Steuererklärung abgegeben (z.B. weil sie Erstattungen erwarten). Dann handelt es sich aber um die sogenannte Antragsveranlagung, die spätestens vor Ablauf von weiteren 2 Jahren des maßgeblichen Kalenderjahres erfolgen muss.

Translation:

Die Lohnsteuer ist nur eine andere Bezeichnung für die Einkommensteuer, die dem Arbeitnehmer vom Arbeitgeber im Rahmen der Gehalt-/Lohnabrechnung einbehalten wird.
Derjenige, der selbst andere als Arbeitnehmer beschäftigt, muss die entsprechende Lohnsteuer, den Solidaritätszuschlag und bei Kirchenzugehörigkeit des Arbeitnehmers zusätzlich die Kirchensteuer einbehalten und ans Finanzamt abführen.

Die Wahl der Steuerklasse auf der Lohnsteuerkarte ist aus rein steuerlicher Sicht weder von Vor- oder Nachteil, sofern nach Ablauf des Jahres eine Einkommensteuererklärung abgegeben wird.

1.1.3 Abzugssteuer für beschränkt steuerpflichtige Künstler nach § 50a EStG (Ausländerabzugsteuer)

Mit dieser Steuer wird der selbständige Musiker in der Praxis aufgrund der offenen Grenzen, der Globalisierung und der Internationalität im Musikbusiness insgesamt in Zukunft wesentlich öfter konfrontiert werden, als ihm bewusst ist.
Die Rechtsgrundlagen dieser Steuer ergeben sich aus Sichtweise des deutschen Fiskus aus den §§ 49 und 50a EStG[15].

Die Ausländerabzugsteuer (Steuerabzug bei beschränkt Steuerpflichtigen oder verkürzt genannt Ausländerabzugsteuer) kann den selbständigen Musiker in 2 Bereichen antreffen:

1.1.3.1 Der in Deutschland unbeschränkt einkommensteuerpflichtige Musiker macht einen künstlerischen Auftritt im Ausland

Beispiel 2

Gitarrist Jens Funkfingerhut, der in Deutschland wohnt und hier bei verschiedenen Bands als Live- und Studiomusiker gegen Honorar selbständig tätig ist, spielt einen Aushilfsjob bei der niederländischen Top-40-Band Hank van de Kaas & Friends. Jens erhält dafür eine Gage von € 250,00 ausbezahlt, wobei der niederländische Veranstalter einen Sozialbetrag sowie niederländische Steuer von 20 % einbehalten hat und die € 250,00 den Nettoauszahlungsbetrag an Jens darstellen.

Lösung zu Beispiel 2:

In dem Beispiel hat der Veranstalter aus den Niederlanden aus Sicht des niederländischen Fiskus die Ausländerabzugsteuer für den Deutschen einbehalten.
Diese Einnahme muss Jens Funkfingerhut nicht in seiner deutschen Gewinnermittlung als Betriebseinnahme angeben. Die Einnahme ist in Deutschland einkommensteuerfrei vereinnahmt, da es aus deutscher Sicht kein Besteuerungsrecht für den künstlerischen Auftritt des Deutschen als Musiker in den Niederlanden gibt. Im Doppelbesteuerungsabkommen (DBA) zwischen Deutschland und den Niederlanden verzichtet die Bundesrepublik nämlich auf das grundsätzliche Besteuerrecht für selbständig ausgeübte künstlerische Tätigkeiten, das sie als Wohnsitzstaat hat[16].

Auch wenn der niederländische Staat diese Steuer nicht über die niederländische Top-40-Band abgeführt erhalten sollte (z.B. weil diese von ihrer Pflicht nichts weiß), ergibt sich daraus keine Einkommensteuerpflicht dieser Einnahme für Jens in der deutschen Steuererklärung, weil die Bundesrepublik über das DBA auf ihr Besteuerungsrecht verzichtet hat.
Der Bruttobetrag des Umsatzes (also vor Abzug der ausländischen Beträge) unterliegt aber in Deutschland dem Progressionsvorbehalt.[17] Progressionsvorbehalt bedeutet, dass die Einnahme, obwohl sie einkommensteuerfrei gestellt ist, dennoch in der Steuererklärung angeben werden muss. Der Betrag wird aber nicht in der Gewinnermitt-

lung als Betriebseinnahme erfasst, sondern bei der Steuererklärung in die Anlage AUS (ausländische Einkünfte) eingetragen und von dort seitens des Finanzamtes für den Progressionsvorbehalt berücksichtigt.

Translation:

Die Einnahmen eines selbständig auftretenden deutschen Musikers für einen Auftritt im Ausland brauchen in den Fällen, soweit die Bundesrepublik per DBA auf ihr Besteuerungsrecht verzichtet hat, nicht in der Gewinnermittlung des Musikers bei der deutschen Einkommensteuererklärung erfasst werden.

Durch den Progressionsvorbehalt dieser Einnahmen bewirken sie aber in Deutschland je nach Einkommensverhältnissen dennoch fast immer eine „teilweise Besteuerung" dieser Einnahme. Die Bezeichnung „steuerfreie Einnahme" trifft damit in der praktischen Umsetzung nur in den wenigsten Fällen zu. Unter Progressionsvorbehalt versteht man, dass der deutsche Staat den Steuersatz in der Höhe festsetzt, als wäre die Einnahme voll steuerpflichtig. Dann nimmt man diese freigestellten Einnahmen wieder heraus. Der verbleibende Betrag des zu versteuernden Einkommens ohne diese Einnahmen wird dann aber mit dem höheren Steuersatz versteuert, der sich ergäbe, wenn die Einnahme voll steuerpflichtig wäre.

Zu beachten ist, dass Deutschland nicht in jedem DBA auf sein Besteuerungsrecht verzichtet. In den meisten DBA, wie z.B. mit Österreich, der Schweiz oder Italien, behält Deutschland sein grundsätzliches Besteuerungsrecht als Wohnsitzstaat des Musikers. Zudem darf der Staat, in dem der Auftritt gemacht wurde, eine Besteuerung in Form eines Steuerabzugs durchführen. Dies geschieht bei auftretenden Musikern in der Form, dass der Veranstalter bei Auszahlung der Gage eine Einkommensteuer einbehält und diese an den Staat abführt, in dem der Auftritt stattfand. In solchen Fällen gibt es zur Vermeidung der Doppelbesteuerung in den DBA dann wieder 2 Möglichkeiten:

Die Einnahme wird entweder in Deutschland wieder freigestellt, aber unter Anwendung des Progressionsvorbehaltes angesetzt, oder aber der deutsche Musiker muss diese Einnahme ganz normal in seiner Gewinnermittlung erfassen und die eventuell z.B. in Österreich, der Schweiz oder Italien einbehaltene Steuer wird dann in Deutschland angerechnet. Aus nachfolgenden Übersichten können auszugsweise die wichtigsten Staaten und die jeweiligen Methoden zur Vermeidung der Doppelbesteuerung entnommen werden, wenn ein Musiker eine Darbietung an einem Ort außerhalb der Bundesrepublik erbringt und der Musiker selbst Vertragspartner ist:

Übersicht 1

Deutschland stellt die Einnahmen für Auftritte von in Deutschland ansässigen Musikern im Ausland steuerfrei, berücksichtigt diese aber für den Progressionsvorbehalt bei Auftritten in folgenden Staaten:

Australien, Frankreich, Griechenland, Großbritannien, Irland, Niederlanden, Japan, Spanien, Luxemburg, Marokko, Südafrika

Übersicht 2

Deutschland behält das Besteuerungsrecht und rechnet zur Vermeidung der Doppelbesteuerung die im ausländischen Staat einbehaltene Steuer an:

Argentinien, Belgien, Bolivien, Brasilien, Bulgarien, China, Dänemark, Ecuador, Elfenbeinküste, Estland, Finnland, GUS-Staaten, Italien, Jamaika, Kenia, Kuweit, Lettland, Polen, Portugal, Rumänien, Russland, Schweden, Schweiz, Slowakei, Litauen, Malta, Mexiko, Namibia, Neuseeland, Norwegen, Österreich, Sri Lanka, Trinidad/Tobago, Tschechien, Türkei, Tunesien, Ukraine, Ungarn, USA, Usbekistan, Vereinigte Arabische Emirate (VAE), Venezuela, Vietnam, Zypern

Daraus folgt, dass für den Großteil der Staaten über die Doppelbesteuerungsabkommen die Anrechnungsmethode und nicht die Freistellungsmethode anzuwenden ist.

Beispiel 3:

Der international bekannte Gitarrist Martin Lorenz mit Wohnort in Deutschland wird von der italienischen Popgröße Iros Panacotta für seine Italientournee engagiert. Martin erhält für die 10 Auftritte insgesamt € 12.000,00 überwiesen. Vereinbart war eine Bruttogage von € 15.000,00, wobei aber der italienische Veranstalter (beispielhaft) insgesamt € 3.000,00 italienische Steuer einbehalten hat, so dass € 12.000,00 an den Gitarristen überwiesen wurden.

Lösung zu Beispiel 3:

Die Gagen über € 12.000,00 müssen ganz normal in der in Deutschland bei der Steuererklärung mit einzureichenden Gewinnermittlung des Martin Lorenz erfasst werden. Anzusetzen sind aber € 15.000,00 als Bruttoeinnahme, da eine einbehaltene Steuer in Deutschland nicht von der Einnahme abgezogen werden kann.
Bei einem beispielhaften Steuersatz von z.B. 30 % würde Martin damit unterm Strich die Einnahme mit € 4.500,00 versteuern. Er bekommt aber bei Beachtung bestimmter Voraussetzungen die € 3.000,00 italienische Steuer angerechnet, so dass er auf diese Erlöse aus Italien in Deutschland nur noch € 1.500,00 zahlen muss.

Hinweis:

Die oben genannten Methoden der Beseitigung der Doppelbesteuerung gelten für die Fälle, bei denen der in Deutschland ansässige Musiker die Darbietung im Ausland erbringt und dafür als Vertragspartner eine Gage erhält. Sofern der Musiker nicht der direkte Vertragspartner ist, sondern die Darbietung über ein anderes Unternehmen für den Künstler abgewickelt wird wie z.B. durch eine Künstlerverleihungsgesellschaft, so können sich andere Regelungen über die Doppelbesteuerungsabkommen ergeben, als diese oben aufgeführt sind. Im Einzelfall sollte dann der konkrete Sachverhalt anhand der Abkommen überprüft werden.

1.1.3.2 Der in Deutschland unbeschränkt einkommensteuerpflichtige Musiker engagiert einen nicht in Deutschland unbeschränkt steuerpflichtigen ausländischen Kollegen

Dies ist aus Sicht des deutschen Musikers, der in Deutschland unbeschränkt einkommensteuerpflichtig ist, der wesentlich bedeutendere Fall. Der deutsche Staat nimmt den deutschen Musiker praktisch in die Pflicht, ähnlich wie ein Arbeitgeber für den engagierten ausländischen Musiker eine Einkommensteuer von der Gage einzubehalten und an das deutsche Finanzamt abzuführen[18].

Beispiel 4:

Der in Hamburg lebende Bassist Jo-Kecks Funkmann ist zweifellos einer der besten Funkbassisten der Welt. Mehrmals im Jahr holt er sich die Crème de la Crème der nationalen und internationalen Szene nach Hamburg, wo er sich als Veranstalter der Konzertreihe „Funk but not krank" einen Namen gemacht hat. Er engagiert unter anderen den nach Jo-Kecks Funkmann zweitbesten Bassisten der Welt, Bert Gracht, und die österreichische Saxophonlegende Trixi Gracht (vor Jahren ausgewanderte Zwillingsschwester des Bert Gracht), mit der er eine Bruttogage von € 1.000,00 vereinbart.

Lösung zu Beispiel 4:

Hier ist der Fall gegeben, dass ein in Deutschland unbeschränkt Einkommensteuerpflichtiger (Jo-Keks Bunkmann) eine nicht in der Bundesrepublik unbeschränkt steuerpflichtige selbständige Musikerin (Trixi Gracht aus Österreich) engagiert.
Jo-Keks ist nun verpflichtet[19], für die deutsche Finanzverwaltung einen Betrag von 20 % Abzugsteuer = € 200,00 (20 % von € 1.000) zuzüglich 5,5 % SolZ (5,5 % von der Abzugsteuer € 200,00) = € 11,00 einzubehalten und an das Finanzamt abzuführen. Die enttäuschte Trixi Gracht aus Österreich erhält jetzt nur noch € 789,00 von ihren brutto vereinbarten € 1.000,00 ausgezahlt und bedauert es daher, vor Jahren ausgewandert zu sein.

1.1.4 Umsatzsteuer

1.1.4.1 Einführung in die Umsatzsteuer

Das Verständnis um die umsatzsteuerlichen Vorgänge stellt in der Praxis nicht nur bei Musikern, sondern in allen Unternehmensbranchen ein großes Problem dar.
Um Fehler zu vermeiden, die in den meisten Fällen zu unnötigen Steuernachzahlungen oder anderen wirtschaftlichen Nachteilen führen, ist ein grundsätzliches Verständnis der Systematik erforderlich.

Beispiel 5:

„Ich brauche dringend eine Quittung fürs Finanzamt!", schreit der Clubbesitzer des Cold Blues Club zum nass geschwitzten Gitarristen und Organisator Berti Bizzy der Band „Nothing but the shoes" nach dem Auftritt am 24.12.07, als die Traumgage von € 5.000,00 in die nervös zuckenden Hände des Berti gelangt.
Berti, der die Band seinerzeit gegenüber dem Finanzamt per Fragebogen als GbR angemeldet hatte, unterschreibt danach den folgenden, bereits vom Clubbesitzer ausgefüllten und ihm vor die große Nase gehaltenen Quittungsvordruck:

```
                    Quittung

                    Betrag, netto :
                    Mehrwertsteuer:        inkl. 19%
                    Gesamt:                € 5.000,00

Von: Cold Blues Club
_____

für Auftritt 24.12.07
_____

dankend erhalten zu haben.

Münster, den 24.12.07
                                  Berti Bizzy
                    _____
                    Ort, Datum  Unterschrift
```

Lösung zu Beispiel 5:

So oder ähnlich sieht in der Praxis ein in handelsüblichen Geschäften erhältlicher Standardquittungsblock aus und so wurde diese Quittung vom Clubbesitzer ausgefüllt und von Berti Bizzy der Band „Nothing but the shoes" unterschrieben. Hoch anzurechnen ist hier, dass der Beleg zumindest handschriftlich gut lesbar ausgestellt wurde.

Leider sind in dieser Quittung aus umsatzsteuerlicher Sicht mindestens 11 Fehler enthalten, die dazu führen, dass sowohl der veranstaltende Club als auch die Band „Nothing but the shoes" und eventuell zusätzlich der gutmütige Bandleader Berti Bizzy einen Umsatzsteuernachteil erleiden können.

Die Fehler werden hier vorab zur Vermeidung aufgezeigt. Die Begründungen werden sich später im Laufe der Behandlung der Thematiken ergeben.

- Die Mehrwertsteuer heißt gar nicht Mehrwertsteuer, sondern Umsatzsteuer (1 Fehler, der aber zu keinem Nachteil führt).

- Wenn der Quittungsempfänger (Cold Blues Club) die Umsatzsteuer als sogenannte Vorsteuer anrechnen will, muss bei Rechnungsbeträgen über € 150,00 die Umsatzsteuer als Betrag ausgewiesen werden. Es reicht nicht aus „inkl. 19%" anzugeben (1 Fehler mit Nachteil für den Club).

- Bei Rechnungen über € 150,00 muss ebenfalls der Rechnungsempfänger (= der Cold Blues Club) mit Namen und Anschrift ersichtlich sein (1 Fehler mit Nachteil für den Club).

- Bei Rechnungen über € 150,00 muss ebenfalls der Nettobetrag der Gage als Zahl ausgewiesen sein (1 Fehler mit Nachteil für den Club).

- Der leistende Unternehmer (= die Band „Nothing but the shoes") muss mit unverwechselbarem Namen aus der Quittung ersichtlich werden (1 Fehler mit Nachteil für den Club).

- Der leistende Unternehmer (die Band) muss seine Anschrift aus der Quittung ersichtlich werden lassen (1 Fehler mit Nachteil für den Club).

- Der leistende Unternehmer (die Band) muss seine Steuernummer oder aber seine Umsatzsteuer-Identifikationsnummer auf der Rechnung angeben (1 Fehler mit Nachteil für den Club).

- Der leistende Unternehmer (die Band) muss eine fortlaufende Rechnungsnummer in dieser Rechnung aufführen (1 Fehler mit Nachteil für den Club).

- Auf der Rechnung muss zumindest der Monat der Leistungsausführung angegeben sein.

- Berti Bizzy sollte klarstellend mit dem Zusatz „als Geschäftsführer der Band" mit seinem Namen unterschreiben (1 Fehler mit Nachteil für Berti Bizzy, allerdings nur in ganz bestimmten und äußerst unglücklichen Ausnahmefällen).[20]

- Eine Musikgruppe wie die Band „Nothing but the shoes", die als Gesellschaft bürgerlichen Rechts (GbR) erfasst ist, muss nach § 12 (2) Nr. 7a UStG mit dem ermäßigten Steuersatz von 7 % USt abrechnen. Die Band müsste dann aus der Bruttogage nur 7 % statt 19 % USt an das Finanzamt abführen. Dann dürfte in der Quittung aber auch nur 7 % USt ausgewiesen werden (1 Fehler mit Nachteil für die Musikgruppe, wobei sie per Saldo 12 % zuviel Umsatzsteuer an das Finanzamt zahlt).

Das Beispiel 5 macht deutlich, wie wichtig es ist, die elementare umsatzsteuerliche Systematik zu verstehen und insbesondere die Spezialprobleme um das Ausstellen von Rechnungen/Quittungen zu umsatzsteuerlichen Zwecken zu kennen. Daher wird empfohlen, das nachfolgende Kapitel mit großer Sorgfalt zu lesen.

1.1.4.2   Wesen der Umsatzsteuer

Die Umsatzsteuer ist von ihrem Wesen vollkommen fremd zu den bereits oben genannten Ertragsteuern wie Einkommensteuer, Lohnsteuer, Abzugsteuer für beschränkt Steuerpflichtige und die noch zu behandelnde Gewerbeertragsteuer.

Bei den Ertragsteuern geht es aus Sicht des Staates um die Besteuerung des Gewinns oder Überschusses aus einer gewerblichen oder beruflichen Tätigkeit im Rahmen der sieben Einkunftsarten.

Die Umsatzsteuer hingegen lässt sich als Verkehrssteuer charakterisieren. Sie knüpft in ihrem Haupttatbestand an Leistungen, d.h. Gegenstände des Wirtschaftsverkehrs, an.[21]
Ob bei diesen Leistungen ein Gewinn oder Überschuss bzw. Verlust entsteht, ist für die Frage, ob Umsatzsteuer anfällt, vollkommen unerheblich.

Beispiel 6:

Luponos „Dios del flamenco" aus Münster an der Saar hat sich im jahrelangen Eigenstudium zu einem der besten Flamencogitarristen der Welt entwickelt. Zum 13.11.2007 beginnt er eine selbständige Tätigkeit als Begleiter von verschiedenen Tanzgruppen. Er schreibt für seine Tätigkeit im Dezember des Jahres 2007 nur eine Rechung über € 500,00 + 7 % USt € 35,00 = € 535,00. Luponos hat an ertragsteuerlich absetzungsfähigen Ausgaben gegenzurechnen: € 300,00 an Instrumentenversicherung, € 350,00 Vollabschreibung einer gebrauchten Konzertgitarre, gekauft von einer Privatperson, und € 350,00 Miete für einen schallisolierten Übungsraum = insgesamt € 1.000,00 absetzungsfähige Ausgaben. Weitere Einkünfte hatte er im Jahr 2007 nicht.

Lösung zu Beispiel 6:

Ertragsteuerlich erzielt Luponos hier einen Verlust aus einer selbständigen Tätigkeit nach § 18 EStG über € 535,00 Einnahmen abzüglich € 1000,00 Ausgaben = € 465,00 Verlust.
Eine Einkommensteuerzahlung ergibt sich nicht,[22] weil das zu versteuernde Einkommen unter dem Grundfreibetrag liegt.

Umsatzsteuerlich betrachtet müssten dennoch die 7 % ausgewiesene USt = € 35,00 an das Finanzamt abgeführt werden. Das Beispiel zeigt, dass die Umsatzsteuer nur an die erbrachte Leistung des selbständigen Unternehmers anknüpft und nicht daran, ob er einen Gewinn/Überschuss oder Verlust erzielt. Obwohl ein ertragsteuerlicher Verlust gegeben ist, der zu keiner Einkommensteuerzahlung führt, kann also dennoch eine Umsatzsteuerzahllast gegeben sein.

1.1.4.3 Die einzelnen Voraussetzungen für das Anfallen von Umsatzsteuer

Für die Frage, ob Umsatzsteuer nach dem Umsatzsteuergesetz überhaupt gegenüber dem deutschen Finanzamt zu erklären ist, sind 3 Fragen immer vorab zu klären:

1. Liegt ein Unternehmer vor?
2. Liegt ein umsatzsteuerbarer Umsatz vor?
3. Liegt eine Umsatzsteuerbefreiung vor, die dazu führt, dass trotz Erfüllung von 1. und 2. keine Umsatzsteuer zu berechnen ist?

1.1.4.3.1 Unternehmer

Umsatzsteuer kann nur anfallen[23], wenn es sich bei der leistenden Person um einen Unternehmer handelt. Der Begriff „Unternehmer" ist ein solcher, der im Umsatzsteuergesetz unter § 2 UStG definiert wird.

Der § 2 UStG definiert den Unternehmer als denjenigen, der eine gewerbliche oder berufliche Tätigkeit selbständig ausübt.

Fähig, Unternehmer zu sein, ist jedes selbständig tätige Wirtschaftsgebilde, das nachhaltig Leistungen gegen Entgelt ausführt. Dabei kommt es weder auf die Rechtsform noch auf die Rechtsfähigkeit des Leistenden an.[24]

Unternehmer kann damit sein:

- Jede natürliche Person.
  Dies sind einzelne menschliche Personen ohne Rücksicht auf Alter und Geschäftsfähigkeit.[25]
- Personenvereinigungen wie die Personengesellschaften des Handelsrechts OHG und KG und die Personenzusammenschlüsse des BGB, die Gesellschaft bürgerlichen Rechts (GbR), die in den meisten Fällen die Rechtsform einer Musikgruppe = Band darstellen wird oder die Partnerschaftsgesellschaft.
- Juristische Personen des Privatrechts.
  Das sind in erster Linie die Kapitalgesellschaften GmbH und AG und Ltd oder die Vereine.
- Juristische Personen des öffentlichen Rechts (für den Musiker in der Praxis unerheblich).

Eine selbständige Tätigkeit im Sinne des Umsatzsteuerrechts liegt vor, wenn sie auf eigene Rechnung und eigene Verantwortung ausgeübt wird.[26]
Eine danach ausgeübte selbständige Tätigkeit ist gewerblich oder beruflich, wenn Leistungen im wirtschaftlichen Sinne ausgeführt werden.[27]
Die gewerbliche oder berufliche Tätigkeit wird nachhaltig ausgeübt, wenn sie auf Dauer zur Erzielung von Einnahmen angelegt ist.[28]

Das Unternehmen beginnt mit dem ersten nach außen erkennbaren, auf eine Unternehmertätigkeit gerichteten Tätigwerden, wenn die spätere Ausführung entgeltlicher Leistungen ernsthaft beabsichtigt ist und die Ernsthaftigkeit dieser Absicht durch objektive Merkmale nachgewiesen ist oder glaubhaft gemacht wird.[29]

Translation:

Unternehmer ist jedes Wirtschaftsgebilde (= der einzelne Mensch, jeder Personenzusammenschluss als Gesellschaft oder juristische Personen), das mit Wiederholungsabsicht Leistungen gegen Entgelt erbringt und dabei eigenverantwortlich und auf eigene Rechnung tätig wird.
Der Beginn ist mit dem ersten nach außen erkennbaren Tätigwerden gegeben. Dies muss nicht bereits eine Tätigkeit sein, für die konkret eine Einnahme erzielt wird. Gemeint sind damit z.B. Vorbereitungshandlungen wie Informationsgespräche bei Steuerberatern, Unternehmensberatern, Rechtsanwälten, Finanzierungsgespräche mit der Bank, Investition in Wirtschaftsgüter, Werbemaßnahmen etc., die den Willen des Unternehmers zeigen, dass die spätere Ausführung von Leistungen gegen Entgelt beabsichtigt ist.

Beispiel 7:

Thomas B. und seine 3 Freunde aus dem deutschsprachigen Rap- und Hip-Hop-Bereich gehen am 20.01.2007 zur münsterischen Rechtsanwaltkoryphäe Stephan Pahl, teilen ihm die Gründung ihrer Musikgruppe als GbR per Datum zum 01.01.07 und den Zweck der GbR (Live-Auftritte und Tonträger-Produktion gegen Entgelt) mit und bitten ihn, einen Gesellschaftsvertrag zu entwerfen.
Weiterhin hat die Gruppe bereits am 05.01.07 eine kleine Gesangsanlage gekauft, einen Proberaum angemietet und Werbehandzettel an Kneipen und Clubs verteilt.
Nach 3 Monaten intensivster Vorbereitung im Proberaum findet am 06.04.07 der erste öffentliche Auftritt gegen eine Gage von brutto € 2.000,00 statt, weitere Auftritte folgen.

Lösung zu Beispiel 7:

Die GbR ist ein Personenzusammenschluss als Gesellschaft bürgerlichen Rechts und damit unternehmerfähig. Die GbR macht m.E. nicht sofort mit der Gründung der GbR am 01.01.07, doch bereits mit dem Erwerb der Gesangsanlage zu Probezwecken und Verteilung von Werbezetteln am 05.01.07 deutlich, dass sie den GbR-Zweck des Auftretens und der Tonträgerproduktion gegen Geld wahrnehmen will. Die Auftritte werden auf eigene Rechnung und eigene Verantwortung ausgeführt.

Die GbR ist damit Unternehmer im Sinne des Umsatzsteuergesetzes. Die Unternehmereigenschaft beginnt hier bereits am 05.01.07 und nicht erst mit der Ausführung der ersten Leistung durch den Auftritt am 06.04.07.

Hinweis:

Vorweg sei schon einmal erwähnt, dass hier die GbR als Personengesellschaft des bürgerlichen Rechts der Unternehmer ist und nicht jeder einzelne Gesellschafter als Einzelperson. Die Umsatzsteuer für den ersten Auftritt der GbR muss daher in einer Umsatzsteuererklärung der GbR und nicht in einer Erklärung eines oder anteilig in den Erklärungen aller einzelnen Gesellschafter angegeben werden.

1.1.4.3.2 Umsatzsteuerbarer Umsatz

Die 2. Voraussetzung für den Anfall von Umsatzsteuer ist neben dem Vorhandensein eines Unternehmers das Vorliegen eines umsatzsteuerbaren Umsatzes.[30]

Der § 1 (1) des USt beinhaltet diese umsatzsteuerbaren Umsätze. Nach Wegfall der umsatzsteuerlichen Eigenverbrauchstatbestände, die nun den entgeltlichen Lieferungen gleichgesetzt werden[31], verbleiben aus Sicht des Musikers **3 per Gesetz festgelegte umsatzsteuerbare Tatbestände**:

1. **Die Lieferungen und sonstigen Leistungen, die ein Unternehmer im Inland gegen Entgelt im Rahmen seines Unternehmens ausführt.**

2. **Die Einfuhr von Gegenständen aus dem Drittlandsgebiet in das Inland**

3. **Der innergemeinschaftliche Erwerb im Inland gegen Entgelt**

Der Tatbestand 1 ist der für den Musiker und auch alle anderen Unternehmer wichtigste umsatzsteuerbare Vorgang.

Mit der Einfuhr wird der Musiker primär eher selten zu tun bekommen. Daher wird auf die Einfuhr hier im Rahmen der Erläuterungen für das grundsätzliche Verständnis nicht weiter eingegangen.

Der innergemeinschaftliche Erwerb wird dem Musiker dann begegnen, wenn er aus einem EG-Mitgliedstaat wie z.B. den Niederlanden ein Wirtschaftsgut für sein Unternehmen erwirbt und sowohl er als auch der niederländische Verkäufer eine Umsatzsteueridentifikationsnummer (= USt-ID-Nummer) vorweisen können. Auch dieser Tatbestand ist daher für den Musiker erklärungsbedürftig.

Zu Tatbestand 1:

Die Lieferungen und sonstigen Leistungen, die ein Unternehmer im Inland gegen Entgelt im Rahmen seines Unternehmens ausführt.

Die Voraussetzungen sind:

- Ein Unternehmer muss gegeben sein (siehe dazu die Erläuterungen zu 1.1.4.2.1).
- Dieser Unternehmer führt eine Lieferung oder sonstige Leistung gegen Entgelt aus.

- Die Lieferung oder sonstige Leistung wird im Inland ausgeführt.
- Die Lieferung oder sonstige Leistung findet im Rahmen des Unternehmens statt.

Unter einer **Lieferung** im umsatzsteuerlichen Sinne versteht man eine Leistung, mit der ein Unternehmer oder ein durch ihn Beauftragter einen Dritten befähigt, im eigenen Namen über einen Gegenstand zu verfügen.[32]

> **Translation:**
>
> Gemeint mit einer Lieferung ist die Verschaffung der Verfügungsmacht an einem Gegenstand wie z.B. der Verkauf einer Konzertgitarre mit Übergabe des Instruments an den Kunden im Musikhandelsgeschäft.

Hier wird bereits deutlich, dass eine Lieferung immer nur dann gegeben ist, wenn es sich um einen Gegenstand handelt. Daraus folgt nun auch der entscheidende Unterschied zum Begriff der **sonstigen Leistungen**.

Die Unterscheidung zwischen der Lieferung und der sonstigen Leistung ist von äußerster Wichtigkeit für das Verständnis der umsatzsteuerlichen Vorgänge. Der Musiker erbringt mit seiner Tätigkeit im primären Sinne[33] keine Verschaffung der Verfügungsmacht von Gegenständen an Dritte[34], sondern sogenannte sonstige Leistungen. Diese Unterscheidung ist insbesondere für die Bestimmung des Ortes der erbrachten Leistung wichtig. Der Ort wiederum ist entscheidend für die Frage, ob die Leistung überhaupt im Inland ausgeführt wurde. Wurde sie nicht im Inland ausgeführt, so unterliegt sie in Deutschland überhaupt nicht der Umsatzsteuer. Musiker, die Auftritte im Ausland tätigen, erzielen mit Auftrittsorten außerhalb Deutschlands daher grundsätzlich Umsatzerlöse, die in Deutschland überhaupt nicht der Umsatzsteuer unterliegen. Folglich darf der Musiker für seine Auftritte im Ausland keine deutsche Umsatzsteuer in den Rechnungen ausweisen.

Der Gesetzgeber definiert die sonstige Leistung wie folgt:

Sonstige Leistungen sind Leistungen, die keine Lieferungen sind. Sie können auch in einem Unterlassen oder im Dulden einer Handlung oder eines Zustandes bestehen.[35]

Translation:

In allen Fällen von unternehmerischen Leistungen, bei denen keine Verfügungsmacht an Gegenständen verschafft wird,[36] handelt es sich bei der Leistung um eine sogenannte sonstige Leistung. Die Unterscheidung zwischen Lieferung und sonstiger Leistung ist extrem wichtig, weil sich der Leistungsort bei beiden Leistungen entsprechend anders bestimmt. Anders als bei der Einkommensteuer, wo es bei der grundsätzlichen Frage, ob eine Steuer überhaupt anfallen kann, danach geht, ob eine Person durch Wohnsitz oder gewöhnlichen Aufenthalt unbeschränkt steuerpflichtig ist oder eventuell eine beschränkte Steuerpflicht vorliegt, stellt die Umsatzsteuer immer nur auf den einzelnen Vorgang, auf das einzelne Geschäft ab.

Bei jedem einzelnen Auftritt, bei jeder Rechtsübertragung und allen Dingen, mit denen der Musiker jeweils sein Geld als selbständiger Unternehmer einnimmt, hat die gesonderte Prüfung zu erfolgen, ob es sich um eine Lieferung oder um eine sonstige Leistung handelt und wo sich daraus folgend der Ort befindet. Liegt der Ort nicht in der Bundesrepublik, so ist keine deutsche Umsatzsteuer zu berechnen.[37]

Beispiel 8:

Die Pianistin Sophia Büllenschach spielt als Solistin in verschiedenen Orchestern und als Studiomusikerin gegen Honorarrechnungen. Sie erhält damit im Jahr ca. € 30.000,00 an Einnahmen. Am 24.12.2007 verkauft sie ein Piano, das sie vor 3 Jahren neu für € 4.000,00 zuzüglich USt erworben und dem Unternehmensvermögen zugeordnet hatte.

Lösung zu Beispiel 8:

Sophia erbringt mit der Tätigkeit als Solistin und als Studiomusikerin keine Verschaffung von Verfügungsmacht an einem Gegenstand und damit keine Lieferung. Folglich liegt eine sonstige Leistung vor.

Der Verkauf des Pianos hingegen ist eine Lieferung, weil an einem Gegenstand (das Piano) durch Übergabe an den Käufer die Verfügungsmacht verschafft wurde.

Die Leistung muss gegen **Entgelt** ausgeführt werden.
Unter Entgeltlichkeit wird der sogenannte Leistungsaustausch[38] verstanden.
Dieser setzt voraus, dass Leistender und Leistungsempfänger vorhanden sind und der Leistung eine Gegenleistung gegenübersteht, welche damit das Entgelt darstellt. Für die Annahme eines Leistungsaustausches müssen Leistung und Gegenleistung in einem wechselseitigen Zusammenhang stehen.[39] Ein Leistungsaustausch kann nur zustande kommen, wenn sich die Leistung auf den Erhalt einer Gegenleistung richtet und damit die gewollte, erwartete oder erwartbare Leistung auslöst, so dass schließlich die wechselseitig erbrachten Leistungen miteinander innerlich verbunden sind.[40]

Translation:

Leistung gegen Entgelt bedeutet Austausch von Leistungen. Der Begriff Entgelt fordert hier nicht, dass die Leistung zwingend gegen Bezahlung eines Geldbetrages erbracht wird. Das Wort Entgelt ist daher in diesem Sinne nicht mit Geld gleichzusetzen. Die Gegenleistung kann z.B. auch in einem Tausch oder einer tauschähnlichen Leistung bestehen.

Entscheidend ist, dass man selbst eine Leistung erbringt und diese deshalb erbringt, weil eine Gegenleistung erwartet wird, die natürlich in den meisten Fällen aus Geld besteht.
Kommt es später dennoch nicht zu der Gegenleistung, z.B. weil der Leistungsempfänger zahlungsunfähig wird, so ist dennoch die ursprünglich erbrachte Leistung gegen Entgelt erbracht. Auch wenn später durch den Ausfall der Bezahlung aus umsatzsteuerlicher Sicht keine Umsatzsteuerbelastung dieser Leistung übrig bleibt, ist sie dennoch zunächst im Leistungsaustausch erfolgt.

Die Leistung in Form der Lieferung oder sonstigen Leistung muss im **Inland** erbracht werden. Nur wenn sie im Inland erbracht ist, liegt aus der Sicht der Bundesrepublik Deutschland ein umsatzsteuerbarer Vorgang vor. Ist sie nicht im Inland erbracht worden, so braucht dieser Umsatz nicht in die Umsatzsteuervoranmeldung eingetragen werden. Lediglich bei Abgabe der Umsatzsteuerjahreserklärung ist die Summe der nicht steuerbaren Umsätze in der Anlage UR zu erfassen.

Für die Beurteilung, ob die Lieferung oder sonstige Leistung im Inland erbracht wurde, sind die **speziellen Ortsbestimmungen des UStG maßgebend.**
Der **Ort einer Lieferung** bestimmt sich mit Ausnahme von bestimmten Sonderregelungen[41] grundsätzlich in Abhängigkeit davon, ob es sich um eine bewegte Lieferung (§ 3 Abs. 6 UStG) oder eine unbewegte Lieferung (§ 3 Abs. 7 UStG) handelt.

Bewegte Lieferungen sind Beförderungs- oder Versendungslieferungen.
Eine Beförderungslieferung liegt vor, wenn der Unternehmer selbst oder ein Angestellter den Gegenstand zwecks Verschaffung der Verfügungsmacht bewegt. Eine Versendungslieferung liegt vor, wenn der Unternehmer die Beförderung durch einen selbständigen Beauftragten ausführen oder besorgen lässt.

Beim Vorliegen einer Beförderung oder Versendung des Gegenstandes gilt die Lieferung örtlich gesehen dort als ausgeführt, wo die Beförderung oder Versendung beginnt. Die Versendung beginnt lt. Gesetz[42] mit der Übergabe des Gegenstandes an den Beauftragten.

Bei der unbewegten Lieferung[43] wird der Ort fingiert, wo sich der Gegenstand bei Verschaffung der Verfügungsmacht befindet.

Beispiel 9:

Der bekannte Orchestermusikarrangeur Jörn Akim Dach wechselt des Öfteren seine Wohnung innerhalb Deutschlands. Zurzeit lebt er in Köln. Weil ihm die ständigen Klaviertransporte die Wirbelsäule kosten, entschließt er sich, sein Piano zu verkaufen und jeweils am neuen Wohnort immer ein solches zu leasen. Weiterhin hat er noch eine wertvolle Klavierbank zu verkaufen.

Das Klavier kauft Ulrich Plattenstadt aus München. Sie vereinbaren, dass Jörn Akim eine Speditionsfirma beauftragt und das Klavier an Ulrich nach München versendet.
Die Klavierbank kauft Fridolin Vogelwiese aus Münster, indem er nach Köln fährt und Jörn Akim ihm dort die Bank gegen Geld übergibt.

Lösung zu Beispiel 9:

Die Versendung des Klaviers von Köln nach München stellt eine bewegte Lieferung in Form der Versendungslieferung dar. Der Ort der Lieferung liegt dort, wo Jörn Akim das Klavier an den Spediteur übergibt und damit in Köln.

Die Übergabe der Klavierbank in Köln an Fridolin Vogelwiese ist eine unbewegte Lieferung, da keine Beförderung oder Versendung stattfindet. Der Ort der Lieferung ist dort, wo die Klavierbank übergeben wird und damit auch in Köln.

Beide Lieferungen finden in Köln und damit im Inland statt.

Der Ort einer sonstigen Leistung ist die für den Musiker grundsätzlich wichtigere Ortsbestimmung, weil der Musiker als selbständiger Unternehmer primär sonstige Leistungen und keine Lieferungen erbringt.

Der **Ort der sonstigen Leistung** richtet sich nach § 3 a UStG. Die Vorschrift besteht zurzeit aus 5 Absätzen und ist alleine von der Reihenfolge der Inhalte dieser Absätze für den Steuerpraktiker etwas unglücklich dargestellt. Folgende Grundsätze können für die praktische Bedeutung des als selbständiger Unternehmer existierenden Musikers der Vorschrift entnommen werden:

- Eine sonstige Leistung wird an dem Ort ausgeführt, von dem aus der Unternehmer sein Unternehmen betreibt.[44] Dieser Grundsatz tritt aber in der praktischen Bedeutung des Musikers in nahezu allen Fällen hinter der nun folgenden Vorschrift des § 3a (2) Nr. 3 UStG zurück.

- **Künstlerische, wissenschaftliche, unterrichtende, sportliche, unterhaltende oder ähnliche Leistungen einschließlich der Leistungen der jeweiligen Veranstalter sowie die damit zusammenhängenden Tätigkeiten, die für die Ausübung der Leistungen unerlässlich sind,** werden dort ausgeführt, wo der Unternehmer jeweils ausschließlich oder zum wesentlichen Teil tätig wird.[45]

Dies ist die hauptsächliche praktische Anwendungsvorschrift für die Tätigkeiten des Musikers im Umsatzsteuerrecht. **Der Leistungsort liegt somit dort, wo der Musiker mit seinem Auftritt gerade tätig wird.**

Beispiel 10:

Holger Freuther aus Waldsing im Bundesland Bayern singt am 31.12.2007 gegen 20.00 Uhr auf einer Silvestergala in München und erhält gegen 21.00 Uhr seine Gage von brutto € 535,00 in bar ausgezahlt. Sofort danach fährt er in ein kleines Örtchen hinter der österreichischen Staatsgrenze und singt dort nochmals seine Volkslieder gegen 03.00 Uhr am frühen Morgen des 01.01.2008 und erhält dafür eine Gage von € 600,00.

Lösung zu Beispiel 10:

Der Auftritt in München stellt eine sonstige Leistung im Inland dar und ist somit nach § 1 (1) UStG in Deutschland steuerbar.
Der Auftritt in Österreich findet nach § 3a (2) S. 1 Nr. 3 nicht in Deutschland statt. Damit unterliegt er nicht der deutschen Umsatzsteuer.

Holger müsste demzufolge für den Auftritt in München eine Rechnung über € 500,00 + 7 % Umsatzsteuer € 35,00 = € 535,00 schreiben.
In der Rechnung an den Veranstalter in Österreich darf er keine deutsche Umsatzsteuer ausweisen.

Die dritte für den Musiker bei sonstigen Leistungen wichtige Vorschrift zur Ortsbestimmung der Leistung lautet:

- **Ist der Empfänger einer der in Absatz 4 bezeichneten sonstigen Leistung ein Unternehmer, so wird die sonstige Leistung abweichend von Absatz 1 dort ausgeführt, wo der Empfänger sein Unternehmen betreibt.**[46] **Ist der Empfänger einer in Absatz 4 bezeichneten sonstigen Leistung kein Unternehmer und hat er seinen Wohnsitz oder Sitz im Drittland, wird die sonstige Leistung an seinem Wohnsitz oder Sitz ausgeführt.**[47]

In dem oben genannten Absatz 4 sind unter anderen folgende für den Musiker bedeutsame sonstige Leistungen genannt:

1. Die Einräumung, Übertragung und Wahrnehmung von Patenten, **Urheberrechten**, Markenrechten und **ähnlichen Rechten**.

Eine der primären Tätigkeiten des Musikers kann das Komponieren von Musikwerken oder Dichten von Texten sein. Als Komponist, Textdichter oder ausübender Künstler stehen dem Musiker die im Urheberrechtsgesetz (UrhG) genannten Schutzrechte zu. Diese Schutzrechte hat der Musiker unabhängig von einer Mitgliedschaft in der GEMA. Tantiemen für das Aufführen der Werke bei Live-Auftritten, für Radiosendungen oder Vervielfältigungen (aufgrund der Abgabe des Presswerkes bei CD-Produktionen) sind grundsätzlich Einnahmen aus derartigen Rechtsübertragungen.

Dabei handelt es sich um solche **Rechtsübertragungen**, die von § 3a (3) in Verbindung mit § 3a (4) Nr. 1 UStG erfasst werden. Liegt das Presswerk bei der Vervielfältigung oder der Radiosender nun nicht in Deutschland, so verlagert sich der Ort der sonstigen Leistung über § 3a (4) Nr.1 i.V.m. § 3a (3) S.1 UStG an den Ort, wo das Presswerk oder der Radiosender liegt.

Hinweis:

In der Praxis wird nahezu jede komponierende oder textdichtende Person als angeschlossenes, außerordentliches oder ordentliches Mitglied in der GEMA sein. Bei Eintritt in die GEMA schließt der Musiker einen Berechtigungsvertrag mit dieser ab. Die umsatzsteuerlichen Leistungsbeziehungen werden damit im Verhältnis des Musikers zur GEMA und nicht im Verhältnis des Musikers zum Presswerk, Radiosender etc. abgeschlossen.
Damit wird eine Abgabe, die ein ausländisches Presswerk an die GEMA mit Sitz in München abführt und die der Komponist nach Abzug des GEMA-Verwaltungskostenbetrages erhält, als Rechtsübertragung an die GEMA und nicht als solche an das Presswerk der Tonträger gesehen.

Beispiel 11:

Der Komponist der klassischen Musik Martinius Schonebach aus Berlin komponiert die Musik einer Oper, die von einem Orchester in einem Tonstudio eingespielt wird. Einer Managerin gelingt es, einen guten Plattenvertrag mit einer großen Plattenfirma mit Sitz in London auszuhandeln. Martinius ist GEMA-Mitglied.
Die Studioproduktion wird zunächst mit einer Auflage von 50.000 CDs an das Presswerk mit Sitz in London gegeben.
Dabei muss ein Betrag von umgerechnet ca. € 57.500,00 durch das Presswerk an die GEMA aufgrund der Vervielfältigung der Musik auf CD abgeführt werden. Martinius erhält nach Einbehalt des GEMA-Verwaltungskostenbetrages ca. € 47.500,00 durch die GEMA ausbezahlt.

Lösung zu Beispiel 11:

Martinius Schonebach erhält hier seine Einnahme über € 47.500,00 vom Presswerk über die GEMA für Rechtsübertragungen. Der Ort der sonstigen Leistung liegt in Deutschland, wo der Empfänger der Rechtsübertragung (hier die GEMA durch den Berechtigungsvertrag) sein Unternehmen führt. Die Tantiemen unterliegen damit grundsätzlich der deutschen Umsatzsteuer.

Ein anderer Fall läge vor, wenn Martinius nicht in der GEMA wäre. Würde er nun persönlich gegen Entgelt dem Londoner Presswerk genehmigen, seine Komposition zu vervielfältigen, so fände die Rechtsübertragung direkt zwischen dem Presswerk und Martinius statt. Dann würde sich der Ort der sonstigen Leistung über § 3a (3) S. 1 i.V.m. § 3a (4) Nr.1 UStG nach London verlagern. Martinius müsste dann keine deutsche Umsatzsteuer in der Rechnung ausweisen. Letzterer Fall wird so in der Praxis aber nicht oder nur sehr selten vorkommen, da erfolgreiche Komponisten in der Regel GEMA-Mitglieder sind.

Die zweite in § 3a (4) UStG genannte und für den Musiker in der Praxis durchaus vorkommende Ortsbestimmung ist:

2. Die sonstigen Leistungen, die der Werbung oder der Öffentlichkeitsarbeit dienen, einschließlich der Leistungen der Werbungsmittler und der Werbeagenturen.

Beispiel 12:

Urkhard Amsel, wohnhaft in Münster (Westfalen), der seinen Lebensunterhalt mit Musikuntermalung von Werbespots verdient, erfüllt einen Auftrag in gewohnt perfekter Weise für den spanischen Werbeagenturkonzern „Ojos y Orejas" und vereinbart ein Pauschalhonorar über € 5.000,00. Der spanische adversitor fiscal (Steuerberater) des Konzerns verlangt eine Rechnung von Urkhard Amsel mit der auf spanisch übersetzten Leistungsbeschreibung „Musikuntermalung des Werbespots -comer y beber-". Urkhards Steuerberater teilt ihm nach Anfrage mit, er müsse keine deutsche Umsatzsteuer in seiner Rechnung ausweisen.

Lösung zu Beispiel 12:

Bei der Tätigkeit von Urkhard handelt es sich primär um eine Leistung, die der Werbung dient.[48] Da der spanische Werbekonzern zweifelsfrei Unternehmer ist, wird der Ort der Leistung über §3a (4) Nr. 2 i.V.m. §3a (3) S. 1 UStG nach Spanien verlagert. Folglich ist auch diese Leistung umsatzsteuerlich nicht steuerbar in Deutschland und es erfolgt kein Ausweis von deutscher Umsatzsteuer in der Rechnung durch Urkhard.

Wäre der Empfänger der Leistung, die der Werbung dient, kein Unternehmer, so träte keine Ortsverlagerung über §3a (3) S.1 UStG ein. Dann würde der §3a (1) S.1 UStG zutreffen, bei dem der Ort der Leistung der jeweilige Ort ist, von dem der Unternehmer aus sein Unternehmen betreibt. Im Beispielsfall wäre dies das Arbeitszimmer des Urkhard Amsel in Münster.

Unabhängig von dem Honorar, das Urkhard für die Werbeleistung abrechnet, wird er als Komponist des Werbesongs auch seine Tantiemen über die GEMA erhalten, wenn der Song, welcher der Werbeuntermalung dient, entsprechend vervielfältigt oder gesendet wird. Dabei handelt es sich wiederum um die unter Nr. 1 abgehandelten Rechtsübertragungen. Wie aus Beispiel 10 bereits ersichtlich, wird hier der Ort der Leistung nicht nach Spanien übertragen. Der spanische Konzern ist zwar Unternehmer, doch tritt die Leistungsbeziehung aufgrund Urkhards Mitgliedschaft in der GEMA nicht direkt zum spanischen Unternehmer, sondern zur GEMA auf.

Erweiterung des Beispiels 12:

Urkhard Amsel, der natürlich auch ein hervorragender Live-Musiker ist, wird nach Spanien eingeladen, um dort auf der internen Weihnachtsparty der Werbeagentur livehaftig auf einem weißen Flügel seine Songs zu interpretieren.

Lösung zu Beispiel 12 erweitert:

Hier handelt es sich nicht um Rechtsübertragungen. Auch findet der Auftritt nicht zu Werbezwecken statt. §3a (3) S.1 i.V.m. §3a (4) Nr. 1 und 2 sind damit nicht maßgeblich. Es liegt die Vorschrift des §3a (2) Nr. 3a) vor. Der Ort bestimmt sich bei Live-Auftritten danach, wo der Musiker tätig wird. Das ist hier ebenfalls in Spanien. Die Vorschrift des §3a (2) ist ohnehin vorrangig vor dem §3a (3) zu stellen. Selbst wenn es sich bei dem Live-Auftritt um eine konkrete Werbemaßnahme für den Spot gehandelt hätte, wäre der §3a (2) Nr. 3a) vorrangig zu behandeln.

Translation:

Die Frage, ob der Ort der Leistung überhaupt in der Bundesrepublik Deutschland liegt und demzufolge überhaupt in irgendeiner Form ein grundsätzlich in Deutschland steuerbarer Vorgang gegeben ist, kann für den selbständigen und als Unternehmer geltenden Musiker anhand des folgenden Schemas überprüft werden:

Art der Leistung

Lieferung	Sonstige Leistung
= Entgeltliche Verschaffung der Verfügungsmacht an einem Gegenstand z.B. Verkauf und Übergabe eines Instrumentes an den Käufer	= grundsätzlich alle entgeltlichen Leistungen, die keine Lieferungen sind z.b. Auftritte oder Rechtsübertragungen

Ort der Leistung

Bei Beförderungs- oder Versendungs-Lieferungen dort, wo die Beförderung beginnt bzw. der Gegenstand an den selbständigen Beauftragten übergeben wird	Grundsätzlich dort, von wo aus der Musiker sein Unternehmen betreibt
Bei unbewegter Lieferung wie z.b. Verkauf im Laden oder aus dem Arbeitszimmer des Musikers dort, wo sich der Gegenstand zurzeit der Verschaffung der Verfügungsmacht befindet z.b. Verkauf einer Geige durch Übergabe im Arbeitszimmer des Musikers an den Käufer	**Aber vorrangig:** Rechtsübertragungen z.B. die typischen GEMA- oder GVL-Erlöse oder die Leistungen, die der Werbung oder Öffentlichkeitsarbeit dienen **aber nur, wenn der Empfänger der Leistung auch ein Unternehmer ist** Der Ort liegt dort, wo der Empfänger sein Unternehmen betreibt **Aber vorrangig:** Künstlerische Leistungen wie Live-Auftritte, Studiomusiker-Honorare etc. dort, wo der Musiker jeweils tätig wird

Die Lieferung oder sonstige Leistung kann nur umsatzsteuerlich erfasst werden, wenn sie im Rahmen des Unternehmens ausgeführt wird.

Der Unternehmer hat neben seiner unternehmerischen Sphäre auch noch eine Privatsphäre. Alle Leistungen, die der Unternehmer als Hauptgeschäfte, Hilfs- oder Nebengeschäfte im Rahmen seines Unternehmens tätigt, können daher, sofern die sonstigen Voraussetzungen gegeben sind, steuerbare Umsätze sein. Daraus folgt, dass alle Leistungen, die ein Unternehmer außerhalb des unternehmerischen Bereiches ausführt, nicht der Umsatzsteuer unterliegen können.

Ein selbständiger Musiker, der seinen Lebensunterhalt mit Auftritten und Unterricht als Selbständiger verdient, braucht auch nur die Einnahmen im Rahmen dieser selbständigen Tätigkeit zu erfassen. Verkauft er beispielsweise sein Auto, das er nicht dem Unternehmensvermögen zugeordnet hat, z.B. weil er seine Kfz-Kosten zulässigerweise mit den Pauschalen steuerlich geltend gemacht hat, so ist ein Verkauf dieses Kfz keine Einnahme im Rahmen des Unternehmens.[49]

Zu Tatbestand 3 der steuerbaren Umsätze:

Der innergemeinschaftliche Erwerb im Inland gegen Entgelt

Mit den primären Tätigkeiten des Musikers hat der innergemeinschaftliche Erwerb wenig zu tun. Dennoch wird man damit konfrontiert, wenn man sich als Musiker in einem der Mitgliedstaaten der europäischen Gemeinschaft aufhält und aus einem dieser Staaten Gegenstände wie z.B. Musikinstrumente oder Fachliteratur erwirbt oder aber einfach durch Bestellung über das Internet Gegenstände aus EU-Mitgliedstaaten von anderen Unternehmern erwirbt. Gerade durch die rasende Verbreitung des Internethandels wird der Musiker auch hier in Zukunft noch öfter mit dem immergemeinschaftlichen Erwerb als steuerbaren Tatbestand des deutschen Umsatzsteuerrechts zu tun bekommen.

Ein **innergemeinschaftlicher Erwerb** liegt vor, wenn folgendes erfüllt ist:

- ein Gegenstand gelangt bei einer Lieferung an den Abnehmer (Erwerber) aus dem Gebiet eines Mitgliedstaates in das Gebiet eines anderen Mitgliedstaates
- die Lieferung an den Erwerber wird gegen Entgelt durch einen Unternehmer ausgeführt, der nicht Kleinunternehmer ist[50]
- der Erwerber ist ein Unternehmer, der den Gegenstand für sein Unternehmen erwirbt
  und
  der Erwerber ist nicht ein Unternehmer, der nur steuerfreie Umsätze ausführt,

die zum Ausschluss des Vorsteuerabzuges führen, oder Kleinunternehmer und hat im Vorjahr für mindestens € 12.500,00 i.g. Erwerbe betrieben.
Auf die letzten 3 Voraussetzungen kann der Unternehmer aber durch verbindliche Erklärung gegenüber dem Finanzamt verzichten.

Die Voraussetzung, dass es sich sowohl beim Lieferer als auch beim Erwerber um die geforderten Unternehmer handelt, wird durch die Umsatzsteueridentifikationsnummer nachgewiesen.

Beim innergemeinschaftlichen Erwerb geht es immer nur um Lieferungen in Form der Warenbewegung zwischen zwei Mitgliedsstaaten der EG.
Ein innergemeinschaftlicher Erwerb kann niemals bei einer sonstigen Leistung vorliegen. Mit seiner primären Tätigkeit kann der Musiker daher niemals den Vorgang des i.g. Erwerbes erfüllen.

Beim innergemeinschaftlichen Erwerb tätigt der Musiker selbst keine Lieferung, sondern er ist unter Vorlage einer beantragten ID-Nummer der Erwerber = Käufer des Gegenstandes, der zwischen 2 Mitgliedstaaten bewegt wird.

Das deutsche Umsatzsteuergesetz fingiert hier beim Kauf eines Gegenstandes, der an den deutschen Musiker mit ID-Nummer aus einem anderen Mitgliedstaat geliefert wird, eine Umsatzbesteuerung des Erwerbs.

In gleicher Höhe der Umsatzsteuer, die nun beim Kauf entsteht, hat der vorsteuerabzugsberechtigte Musiker einen Vorsteuerabzug zu seinen Gunsten. Dadurch, dass sich die anfallende Umsatzsteuer für den Erwerb und die nach § 15 (1) S.1 Nr. 3 UStG gegenzurechnende VoSt des Erwerbers gegenseitig neutralisieren, erhält der Erwerber den gelieferten Gegenstand aus dem anderen EG-Staat de facto zum Netto-Einkaufspreis und zwar genauso, wie bei einer Lieferung von einem deutschen Unternehmer innerhalb der Bundesrepublik Deutschland.

Es empfiehlt sich daher, auch als Musiker grundsätzlich eine ID-Nummer zu beantragen, um Gegenstände wie Instrumente etc., die man aus Staaten wie den Niederlanden, Österreich, Italien, Frankreich, England etc. erwirbt, per Saldo auch zu Netto-Einkaufspreisen zu erhalten.

Beispiel 13:

Der Gitarrist und Komponist Jören Papst hat bei der Anmeldung seiner beruflichen Tätigkeit gegenüber dem Finanzamt eine ID-Nummer beantragt und erhalten.[51]
Die Nummer lautet DE 123456789.
Jören bestellt über das Internet beim Musikalienhändler Marco Hassellencio in Rom 50 Sätze Gitarrensaiten und gibt bei der Bestellung seine deutsche ID-Nummer mit an.
Der Römer hat eine italienische ID-Nummer. Die Saiten kosten in Italien grundsätzlich per Preisaushang insgesamt € 250,00 zuzüglich italienische Umsatzsteuer.

Lösung zu Beispiel 13 :

Der Italiener mit ID-Nummer wird die Saiten an Jören zu einem Nettopreis ohne italienische Umsatzsteuer liefern. In der Rechnung taucht demzufolge nur der Nettobetrag von € 250,00 sowie der Hinweis auf italienisch (vom Autor übersetzt) „steuerfreie innergemeinschaftliche Lieferung an Abnehmer mit ID-Nummer" auf. Aus Sicht des Italieners handelt es sich um eine umsatzsteuerfreie innergemeinschaftliche Lieferung.[52]

Beim Erwerb wird nun für Jören Papst die deutsche USt auf die € 250,00 umsatzsteuerlich gegenüber dem Finanzamt zu erklären sein = 19 % = € 47,50.
In gleicher Höhe hat Jören aber einen Vorsteuerabzug aus § 15 (1) S. 1 Nr. 3 UStG.
Per Saldo erhält er daher die Gitarrensaiten zum Nettopreis ohne Umsatzsteuerbelastung.

Der genau umgekehrte Fall tritt nun ein, wenn Jören Papst selbst Gegenstände an Abnehmer innerhalb der EG mit ID-Nummer liefert. Dann tätigt er aus seiner Sicht eine steuerfreie innergemeinschaftliche Lieferung, wenn der Erwerber ihm die ID-Nummer vorlegt.

Translation:

Der innergemeinschaftliche Erwerb ist ein Vorgang, bei dem auf der Seite des Erwerbers die Umsatzsteuer erhoben wird. Das ist vollkommen fremdartig zu dem, was der Musiker bislang vermutlich über die Umsatzsteuer wusste. Der Normalfall nach dem § 1 des UStG ist schließlich der, bei dem der leistende Unternehmer und nicht der empfangende Unternehmer (= der Erwerber) die Umsatzsteuer abführen muss.

Da der Erwerber bei Erfüllung aller Voraussetzungen aber in derselben Höhe der anfallenden Steuer einen Vorsteuerbetrag[53] gegenzurechnen hat, verbleibt per Saldo im Regelfall keine Steuerzahllast auf den innergemeinschaftlichen Erwerb.

Ein innergemeinschaftlicher Erwerb kann immer nur bei einer Lieferung (Waren- oder Gegenstandsbewegung), nicht aber bei einer sonstigen Leistung (Live-Auftritte, Rechtsübertragungen etc.) vorliegen. Weiterhin ist Voraussetzung, dass beide Unternehmer eine USt-ID-Nummer bei dem Rechtsgeschäft verwenden.

Zwischenstand zur Umsatzsteuer

Bislang wurden unter dem Themenbereich der Umsatzsteuer die grundsätzlichen umsatzsteuerbaren Vorgänge erläutert.
Sofern eine Lieferung oder eine sonstige Leistung oder ein innergemeinschaftlicher Erwerb eines Unternehmers im Inland vorliegt, ist überhaupt nur ein solcher umsatzsteuerbarer Vorgang gegeben, der die Anmeldung der Umsatzsteuer gegenüber dem deutschen Finanzamt zur Folge haben kann.

Noch nicht behandelt wurde bislang, ob denn überhaupt bei Vorliegen der oben genannten Voraussetzungen

- tatsächlich Umsatzsteuer gegenüber dem Finanzamt zu erklären ist oder ob eine Umsatzsteuerbefreiungsvorschrift aus dem UStG das verhindert
- eventuell die Regelungen über den sogenannten Kleinunternehmer eine Umsatzsteueranmeldung hinfällig macht
- die Umsatzsteuer mit 7 % oder 19 % zu berechnen ist

1.1.4.3.3 Der Musiker als Kleinunternehmer

Unter bestimmten Voraussetzungen des § 19 UStG wird die Umsatzsteuer auch beim Vorliegen einer grundsätzlich im Inland steuerbaren Leistung des selbständigen Unternehmers **nicht erhoben**.

Die Voraussetzungen sind:

Der selbständige Musiker erzielt aus seiner Sichtweise zu Beginn des Jahres im laufenden Jahr nicht mehr als € 17.500,00 an Umsatzerlösen im Rahmen seines Unternehmens und wird voraussichtlich im Folgejahr nicht mehr als € 50.000,00 an Umsatzerlösen erzielen.
Mit den Grenzen von € 17.500,00 und € 50.000,00 sind die Umsatzerlöse gemeint, die im Laufe des Kalenderjahres zufließen, d.h. die Umsätze, die der Musiker tatsächlich vereinnahmt. Unabhängig davon und somit **nicht** in diese Grenze einzubeziehen sind die Umsatzerlöse aus Verkäufen von Wirtschaftsgütern des Anlagevermögens und bestimmte steuerfreie Umsätze.[54] Für den Musiker sind hier aufgrund seiner Tätigkeit primär die Steuerbefreiungen nach § 4 Nr. 20–21 UStG von Bedeutung. Diese Steuerbefreiungen werden in einem gesonderten Thema an späterer Stelle dargestellt. Ebenfalls nicht eingerechnet für die Bestimmung dieser Grenzen werden die Umsatzerlöse, die nicht in Deutschland steuerbar sind wie z.B. die Auftritte eines Musikers im Ausland.

Hinweis:

Diese doppelte Grenze über € 17.500,00 und € 50.000,00 muss in der Praxis dringend überwacht werden. Der selbständige Musiker, der die Kleinunternehmergrenze in Anspruch nimmt und daher keine Umsatzsteuer in Rechnung stellt, sollte zwingend sofort nach Ablauf des Kalenderjahres (also spätestens am 2. Tag nach Wegfall der Kopfschmerzen nach der Sylvesterparty) seine ihm zugeflossenen Einnahmen zusammenrechnen. Hat er in dem abgelaufenen Jahr die Umsatzerlösgrenze von € 17.500,00 überschritten, wird er im Folgejahr automatisch in die Umsatzbesteuerung geraten.

Bemerkt er das Übersteigen der Umsatzgrenze nicht, so wird er weiterhin bei seinen Rechnungen keine Umsatzsteuer ausweisen. Das Problem ergibt sich dann später bei Abgabe der Steuererklärung, wenn das Finanzamt aus den zugeflossenen Umsatzerlösen die Umsatzsteuer herausgerechnet haben möchte. In solchen Fällen hat der Musiker dann praktisch 15,97 % bzw. 6,54 % weniger für seine Tätigkeit verdient, weil er aus dem Einnahmebetrag die 19 % oder die 7 % Umsatzsteuer[55] herausrechnen muss.

Sofern der Leistungsempfänger selbst Unternehmer ist und die Umsatzsteuer zu seinen Gunsten als Vorsteuer gegenrechen kann, so ließe sich das Missgeschick in der Praxis durch berichtigte Rechnungen mit Umsatzsteuerausweis und Nacherhebung der Steuer gegenüber dem Leistungsempfänger noch retten.

Ist der Leistungsempfänger hingegen kein Unternehmer oder ein nicht vorsteuerabzugsberechtigter Unternehmer gewesen, so wird er keinesfalls freiwillig diese vom Musiker nachberechnete Umsatzsteuer nachzahlen. Dann ergibt sich das Problem über den Nachweis, ob von vornherein eine Nettozahlung oder eine Bruttozahlung als Gage vereinbart worden ist.

Beispiel 14:

Markus Klein-Untergeber aus Bayern hat sich im Jahr 2007 erstmalig als Musiker selbständig gemacht. Im Jahr 2007 erzielte er Einnahmen aus Einzelauftritten als Pianist in Höhe von € 11.500,00. Umsatzsteuer wies er in seinen Rechnungen nicht aus. Er nahm die Kleinunternehmergrenze in Anspruch, weil er nicht mehr als € 17.500,00 an Einnahmen erhielt und weil davon auszugehen war, dass er in 2008 nicht mehr als € 50.000,00 an solchen Einnahmen als selbständiger Unternehmer erzielen würde.

Im Jahr 2008 nahm er € 17.000,00 aus Auftritten am Piano ein. Gleichzeitig war er als selbständige Honorarkraft an der UNI München mit Kursen tätig und erhielt dafür € 3.000,00 im Jahr 2008. Zudem bekam er im Dezember 2008 € 1.400,00 von einem bayrischen Rundfunksender für die Mitwirkung bei einem gesendeten Konzert überwiesen.

Lösung zu Beispiel 14:

Markus hat hier die Kleinunternehmergrenze in 2008 überschritten.
Die € 3.000,00 für die Lehrtätigkeit auf Honorar (also nicht angestellt) an einer deutschen Universität sind über §4 Nr. 21. b)aa) UStG von der Umsatzsteuer befreit und zählen zu den Einnahmen, die nicht bei der Grenze von € 17.500,00 berücksichtigt werden müssen.
Dennoch übersteigt Markus mit den Einnahmen von € 17.000,00 zuzüglich € 1.400,00 = € 18.400,00 die Kleinunternehmergrenze von € 17.500,00 und ist damit automa-

tisch ab dem Folgejahr 2009 für alle Einnahmen, die nicht umsatzsteuerbefreit sind, umsatzsteuerpflichtig.

Wenn er keine Einkommenseinbußen haben möchte, muss er ab 2009 zwingend bei den Einnahmen aus Auftritten und denen vom Rundfunksender zusätzlich die Umsatzsteuer ausweisen. Für das Jahr 2008 bleibt er aber noch von der Umsatzsteuer verschont, da die Steuer erstmals ab dem Folgejahr der Überschreitung der Kleinunternehmergrenze erhoben wird. Markus muss also nicht für 2008 die Umsatzsteuer nachzahlen, sondern erstmalig ab 2009 die Steuer auf alle steuerbaren und nicht steuerbefreiten Erlöse abführen.

Verzicht auf die Kleinunternehmergrenze

Der Unternehmer kann dem Finanzamt bis zur Unanfechtbarkeit der Steuerfestsetzung erklären, dass er auf die Anwendung der Kleinunternehmerschaft verzichtet. Nach Eintritt der Unanfechtbarkeit der Steuerfestsetzung bindet die Erklärung den Unternehmer für mindestens 5 Jahre.[56]

Soll der Verzicht widerrufen werden, d.h. will der Musiker doch wiederum ohne Umsatzsteuer arbeiten, so hat dieser Widerruf bis zur Unanfechtbarkeit der Steuerfestsetzung des Kalenderjahres, für das er gelten soll, zu erfolgen.[57]
Unter Unanfechtbarkeit ist die formelle Bestandskraft zu verstehen.[58] In der Praxis tritt diese formelle Bestandskraft der Umsatzsteuer innerhalb eines Monats nach Einreichung der Erklärung beim Finanzamt ein oder für den Fall, dass eine Umsatzsteuer durch das Finanzamt durch Bescheid geschätzt wird, nach Ablauf der Einspruchsfrist von einem Monat. Spätestens zu diesen Zeitpunkten müsste ein Verzicht auf die Anwendung der Kleinunternehmergrenze oder der Widerruf der Verzichtserklärung erfolgen.

Translation:

Der Musiker als selbständiger Unternehmer kann in der Praxis die Kleinunternehmerschaft in Anspruch nehmen, wenn er die oben genannten Umsatzgrenzen nicht übersteigt. Will er die Kleinunternehmerschaft anwenden, d.h. seine Erlöse ohne Umsatzsteuer tätigen, so darf er keine Umsatzsteuer in den Rechnungen ausweisen. Weiterhin gibt er in diesem Fall nach Ablauf des Jahres zwar auch eine Umsatzsteuererklärung ab. In dieser trägt er aber nicht auf den Innenseiten des Vordrucks seine richtigen Umsätze mit der entsprechenden Steuer ein, sondern nur vorne auf dem Deckblatt den tatsächlich zugeflossenen Umsatz des laufenden Jahres und den des Vorjahres zur Berechnung und Überprüfung der Kleinunternehmerschaft seitens des Finanzamts.

Wenn der Musiker die oben genannten Grenzen von € 17.500/50.000,00 nicht übersteigt, kann er dennoch freiwillig mit Umsatzsteuer arbeiten und somit auf die Anwendung der Kleinunternehmerschaft verzichten, indem er nach Ablauf des Jahres eine Umsatzsteuerjahreserklärung abgibt, in der er seine Umsätze der Umsatzsteuer unterwirft.

Ein solcher Verzicht ist immer dann von Vorteil, wenn der Musiker ausschließlich für andere Unternehmer tätig wird, die selbst mit Umsatzsteuer arbeiten und denen ein Aufschlag von 7 % oder 19 % USt auf den Rechnungsbetrag nichts ausmacht, weil sie dieses Geld vom Finanzamt wieder angerechnet bekommen. Der auf die Kleinunternehmerschaft verzichtende Musiker kommt dann nämlich auch in den Genuss, aus allen Ausgabenrechnungen die Umsatzsteuer zu seinen Gunsten gegenzurechnen.
Vereinfacht ausgedrückt ergibt sich dann folgendes:

Er bekommt auf seine Einnahmen 7 % oder 19 % mehr. Dieses Geld führt er an das Finanzamt ab. Damit hat er praktisch genau so viel zur Verfügung, wie bei einer Arbeit ohne Umsatzsteuer. Der eigentliche Vorteil ergibt sich nun aber dadurch, dass er alle Ausgaben, in denen 7 % oder 19 % USt ausgewiesen sind, entsprechend um diese ausgewiesene Umsatzsteuer preiswerter bekommt, weil das Finanzamt ihm dieses Geld wieder erstattet.

Ob ein solcher Verzicht wirklich von Vorteil ist, kann in der Praxis aber nur ungenau ermittelt werden. Der Musiker wird unter anderen auch oft für Auftraggeber tätig, die selbst die ausgewiesene Umsatzsteuer nicht erstattet bekommen wie z.B. Privatpersonen auf Feiern, Jugendheime, Behörden etc.

Diese Auftraggeber werden sich in der Regel weigern, die 7% oder 19% auf einmal zusätzlich zu zahlen, denn dadurch wird der Preis ja für diese Auftraggeber entsprechend teurer.

Sollte der Musiker, obwohl er die Kleinunternehmerschaft von der Umsatzhöhe her anwenden könnte, auf diese verzichten und somit freiwillig seine Umsätze durch Abgabe der komplett ausgefüllten Umsatzsteuererklärung der Besteuerung unterwerfen, so bindet ihn dies für 5 Jahre. Will er dies, aus welchen Gründen auch immer, nach Abgabe der Umsatzsteuererklärung, bei der er erstmalig alles freiwillig der USt unterwirft, wieder rückgängig machen, so hat er zwingend folgendes zu tun:

Er muss diesen Widerruf vor Ablauf eines Monats nach Abgabe dieser Umsatzsteuererklärung gegenüber dem zuständigen Finanzamt erklären. Passiert dies nicht, so steckt er für 5 Jahre in der Umsatzsteuer fest. Es ist demzufolge nicht möglich, beliebig für einzelne Jahre mal mit oder mal ohne Umsatzsteuer zu arbeiten.

Beispiel 15:

Uwe Rentbasser aus Bremen ist bei der Bundeswehr als Berufsmusiker im Musikkorps tätig.
Sein Geld verdient er dort über Lohnsteuerkarte und damit nicht als selbständiger Unternehmer. Nebenher spielt er Bass auf Hochzeitspartys oder ähnlichen Veranstaltungen gegen Honorarrechnungen als selbständiger Musiker.

Im Jahr 2007 erhielt Uwe nebenher € 10.000,00 an Einnahmen für seine selbständige Tätigkeit. Ein befreundeter BWL-Student im 4. Semester, der auch schon einige Vorlesungen des Steuerrechts gehört hat, empfiehlt Uwe im November 2007 dringend zur Umsatzsteuer zu optieren, d.h. mit Umsatzsteuer zu arbeiten, weil er dann doch im Gegenzug aus allen Ausgabenrechnungen die Umsatzsteuer als Vorsteuer angerechnet bekommt. Auch wenn er bislang keine Umsatzsteuer berechnet hat, so könne er doch im Nachhinein berichtigte Rechnungen erstellen und sich die Umsatzsteuer von seinen Auftraggebern nachzahlen lassen.

Uwe folgt diesem pfiffigen Ratschlag und gibt am 08.01.2008 (Eingangsstempel des Finanzamtes am 09.01.2008) bereits seine Umsatzsteuererklärung für 2007 ab.
Bei der Umsatzsteuererklärung muss er aus allen vereinnahmten Beträgen zunächst die Umsatzsteuer abführen, d.h.

€ 10.000,00 : 1,07 = € 9.345,79
7 % von € 9.345,79 = € 654,03 an Umsatzsteuer

Eigene Ausgaben mit ausgewiesener Umsatzsteuer hat er allerdings nicht, da er die Instrumente der Bundeswehr benutzen darf und sonst nur Pkw-Fahrtkosten als Ausgaben per Pauschalen geltend macht, in denen keine ausgewiesene Umsatzsteuer als sogenannte Vorsteuer gegenzurechnen ist.

Als er von den Auftraggebern der Hochzeitpartys mit Schreiben vom 11.02.08 erfährt, dass diese nicht bereit sind, die Umsatzsteuer nachträglich nachzuzahlen, weil sie Privatpersonen sind und daher die Umsatzsteuer nicht als Vorsteuer anrechnen können, stellt Uwe fest, dass sein Freund leider doch nur ein gefährliches Halbwissen hatte und der Ratschlag in seiner Situation ziemlich schlecht war.

Uwe schreibt daraufhin sofort am 12.02.08 ans Finanzamt, um den Verzicht auf die Kleinunternehmerschaft zu widerrufen.

Lösung zu Beispiel 15:

Leider bleibt der Widerruf wirkungslos, da bereits 1 Monat nach Abgabe der Erklärung vergangen ist und die Umsatzsteuerfestsetzung damit formell bestandskräftig wurde. Der Widerruf hätte am 08.02.08 beim Finanzamt eingehen müssen.

Uwe muss nun die € 654,03 Umsatzsteuer bezahlen und ist 5 Jahre an den Verzicht auf die Kleinunternehmerschaft gebunden. Zudem ist er ziemlich sauer auf seinen ehemaligen Freund aufgrund des tollen Steuertipps, den er von ihm erhalten hat.

1.1.4.4 Die wichtigsten Umsatzsteuerbefreiungen für den Musiker

Sofern alle Voraussetzungen des Vorliegens eines umsatzsteuerbaren Tatbestands erfüllt sind und der Unternehmer die Kleinunternehmergrenze nicht in Anspruch nimmt oder in Anspruch nehmen kann, fällt zwingend Umsatzsteuer für die des Unternehmers getätigte Leistung an.

Dies ist dann aber nicht der Fall, wenn es für die konkrete Leistung eine Umsatzsteuerbefreiungsvorschrift gibt.
Die Umsatzsteuerbefreiungen sind im § 4 UStG genannt. **Dort sind folgende für den Musiker bedeutsame Befreiungen erfasst:**

1.1.4.4.1 Die Umsatzsteuerbefreiung § 4 Nr. 20. a) UStG für Orchester, Kammermusikensembles und gleichartige Einrichtungen anderer Unternehmer mit Bescheinigung der zuständigen Landesbehörde und für Solisten nach der EUGH-Rechtsprechung vom 03.04.2003

Die Umsätze folgender Einrichtungen des Bundes, der Länder, der Gemeinden oder der Gemeindeverbände sind befreit: **Theater, Orchester, Kammermusikensembles, Chöre, Museen** ...
Das Gleiche gilt für die Umsätze **gleichartiger Einrichtungen anderer Unternehmer, wenn die zuständige Landesbehörde bescheinigt, dass sie die gleichen kulturellen Aufgaben wie die in Satz 1 bezeichneten Einrichtungen erfüllen.**

Von der Umsatzsteuer befreit sind damit automatisch kraft § 4 Nr. 20. a) S. 1 des Gesetzes die Orchester, Kammermusikensembles und Chöre, die zu den Einrichtungen des Bundes, der Länder, der Gemeinden oder Gemeindeverbände (= Gebietskörperschaften) gehören. Diese Befreiungsvorschrift ist **für den selbständigen Musiker zunächst unbedeutend**, da er als selbständiger Unternehmer bzw. eine Musikgruppe als selbständiger Unternehmer in der Rechtsform der GbR ja gerade aufgrund dieser Selbständigkeit nicht zu den Einrichtungen von Bund, Ländern oder Gemeinden zählt.

Von Bedeutung ist hier aber der Satz 2 der Vorschrift. Von der Umsatzsteuer werden gleichartige Einrichtungen **anderer Unternehmer** befreit, wenn die **zuständige Landesbehörde bescheinigt, dass die gleichen kulturellen Aufgaben erfüllt werden.**

Entscheidend ist, dass es sich bei dem anderen Unternehmer zwingend auch um ein Orchester, Kammermusikensemble oder um einen Chor handeln muss. **Auf die Art der Musik, ob also Klassik, Pop, Blues oder Jazz oder reine Unterhaltungsmusik dargeboten wird, kommt es nicht an.**

Ein Orchester, Kammermusikensemble oder Chor liegt vor, wenn es sich um Musiker- oder Gesangs**gruppen** handelt. Dies setzt voraus, dass mindestens 2 oder mehrere Mitwirkende vorhanden sind.[59]

Weiterhin ist für das Vorliegen einer Musik- oder Gesangsgruppe entscheidend, dass diese Einrichtung anderer Unternehmer regelmäßig oder zumindest für eine gewisse Dauer gemeinsam als Gruppe in Erscheinung tritt.

Die weitere wichtige Voraussetzung für die Befreiung des Umsatzes ist, dass die zuständige Landesbehörde bescheinigt, dass der Unternehmer die gleichen kulturellen Aufgaben erfüllt wie die Einrichtungen der Gebietskörperschaften (Bund, Länder, Gemeinden, Gemeindeverbände).

Diese Bescheinigung wird in der Praxis auf Antrag der Musikgruppe von der Bezirksregierung ausgestellt und ist materiell-rechtliche Voraussetzung für eine Behandlung als steuerfreier Umsatz. Versäumt es eine Musikgruppe, die Bescheinigung zu beantragen, so handelt es sich zwingend um einen steuerpflichtigen Umsatz.

Das Bescheinigungsverfahren läuft auf Antrag bei der Bezirksregierung des Bezirkes, zu dem die Stadt gehört, in der die Musikgruppe ihren Sitz hat.

Die Bescheinigung wird als Verwaltungsakt mit der Bekanntgabe wirksam und kann auch mit rückwirkender Geltung ausgestellt werden. Zwei Senate des BFH mussten sich in der Vergangenheit mit dieser Problematik befassen. **Die Finanzverwaltung hat sich der für den Musiker besseren Rechtsprechung des V. Senats angeschlossen und lässt nach derzeitigem Rechtsstand die rückwirkende Bescheinigung zu.**

Beispiel 15:

Die Blasmusikkapelle „Blei, Blech und Moneten" aus Oberbayern erhält von der Bezirksregierung die Bescheinigung, dass sie mit ihren Auftritten die entsprechenden kulturellen Aufgaben erfüllt.

Bei einem Auftritt dieser Gruppe am 20.10.2007 erhält sie den Betrag von € 5.000,00 ausgezahlt. Die Gruppe besteht aus 4 festen Mitgliedern. Als besondere Gaudi lädt sie des Öfteren bei Auftritten lokal bekannte Blechbläser als Gäste gegen entsprechende Honorarzahlung ein. Der grundsätzlich mit Umsatzsteuer arbeitende Flügelhornvirtuose Rainer Tulpe nimmt an dem Auftritt für eine Gage von € 1.000,00 teil. Er kopiert sich die Bescheinigung über die Umsatzsteuerbefreiung der Gruppe und zeigt sie voller Stolz seinem Steuerberater. Der Steuerberater hingegen winkt kopfschüttelnd ab. Selbstverständlich kennt er das Gesetz und die Rechtsprechung auswendig.

Lösung zu Beispiel 16:

Der Umsatz von € 1.000,00 bewirkt bei Rainer Tulpe zwingend eine Abführung von 7 % Umsatzsteuer aus € 1.000,00 = € 64,42 (1.000 : 1,07 x 0,07= 65,42). Für Rainer Tulpe als Solist und Nichtmitglied der festen Musikgruppe gilt die Bescheinigung nicht.

Das Urteil des EUGH vom 04.04.03

Der Europäische Gerichtshof (EUGH) hat zur Freude vieler Musiker am 03.04.2003 ein wichtiges Urteil gesprochen. Demnach ist es für die Umsatzsteuerbefreiung als kulturelle Einrichtung nicht mehr erforderlich, dass es sich zwingend um eine feste Gruppe handeln muss. Auch ein einzelner Musiker kann sich nun von der Bezirksregierung eine Umsatzsteuerbefreiung als kulturelle Einrichtung ausstellen lassen.

Bezogen auf das Beispiel 15 bedeutet dies, dass Rainer Tulpe seinen Umsatz auch als steuerbefreiten Umsatz behandeln kann, wenn er sich für seine musikalische Tätigkeit von der Bezirksregierung bescheinigen lässt, dass er die gleichen kulturellen Aufgaben erfüllt.
Damit kann also jeder einzelne Musiker nun diese Befreiung erhalten, sofern denn die weiteren im Gesetz aufgeführten Bedingungen erfüllt sind.

Hinweis:

Mit der Bescheinigung der Bezirksregierung ist aber noch nicht endgültig sicher, dass die Einnahme des Musikers wirklich umsatzsteuerfrei vereinnahmt ist. Die Bescheinigung ist zunächst einmal kraft Gesetzes zwingend erforderlich, um überhaupt in den Genuss der Steuerbefreiung zu gelangen. Das Finanzamt kann dennoch in eigener Zuständigkeit überprüfen, ob die vom Gesetz verlangten kulturellen Aufgaben wirklich in dem konkreten Einzelfall gegeben sind.

1.1.4.4.2 Die Umsatzsteuerbefreiung § 4 Nr. 20. b) UStG für Veranstaltungen von Konzerten, an denen der unter 1.1.4.4.1 genannte Personenkreis die Darbietung erbringt

Von der Umsatzsteuer befreit werden die Veranstaltungen von Theatervorführungen und **Konzerten** durch andere Unternehmer, wenn die Darbietungen von den unter Buchstabe a) bezeichneten Theatern, Orchestern, Kammermusikensembles oder Chören und nach der EUGH-Rechtsprechung vom 03.04.2003 von den nun auch dazu zählenden Solisten als Einzelpersonen erbracht werden.

Die Befreiungsvorschrift des § 4 Nr. 20. b) nimmt damit Bezug auf die zuvor erläuterte Befreiungsvorschrift des § 4 Nr. 20. a). Sofern der selbständige Musiker zum Veranstalter eines Konzertes wird und die zuvor genannten und von der Umsatzsteuer durch Bescheinigung der Bezirksregierung befreiten Einrichtungen für das Konzert engagiert werden, so ist auch der Veranstalter selbst mit den unmittelbaren Einnahmen für die Konzertveranstaltung von der Umsatzsteuer befreit.
Hierbei empfiehlt es sich zwecks Nachweis für den das Konzert veranstaltenden Musiker, eine Kopie der Befreiung des Orchesters oder Ensembles oder des einzelnen Musiker, das bzw. den er engagiert hat, zu verlangen und zu den entsprechenden Belegen abzuheften.
Unter Konzert versteht man im umsatzsteuerrechtlichen Sinne das Aufführen von Musikstücken, bei denen Instrumente oder die menschliche Stimme eingesetzt werden.[60]
Weiterhin ist zu beachten, dass der Musiker als Veranstalter eines Konzertes nach dem Wortlaut des Gesetzes nur dann mit seinen Einnahmen durch die Veranstaltung von der Umsatzsteuer befreit ist, wenn das Konzert ausschließlich durch die vorher

genannten und durch Bescheinigung der Bezirksregierung nachgewiesenen steuerbefreiten Einrichtungen erbracht wird. Wird ein Konzert veranstaltet, an dem 2 Musikgruppen teilnehmen, von denen nur eine als umsatzsteuerbefreit anerkannt ist, so unterliegen die Einnahmen des Veranstalters insgesamt der Umsatzsteuer.

Beispiel 17:

Die Querflötenvirtuosin Martina Qual gibt Musikunterricht als Selbständige an Privatschüler und spielt als festes Ensemblemitglied über Lohnsteuerkarte als Arbeitnehmerin in einem Orchester mit.
Im Frühjahr und im Herbst veranstaltet sie jeweils die Konzertreihe „Licht- und Schattenimpressionen der Musik". Dafür mietet sie selbst als Vertragspartner gegenüber der Stadt eine Halle an und engagiert Musikgruppen, die sie dann von den erhaltenen Eintrittsgeldern auszahlt.
Für das Frühjahrskonzert gelingt es ihr die Gruppe „Leise Töne" zu engagieren. Diese Gruppe legt ihr eine durch die Bezirksregierung Arnsberg ausgestellte Bescheinigung über die Umsatzsteuerbefreiung nach § 4 Nr. 20. a) UStG vor.
Die Abendeinnahmen der Kasse und die Kartenvorverkäufe ergaben Einnahmen von € 35.000,00.

Lösung zu Beispiel 17:

Martina Qual kann die Einnahmen in voller Höhe als umsatzsteuerbefreite Erlöse nach § 4 Nr. 20. b) UStG behandeln. Zwecks Nachweis ist zu empfehlen, dass sich Martina Qual bei Vertragsabschluss mit der Musikgruppe deren Umsatzsteuerbefreiung in Kopie geben lässt und diese zu den Buchführungsunterlagen abheftet.

1.1.4.4.3 Die Umsatzsteuerbefreiung nach § 4 Nr. 21. a) UStG für Schulen oder Bildungseinrichtungen mit Bescheinigung der Landesbehörde

Diese Befreiungsvorschrift umfasst 2 Tatbestände:

Die unmittelbar dem Schul- und Bildungszweck dienenden Leistungen privater Schulen und anderer allgemeinbildender oder berufsbildender Einrichtungen, wenn sie

1) **als Ersatzschule staatlich genehmigt oder nach Landesrecht erlaubt sind (§ 4 Nr. 21. a) aa) UStG)**

Dieser Fall dürfte für den selbständigen Musiker bedeutungslos sein. Ersatzschulen sind solche privaten Schulen, die in ihren Bildungszielen den öffentlichen Schulen (Haupt-, Realschule oder Gymnasium) oder berufsbildenden Schulen entsprechen und die weiterhin eine staatliche Genehmigung erhalten haben oder nach Landesrecht erlaubt sind.

2) **andere allgemeinbildende oder berufsbildende Einrichtungen, wenn die zuständige Landesbehörde bescheinigt, dass sie auf einen Beruf oder eine vor einer juristischen Person des öffentlichen Rechts abzulegende Prüfung ordnungsgemäß vorbereitet (§ 4 Nr. 21. a) bb) UStG)**

Diese, auch als Ergänzungsschulen bezeichneten Einrichtungen, können für den Musiker dann von Bedeutung sein, wenn er selbst eine derartige Einrichtung betreibt. Ergänzungsschulen sind solche, die nicht den oben genannten allgemeinbildenden Schulen (Hauptschule, Realschule, Gymnasium) oder berufsbildenden Schulen entsprechen wie z.B. Sprachschulen, Gesangsschulen oder private Musikschulen.

Derartige Ergänzungsschulen sind nicht genehmigungspflichtig wie die zuvor unter a) aa) genannten Ersatzschulen, sondern lediglich anzeigepflichtig.

Weitere Voraussetzung für die Befreiung als Ergänzungsschule ist die Bescheinigung des Regierungspräsidenten, dass die Einrichtung auf einen Beruf oder eine vor einer juristischen Person des öffentlichen Rechts abzulegende Prüfung ordnungsgemäß vorbereitet. Diese Bescheinigung ist unabdingbare Voraussetzung für die Behandlung als steuerfreier Umsatz. **Wurde die Bescheinigung ausgestellt, so ist diese für die Finanzverwaltung zunächst bindend.**[61] Die Bindung bezieht sich aber darauf, ob auf den entsprechenden Beruf oder eine Prüfung vorbereitet wird. Gemeint ist damit lediglich, ob die Einrichtung auch die Eignung dazu hat. Dem Finanzamt obliegt es daher in eigener Zuständigkeit zu überprüfen, ob auch wirklich auf einen Beruf oder eine Prüfung vorbereitet wird.

Die konkrete Frage bezieht sich nun auf die Voraussetzungen, unter welchen die zuständige Landesbehörde die Bescheinigung für selbständige private Musikschulen ausstellt, denn bei Fehlen der Bescheinigung ist die Behandlung als steuerfreier Umsatz ausgeschlossen.

Aufschluss über die behördeninterne Umsetzung der gesetzlichen Vorgabe gibt beispielsweise für das Land Nordrhein-Westfalen der Erlass des Kultusministers als zuständige Landesbehörde an die ausführenden Regierungspräsidenten der Bezirksregierungen vom 18.12.1989.

Danach ist das Ausstellen einer Bescheinigung an private Musikeinrichtungen oder selbständige Musikerzieher grundsätzlich daran gekoppelt, dass Prüfungs- oder Studienbescheinigungen von bereits ausgebildeten Schülern vorgelegt werden.
Ausnahmsweise kann aber auch jungen Musikerziehern oder Musikerzieherinnen, die noch keine Schüler bis zum Studium geführt oder auf eine vor einer juristischen Person des öffentlichen Rechts abzulegende Prüfung vorbereitet haben, eine Bescheinigung ausgestellt werden, wenn der Musiker, der diese Einrichtung betreibt, eine staatliche Prüfung für Musikschullehrer oder eine vergleichbare Ausbildung vorweisen kann

und

wenn die Schüler oder Schülerinnen bzw. deren Erziehungsberechtigte schriftlich glaubhaft erklären, dass die Ausbildung einer näher zu bezeichnenden Berufsvorbereitung oder als Vorbereitung auf eine Prüfung dient, die vor einer juristischen Person des öffentlichen Rechts abgelegt wird.

Nicht bindend ist die Bescheinigung bezüglich der Frage, ob die Einrichtung allgemeinbildend oder berufsbildend ist.[62] Die Finanzverwaltung hat mit BMF-Schreiben vom 31.03.1999[63] Stellung bezogen, dass neben der Bescheinigung der Bezirksregierung, an welche die Behörde gebunden ist, dennoch bestimmte Voraussetzungen gegeben sein müssen, damit das Finanzamt insgesamt betrachtet eine solche private Musikschule als Bildungseinrichtung anerkennt.
Erforderlich sind danach ein festliegendes Lehrprogramm und Lehrpläne zur Vermittlung des Unterrichtsstoffes für die Erreichung eines bestimmten Lehrgangszieles sowie geeignete Unterrichtsräume oder -vorrichtungen. Weiterhin muss der Musiker als Träger der Einrichtung selbst Unterricht gegenüber seinen Vertragspartnern anbieten.

Translation:

Der Musiker, der sich als Musiklehrer selbständig macht und Musikunterricht wie z.B. Gitarrenunterricht an eigene Schüler erteilt, kann grundsätzlich als derartige Privatschule gelten. Sofern die Kleinunternehmergrenze überschritten wurde und der Musiklehrer diese Einnahmen dennoch als umsatzsteuerfrei behandeln will, so ist gemäß § 4 Nr. 21. a) bb) zwingend die Bescheinigung der zuständigen Landesbehörde erforderlich. Die Landesbehörde (die Zuständigkeit wurde dabei an die jeweiligen Bezirksregierungen übertragen) stellt die Bescheinigung unter den oben erläuterten Voraussetzungen aus. Behördenintern können aber in den unterschiedlichen Bundesländern unterschiedliche Verwaltungsanweisungen im Einzelnen existieren, weil auf dem Gebiet die Zuständigkeit der einzelnen Länder gegeben ist.

Die Befreiung gilt für Unterrichtsleistungen an eigene Privatschüler. Nicht befreit durch diese Bescheinigung sind Unterrichtseinnahmen, die ein selbständiger Musiklehrer als Honorare für Unterricht von einer Musikschulen erhält. Das liegt daran, dass in diesen Fällen die Musikschule die Verträge mit den Schülern gemacht hat und der unterrichtende Lehrer nicht in direkter Vertragsbeziehung zu den Schülern steht, sondern in Vertragsbeziehung zu der Musikschule. Für solche Fälle, bei denen der Musiklehrer als Honorarkraft selbständig für eine Musikschule arbeitet, wird auf 1.1.4.4.4 hingewiesen.

Beispiel 18:

Der ausgebildete Musikpädagoge Ludwig Kichtrup aus Münster in Nordrhein-Westfalen eröffnet im Juli 2007 eine private Musikschule als Einzelunternehmung. Dafür hat er sich selbst einen Lehrplan zur Vermittlung von Unterrichtsstoff gebastelt. Der Unterricht für Klavier und Akustikgitarre findet in seinem extra dafür eingerichteten Arbeitszimmer statt. Für E-Gitarrenunterricht am handelsüblichen 100 Watt Marshall-Stack hat er zusätzlich einen extra Proberaum angemietet, den er nebenbei auch noch für seine eigene Band nutzt.
Ludwig inseriert in Zeitungen die Eröffnung seiner unterrichtenden Tätigkeit im Bereich Gitarre und Klavier an Privatschüler und geht davon aus, dass er nicht mehr als € 17.500,00 an Einnahmen erzielen wird. Damit nimmt er die Kleinunternehmergrenze in Anspruch und unterrichtet folglich ohne Umsatzsteuer. Ungefähr 30 % der Schüler sind Studenten. Die anderen Schüler wünschen sich, einmal Musiker zu werden.
Gegen Ende des Jahres 2007 stellt Ludwig fest, dass € 19.000,00 an Erlösen erzielt wurden. Folglich würde er im Jahr 2008 automatisch umsatzsteuerpflichtig. Um dennoch ohne Umsatzsteuer arbeiten zu können, beantragt er bei der Bezirksregierung eine Bescheinigung nach § 4 Nr. 21. a) bb) UStG.

Lösung zu Beispiel 18:

Die Bezirksregierung stellt diese Bescheinigung zur Umsatzsteuerbefreiung aus, weil Ludwig zum einen ein Studium als Musikpädagoge abgeschlossen hat und 30 % seiner Schüler an der Universität Musik studieren. Die anderen Schüler weisen ihm durch schriftliche Bestätigung nach, dass sie sich mit dem Unterricht ernsthaft auf den Beruf des Musikers (Live- oder Studiomusiker, Musiklehrer etc.) vorbereiten. Diese Bestätigungen reicht Ludwig beim Antrag zur Ausstellung der Bescheinigung mit ein.

Durch die Bescheinigung der Bezirksregierung kann Ludwig sämtliche Einnahmen aus Unterricht ohne Umsatzsteuer vereinnahmen.

Hinweis:

Wie schon zur Umsatzsteuerbefreiung der Orchester, Chöre, Kammermusikensembles erläutert wurde, kann die Bescheinigung auch im laufenden Jahr rückwirkend ausgestellt werden.

1.1.4.4.4 Die Umsatzsteuerbefreiung nach § 4 Nr. 21. b) UStG für Unterrichtsleistungen selbständiger Lehrer an Hochschulen, öffentlichen Schulen und privaten Einrichtungen mit Bescheinigung der Landesbehörde

Befreit werden die unmittelbar dem Schul- oder Bildungszweck dienenden Unterrichtsleistungen selbständiger Lehrer

aa) an Hochschulen im Sinne der §§ 1 und 70 des Hochschulrahmengesetzes und öffentlichen allgemeinbildenden oder berufsbildenden Schulen.

Gemeint damit ist der Unterricht eines selbständigen Lehrers, der als freier Mitarbeiter auf Honorarbasis für eine derartige Hochschule oder öffentliche allgemeinbildende oder berufsbildende Schule unterrichtet.

Unter Hochschulen versteht man die Universitäten, pädagogischen Hochschulen, Fachhochschulen, Kunsthochschulen und die sonstigen Einrichtungen des Bildungswesens, die nach Landesrecht staatliche Hochschulen sind.[64]
Öffentliche allgemeinbildende oder berufsbildende Schulen sind solche, die durch juristische Personen des öffentlichen Rechts getragen werden, d.h. jede öffentliche allgemeinbildende oder berufsbildende Schule. Private allgemeinbildende oder berufsbildende Schulen werden hier auch erfasst, allerdings nur, wenn diese als Ersatzschule durch staatliche Genehmigung anerkannt sind.

Unterrichtet der selbständige Musiker an den oben bezeichneten Hochschulen oder Schulen, ist er automatisch mit diesen Honoraren von der Umsatzsteuer befreit. Er benötigt dann keine weitere Bescheinigung.

bb) an privaten Schulen und anderen allgemeinbildenden oder berufsbildenden Einrichtungen, soweit diese die Voraussetzungen des Buchstaben a erfüllen.

Gemeint mit der Erfüllung des Buchstaben a ist hier, dass diese Einrichtungen, bei denen es sich nicht um Hochschulen oder öffentliche allgemeinbildende oder berufsbildende Einrichtungen handelt, selbst die Bescheinigung von der zuständigen Landesbehörde vorweisen müssen, dass sie auf einen Beruf oder auf eine vor einer juristischen Person des öffentlichen Rechts abzulegende Prüfung vorbereiten.

Der unterrichtende Lehrer an einer derartigen Einrichtung, die selbst die Bescheinigung der zuständigen Landesbehörde vorweisen kann, ist dann grundsätzlich mit seiner unterrichtenden Tätigkeit ebenfalls von der Umsatzsteuer befreit. Der Lehrer selbst muss sich dann keine eigene gesonderte Bescheinigung mehr von der zuständigen Bezirksregierung ausstellen lassen. Der unterrichtende Lehrer benötigt in solchen Fällen aber eine Bescheinigung der Privatschule oder einer anderen allgemeinbildenden oder berufsbildenden Einrichtung.

Gemäß BMF-Schreiben vom 31.05.1999[65] verlangt die Finanzverwaltung in solchen Fällen, dass der selbständige Lehrer eine Bestätigung der entsprechenden Einrichtung vorweisen kann, aus der sich folgendes ergibt:

- dass die Einrichtung selbst die Voraussetzungen des § 4 Nr. 21.a bb) UStG erfüllt

und

- dass der Unterricht des selbständigen Lehrers im begünstigten Bereich (d.h. ordnungsmäßige Berufs- oder Prüfungsvorbereitung) der privaten Schule oder Einrichtung erfolgt.

Beispiel 19:

Der Trompeter Mats Davis aus Düsseldorf verdient in folgenden Bereichen sein Geld als selbständiger Musiker:

- Live-Auftritte ca. 20.000,00 € jährlich
- Dozent auf Honorarbasis an der Musikhochschule Köln ca. 6.000,00 € jährlich
- Unterricht an der privaten Musikschule „Tribute to Miles", Inhaber Robert Blase aus Düsseldorf, ca. 3.000,00 € jährlich

Mats Davis wird nicht als Kleinunternehmer geführt, da er die Grenzen in vergangenen Jahren bereits überschritten hatte.

Lösung zu Beispiel 19:

Die Einnahmen aus den Live-Auftritten sind umsatzsteuerpflichtig. Eine Steuerbefreiungsvorschrift dafür gibt es nicht. Diese Erlöse muss Mats mit dem für Darbietungen auf Konzerten geltenden Steuersatz von 7 % USt versteuern. Die Erlöse von der Musikhochschule Köln sind von der Umsatzsteuer über § 4 Nr. 21. b) aa) UStG befreit. Eine gesonderte Bescheinigung von der Musikhochschule Köln ist nicht erforderlich. Mats müsste nur nachweisen, dass er die Einnahmen von der Hochschule bekommen hat, z.B. durch Aufbewahrung der Abrechnungen.

Die Honorare von der privaten Musikschule in Düsseldorf sind nur dann befreit, wenn:

- die private Musikschule selbst die Bescheinigung der zuständigen Landesbehörde beantragt und erhalten hat im Sinne des § 4 Nr. 21.a) bb) und demzufolge für Mats Davis eine Bescheinigung ausstellt, dass die Einrichtung selbst die Voraussetzungen des § 4 Nr. 21.a) bb) UStG erfüllt

und

- dass der Unterricht von Mats Davis im begünstigten Bereich (d.h. ordnungsmäßige Berufs- oder Prüfungsvorbereitung) der privaten Schule erfolgt.

Translation:

Hier ist also nun der Fall erfasst, bei dem der selbständige Lehrer auf Honorarbasis an einer Musikschule unterrichtet und von der Musikschule seine Einnahmen erhält. Handelt es sich bei der Musikschule um eine öffentliche Hochschule oder öffentliche allgemeinbildende oder berufsbildende Schule, so liegt automatisch eine Umsatzsteuerbefreiung für den unterrichtenden Lehrer vor. Es ist keine Bescheinigung in irgendeiner Form nötig.

Handelt es sich hingegen um eine private Musikschule, so ist es zwingend erforderlich, dass sich die private Musikschule selbst die Umsatzsteuerbefreiung der Bezirksregierung holt und zusätzlich dann die befreite private Musikschule dem unterrichtenden Lehrer bescheinigt, dass sein Unterricht in dem umsatzsteuerbegünstigten Bereich stattfindet.

Hinweis:

Zu den privaten Musikschulen, die eine solche eigene Bescheinigung der Bezirksregierung benötigen, zählen auch die vielen Musikschulen, die in der **Rechtsform eines Vereins** unterhalten werden. Auch diese Vereine müssen sich für ihren Unterricht eine Befreiung der Bezirksregierung besorgen, wenn sie bei Überschreitung der Kleinunternehmergrenze nicht in die Umsatzsteuerpflicht rutschen wollen. Vereine sollten nicht dem Irrtum unterliegen, dass sie aufgrund ihrer Gemeinnützigkeit, die ihnen vom Finanzamt bestätigt wird, automatisch eine derartige Umsatzsteuerbefreiung besitzen. Das ist nämlich nicht richtig. Die Steuerbefreiung im Hinblick auf die Gemeinnützigkeit bezieht sich auf die Körperschaftsteuer, nicht aber auf die Umsatzsteuer. Sobald ein Verein sich wie ein normaler Unternehmer verhält, indem er entgeltliche Leistungen anbietet, so gelten für den Verein dieselben umsatzsteuerrechtlichen Bestimmungen wie für jeden anderen Unternehmer.

Insbesondere ist eine derartige Umsatzsteuerbefreiung von der Bezirksregierung für den Verein die unverzichtbare Voraussetzung dafür, dass der für den Verein unterrichtende selbständige Lehrer als Honorarkraft auch ohne Umsatzsteuer arbeiten kann, denn der selbständige Lehrer benötigt ja wiederum die Bescheinigung von dem Verein, dass dieser von der Umsatzsteuer befreit ist.

1.1.4.5 Die wichtigsten Umsatzsteuerermäßigungen auf 7%

Im vorigen Kapitel 1.1.4.2.4 wurden die wichtigsten Umsatzsteuerbefreiungstatbestände aufgeführt. Sofern ein in Deutschland steuerbarer Umsatz gegeben ist und weder die Kleinunternehmerschaft vorliegt noch einer der eben dargestellten Befreiungstatbestände, ist grundsätzlich immer der Umsatzsteuersatz von 19 % (bis 31.12.06 waren es 16 %) nach § 12 (1) UStG anzuwenden.

Der Steuersatz ermäßigt sich auf nur 7 % Umsatzsteuer für folgende im Umkreis des Musikers getätigte Leistungen:[66]

1.1.4.5.1 Die Lieferungen, die Einfuhr und der innergemeinschaftliche Erwerb der in der Anlage zum Umsatzsteuergesetz bezeichneten Gegenstände nach § 12 (2) Nr. 1 UStG

Angesprochen in dieser Nr. 1 des § 12 (2) UStG sind Lieferungen (= Verschaffung von Verfügungsmacht an Gegenständen) ganz bestimmter Wirtschaftsgüter.
In der Anlage finden sich in erster Linie Lebensmittel, für welche die Steuerermäßigung gilt.

Die für den Musiker in der Praxis wichtigen Ermäßigungen sind:

- Bücher, Zeitungen und andere Erzeugnisse des graphischen Gewerbes (mit Ausnahme von Erzeugnissen, die überwiegend Werbezwecken dienen)
- Zeitungen und andere periodische Druckschriften
- Noten, handgeschrieben oder gedruckt, auch mit Bildern, auch gebunden

Die für den Musiker wichtigste Ermäßigung für Lieferungen von Gegenständen dürfte sich auf **Notenmaterial oder Literatur** beziehen. Alle sonstigen Ermäßigungen, die nun noch folgen, spielen sich im Bereich der sonstigen Leistungen ab. Anzumerken ist hierbei aber, dass sich der Musiker, der sich als Autor von Büchern oder Fachliteratur in seinem Bereich betätigt, in der Regel einen Verlag für die Veröffentlichung dazwischenschalten wird.
Die Einnahmen, welche der Musiker als Buchautor dann über den Verlag erhält, sind solche aus Rechtsübertragungen und nicht aus Verkäufen. Damit besteht die Leistung des Buchautors gegenüber dem Verlag im umsatzsteuerlichen Sinne aus einer sonstigen Leistung und nicht aus einer Lieferung.

Translation:

Nur wenn der Musiker Notenmaterial oder Bücher als Druckerzeugnisse selbst veräußert, handelt es sich um eine Lieferung.
Nur für diese Fälle gilt die Steuerermäßigung von 7 % Umsatzsteuer.

Beispiel 20:

Der Musiker und Komponist Richard Pracht ist an Kreativität und musikalischer Ausdrucksweise kaum zu übertreffen. Leider gilt dies nicht für seine Schrift.
Da er Computer aus Überzeugung ablehnt, schreibt er seine Noten handschriftlich auf Papier, wobei das Problem auftaucht, dass niemand die Noten entziffern kann.
Aus diesem Grunde arbeitet er mit Christa Schreibfein zusammen. Christa schreibt die Hyroglyphen von Richard Pracht sauber auf Notenpapier und liefert diese immer per Post an Richard zurück. Christa ist keine Kleinunternehmerin und versteuert ihre Umsätze nach den allgemeinen Vorschriften des Umsatzsteuergesetzes.

Lösung zu Beispiel 20:

Christa kann in ihrer Rechnung den ermäßigten Steuersatz von 7 % nach § 12 (2) Nr. 1 UStG in Anspruch nehmen.

1.1.4.5.2 Die Steuerermäßigung auf 7 % nach § 12 (2) Nr. 7.a) für die Eintrittsberechtigung für Theater, Konzerte sowie die den Theatervorführungen und Konzerten vergleichbaren Darbietungen ausübender Künstler

Für den Musiker ist hier in erster Linie der Bereich der den Konzerten vergleichbaren Darbietungen ausübender Künstler von Bedeutung. Hierbei handelt es sich um eine sonstige Leistung des Musikers.

Unter Konzert versteht man im umsatzsteuerrechtlichen Sinne das Aufführen von Musikstücken, bei denen Instrumente oder die menschliche Stimme eingesetzt wird. Darunter fallen auch Rock- und Popkonzerte, auf denen die Besucher nicht nur zuhören, sondern auch mitsingen und tanzen können.

Wirkt der selbständige Musiker bei einem Konzert mit, so liegt der ermäßigte Umsatzsteuersatz von 7 % vor. Die Vorschrift umfasst sowohl die Darbietungen eines einzelnen Musikers auf einem Konzert (Solist oder Einzelunternehmer) als auch die Darbietungen einer Musikgruppe z.B. in der Rechtsform einer GbR. Bis zur Gerichtsentscheidung des EUGH vom 23.10.2003 war das noch anders. Vor diesem Urteil konnte aufgrund der damals geltenden Rechtslage nur eine feste Musikgruppe bei Konzertdarbietungen den ermäßigten Steuersatz von 7 % in Anspruch nehmen. Der einzelne Solist konnte dies grundsätzlich nicht, sondern nur dann, wenn er auch selbst Veranstalter seines eigenen Konzertes war. Diese Unterscheidung zwischen Musikgruppen und einzelnen Musikern gibt es nun nicht mehr.

Der selbständige Musiker rechnet daher seine Darbietungen auf Konzerten im Rahmen einer Rechnung zwingend mit 7 % Umsatzsteuer ab.

Hinweis:

In der Praxis kommt es vereinzelnd vor, dass Finanzbeamte die Auffassung vertreten, der ermäßigte Steuersatz von 7 % gelte nicht für Darbietungen von Musikstücken, wenn Musiker bei Schützenfesten oder privaten Hochzeitsfeiern auftreten, weil dort nicht der Konzertcharakter im Vordergrund stehe, sondern die Besucher der Veranstaltung in erster Linie aus anderen Gründen erscheinen.

Beispiel 21:

Eine Top-40-Band wird engagiert, um auf einem Schützenfest zu spielen. Auftraggeber der Band ist der Schützenverein „Vogel fall runter e.V.". Der Schützenverein selbst nimmt Eintritt für das bejubelte Fest. Die Band wiederum engagiert ihrerseits noch einen Sologitarristen für den Auftritt und bezahlt diesem ein Honorar gegen Rechnung.

Die Zahler des Eintrittsgeldes kommen zu dem Fest, um sich die Band anzuhören, aber auch um zu trinken, zu tanzen, zu schießen ...

Lösung zu Beispiel 21:

Da der Umsatzsteuersatz von 7 % nur für „den Konzerten vergleichbare Darbietungen ausübender Künstler" gilt, könnte man zunächst auf die Idee kommen, dass in dem oben genannten Fall für die Band und den Sologitarristen der allgemeine Steuersatz und nicht der ermäßigte Satz anzuwenden ist, weil die Darbietung der Band auf den ersten Eindruck keinen reinen Konzertcharakter hat.

Diese Auffassung ist aus folgenden Gründen **nicht richtig**:

Im Umsatzsteuerrecht wird jede einzelne umsatzsteuerliche Leistung gesondert beurteilt. In dem Fall wird die Band vom Schützenverein für einen Auftritt engagiert. In der Leistungsbeziehung zu dem Verein erbringt die Band daher ein Konzert. Die andere Leistungsbeziehung ist die zwischen den zahlenden Gästen des Festes und dem Verein. In dieser Beziehung ist sicherlich kein reiner Konzertcharakter gegeben. Das ist aber unerheblich für die Leistungsbeziehung zwischen der Band und dem Verein. **Daher erbringt die Band per Auftrag einen künstlerischen Auftritt mit Konzertcharakter und muss mit 7 % anstatt 19 % abrechnen.** Die gleiche Lösung wird ebenfalls für den Sologitarristen gelten, der seine Leistung für die Band erbringt. Auch er schreibt die Rechnung mit 7 % USt.

Ganz anders gelagert ist der Fall für den veranstaltenden Verein. In der Leistungsbeziehung des Vereins als Veranstalter zu den Gästen des Schützenfestes liegt kein reines Konzert vor. Folglich kann der Veranstalter hier seine Eintrittsgelder, die er vom zahlenden Publikum erhalten hat, nicht mit dem ermäßigten Steuersatz von 7 % gegenüber dem Finanzamt abrechnen.

Ebenfalls von der Vorschrift des § 12 (2) Nr. 7.a) unter dem ermäßigten Steuersatz von 7 % erfasst sind die Leistungen der Konzertveranstalter. Der Wortlaut des Gesetzes umfasst die Eintrittsberechtigungen für Theater, Konzerte und Museen.
Folglich sind also die Einnahmen, die der Veranstalter für das veranstaltete Konzert erhält, mit dem Steuersatz von 7 % zu erfassen. Das gilt aber nur dann, wenn der Konzertcharakter im Vordergrund steht. Kommen die Besucher der Veranstaltung auch, um andere Dinge zu tun, die den Konzertcharakter in den Hintergrund geraten lassen, so ist der ermäßigte Steuersatz nicht anwendbar.

Diese Vorschrift kann den selbständigen Musiker oder eine selbständige Musikgruppe dann betreffen, wenn das Konzert in Eigenregie veranstaltet wird. Ist der Musiker, der auftritt, gleichzeitig auch Veranstalter, so tritt er ja in unmittelbare Leistungsbeziehung zu den Besuchern der Veranstaltung. Grundsätzlich ermäßigt sich dann die Umsatzsteuer auch wieder auf 7 % für die Einnahmen, die der Musiker aus dieser Veranstaltung erzielt.
Wenn aber hier der Konzertcharakter nicht im Vordergrund steht, wäre der allgemeine Steuersatz von 19 % anzuwenden.

Beispiel 22:

Ben Barbie ist ein gefragter und bekannter Gitarrist. Zudem ist er sozial engagiert, extrem kinderlieb und veranstaltet daher jeden ersten Sonntag im Monat in einem angemieteten Raum in einem Kindergarten zwischen 15 h und 17 h ein Mutter-Kind-Kaffee-Klön-Konzert, bei dem alleinerziehende Mütter mit ihren Kindern zu einem günstigen Eintrittspreis Kaffee und Kuchen erhalten, sich mit anderen austauschen können und nebenher natürlich noch der Hintergrundmusik dieses wahrhaft begnadeten und charakterstarken Gitarristen lauschen können. Den Kuchen backt Ben nebenher auch noch selbst. Die älteste seiner 9 Töchter sitzt am Eingang und kassiert den Pauschaleintrittspreis im Namen ihres Vaters.

Lösung zu Beispiel 22:

Ben Barbie ist zweifellos Musiker. Er veranstaltet das Kaffee-Klön-Konzert selbst. Folglich gilt für ihn in der Rechtsbeziehung zu den zahlenden Gästen grundsätzlich die Steuerermäßigung für Konzertveranstalter. Da hier aber die Musik des Ben Barbie nicht im Vordergrund steht, sondern die Besucher in erster Linie zum Klönen, Gedankenaustausch und preiswerten Kaffee und Kuchen erscheinen, kann er nicht den ermäßigten Steuersatz in Anspruch nehmen. Das Konzert steht hier nicht im Vordergrund.

Etwas anderes läge vor, wenn ein anderer, z.b. die Tochter des Ben Barbie, diesen Nachmittag veranstalten würde und sie ihren Vater als Gitarristen zur Untermalung engagiert. Dann wäre die Rechtsbeziehung des Ben Barbie zu seiner Tochter als Veranstalterin gegeben. In dieser Rechtsbeziehung würde Ben aus seiner Sicht für die Veranstalterin ein Konzert erbringen. Dann könnte er die Einnahme, die er als gesonderte Gage von seiner Tochter bekäme, mit 7 % versteuern. Die Tochter aber müsste ihre Kasseneinnahme mit 19 % ansetzen.

Hinweis:

Die zentrale Bedeutung für die Anwendung der Umsatzsteuerermäßigung der darbietenden Musiker und der Konzertveranstalter ist die Auslegung des Begriffes „Konzert". Der BFH hatte sich in seiner jüngsten Entscheidung vom 18.08.2005 mit dieser Problematik auseinander gesetzt.

Bei dem zu entscheidenden Sachverhalt ging es um die Frage, ob DJs, die auf einer Techno-Veranstaltung bereits existente Musikstücke durch Einsatz technischer Medien einspielen und durch Überlagerungen, Ein- und Ausblendungen oder Hinzufügen von Effekten abgeändert, damit praktisch so tätig werden wie jemand, der ein Instrument einsetzt.

Der BFH urteilte, dass Darbietungen der DJs von künstlerischer Bedeutung seien, da sie mit den technischen Medien nicht nur das bloße Abspielen durchführen, sondern vielmehr durch Veränderung der Tonhöhe, der Abspielgeschwindigkeit und durch das Vermischen verschiedener Tonträger eine andere Klangform schaffen. Dass Besucher bei den Veranstaltungen auch tanzen und sich unterhalten, ist dabei unschädlich. Die Folge dieser Rechtsprechung besteht nun darin, dass Veranstaltungen, bei denen DJs in der eben beschriebenen Art tätig werden, wie Konzertveranstaltungen behandelt werden. Folglich kann und muss der DJ mit 7 % USt abrechnen.

Das gilt aber nicht für Veranstaltungen, auf denen DJs nur in herkömmlicher Weise ein reines Abspielen von Schallplatten, CDs oder anderen Medien betreiben. Wenn sie nicht wie oben genannt durch Veränderung der Tonhöhe, der Abspielgeschwindigkeit und durch das Vermischen verschiedener Tonträger andere Klangformen schaffen, hat sowohl der Auftritt des DJ als auch die Veranstaltung keinen Konzertcharakter, so dass der rein auflegende DJ als auch der Veranstalter dann mit 19 % abrechnen müssten.

Folgende umsatzsteuerliche Lösungen eines Orchesters (Musikgruppe) und eines Musikers als Einzelunternehmer ergeben sich daher nach den bislang zur Umsatzsteuer dargestellten Grundsätzen bei der Darbietung auf Konzerten im Hinblick auf den Steuersatz:

Orchester, das eine Einrichtung einer Gebietskörperschaft ist	USt-befreit
Orchester oder Einzelperson als private Einrichtung (z. B. jede Musikgruppe als GbR oder jeder einzelne Musiker), das/die aber gemäß Bescheinigung der zuständigen Landesbehörde nachweist, dass die entsprechenden kulturellen Aufgaben wahrgenommen werden	USt-befreit
Orchester oder Einzelperson als private Einrichtung (z.B. jede Musikgruppe als GbR oder jeder einzelne Musiker), das/die aber kine Bescheinigung der Landesbehörde über die kulturellen Aufgaben erhalten hat	USt-Ermäßigung nur 7% statt 19%
Orchester oder Einzelperson als private Einrichtung (z.B. jede Musikgruppe als GbR oder jeder einzelne Musiker), das/die keine Bescheinigung der Landesbehörde über die kulturellen Aufgaben erhalten hat und keine Gage von einem Veranstalter erhält, sondern selbst das Konzert veranstaltet	USt-Ermäßigung nur 7% statt 19%
Orchester oder Einzelperson als private Einrichtung (z.B. jede Musikgruppe als GbR oder jeder einzelne Musiker), das/die keine Bescheinigung der Landesbehörde über die kulturellen Aufgaben erhalten hat und keine Gage von einem Veranstalter erhält, sondern selbst veranstaltet, wobei der reine Konzertcharakter nicht im Vordergrund steht	allgemeiner Steuersatz von 19%

Beispiel 23:

Die Band „Power Women" besteht aus 5 Musikerinnen (Rita Pauer, Michaela Pauer, Michelle Druck, Conni Straight und Maria Laut) in der klassischen Rockbesetzung in der Rechtsform der GbR. Die Gruppe existiert seit 2 Jahren und es werden regelmäßig 3–4 Auftritte im Monat für Gagen von je ca. € 1.500,00 gemacht. Bei den 1.500,00 € handelt es sich jeweils um den Betrag, den die Band tatsächlich erhält, wobei die Veranstalter dann jeweils eine Rechnung über den überwiegend in bar empfangenen Betrag wünschen.

Lösung zu Beispiel 23:

Die Gruppe kann den ermäßigten Umsatzsteuersatz von 7 % in Anspruch nehmen, da es sich jeweils um eine Darbietung auf Konzerten handelt. Eine komplette Umsatzsteuerbefreiung liegt nicht vor, da die Gruppe keine Bescheinigung über eine Befreiung bei der Bezirksregierung beantragt hat, sie aufgrund der Wahrnehmung von entsprechenden kulturellen Aufgaben von der Umsatzsteuer zu befreien.

In der Rechnung sollte die GbR folgendes ausweisen:

```
An                                      Power Women
Spacestar Veranstaltungen               Rita Pauer und Partner GbR
Klein-Budget-Str. 25                    Snare-Weg 22
48149 Drumster                          48155 Drumster
                                        Steuernummer 007/1234/5678
                                        Drumster, den 15.07.07

Rechnung/Quittung Nr. 126/07

Für die musikalische Darbietung am 15.07.07 im Club „Not Hard but Heavey" haben wir fol-
gendes Honorar in bar empfangen:

Netto         EURO    1.401,87
USt 7%        EURO       98,13
Brutto        EURO    1.500,00

                                  Rita Power
                        (Rita Pauer für die Band -Power Women-)
```

Aus dem Bruttobetrag (= das Geld, das man tatsächlich erhalten hat) errechnet sich die 7%-ige USt beispielhaft durch den Rechenschritt 1.500 : 1,07 x 0,07. Bei 19%-iger USt entsprechend der Bruttobetrag : 1,19 x 0,19.

Beispiel 23:

Die über die Grenzen Deutschlands hinaus bekannte Bluesgitarristin Helga Wild tritt einmal im Monat im Musicclub „Feel Blue" auf. Helga mietet sich dafür den Saal des Clubs vom Inhaber für € 300,00 an. Sie selbst engagiert eine Person, die für sie die Abendkasse am Eingang abwickelt und die Eintrittskarten verkauft. Weiterhin macht sie selbst Werbemaßnahmen durch Aufhängen von Plakaten und Inserieren in der Lokalpresse.
Für das Konzert sucht sie sich neben einer Stammbesetzung an Bass und Schlagzeug immer verschiedene Gäste an Piano, Saxophon etc., die sie gegen Honorarquittung auszahlt.
Nach Abschluss des Konzerts befinden sich € 3.500,00 in der Abendkasse.

Lösung zu Beispiel 23:

Grundsätzlich muss Helga Wild die Einnahme aus der Abendkasse als Veranstalterin des Konzerts mit 7% USt versteuern. Aus der Abendeinnahme von € 3.500,00 wären 7% = € 228,97 (3.500 : 1,07 x 0,07) gegenüber dem Finanzamt an Umsatzsteuer zu erklären.

Hinweis:

Die Umsatzsteuer über 7% ist hier aus den Abendeinnahmen herauszurechnen. Die komplette Einnahme ist das steuerpflichtige Bruttoentgelt.[67]

Falsch wäre es, wenn Helga zunächst von den € 3.500,00 die Gagen für die Musiker oder die Saalmiete abzieht und nur von dem dann übrig bleibenden Betrag (quasi nur von ihrem Überschuss aus dem Veranstaltungsabend) die Umsatzsteuer ermitteln würde.

Sofern Helga von den Musikern Honorarrechnungen erhält, in denen Umsatzsteuer ausgewiesen wird, kann sie diese als sogenannte Vorsteuer gegenrechnen.[68] Per Saldo wird sie dann entsprechend weniger als 7 % aus € 3.500,00 ans Finanzamt für die Veranstaltung an Umsatzsteuerzahllast abführen. Wichtig zu wissen ist aber, dass diese Abendkasse nicht vorher mit Ausgaben verrechnet werden darf.

Derjenige, der nun von Helga Wild gegen Gagenquittung sein Geld für das Mitwirken als selbständiger Musiker an dem Abend erhält, kann hier **die Steuerermäßigung von 7 % für die den Konzerten vergleichbaren Darbietungen ausübender Künstler in Anspruch nehmen.**

1.1.4.5.3 Die Steuerermäßigung auf 7 % nach § 12 (2) Nr. 7.c, UStG für die Einräumung, Übertragung und Wahrnehmung von Rechten, die sich aus dem Urhebergesetz ergeben

Zur Erläuterung dieser Ermäßigungsvorschrift sind vorab die Ausführungen zu Gliederungspunkt 1.1.4.2.2 zu beachten, bei dem Grundsätzliches zur Einstufung der Rechtsübertragungen als sonstige Leistungen und die dazu dringend benötigte Ortsbestimmung der Ausführung dieser Rechtsübertragungen erklärt wurde.
Nach der Vorschrift wird eine Steuerermäßigung auf 7 % USt gewährt, die in der Einräumung, Übertragung und Wahrnehmung von Rechten nach dem Urhebergesetz bestehen. Weil das UStG auf das Urhebergesetz Bezug nimmt, sind auch nur die Rechte gemeint, **die vom Urhebergesetz erfasst sind.**

Im UrhG enthalten sind folgende für den selbständigen Musiker bedeutsame Rechte:

Einräumung eines Nutzungsrechts an dem Werk (§ 31 UrhG)

Unter einem Werk versteht sich für den Musiker das Sprachwerk § 2 (1) Nr. 1 UrhG und das Musikwerk nach § 2 (1) Nr. 2 UrhG. Auch die elektronische Musik genießt urheberrechtlichen Schutz.[69]

1) Verwertungsrecht (§ 15 UrhG)

   Dazu zählen die Verwertungsrechte in Form von (körperliches Verwertungsrecht):

- Vervielfältigungsrecht (§ 16 UrhG)
- Verbreitungsrecht (§ 17 UrhG)
- Ausstellungsrecht (§ 18 UrhG)

und

die Rechte zur öffentlichen Wiedergabe in Form von (unkörperliches Verwertungsrecht):

- Vortrags-, Aufführungs- und Vorführungsrecht (§ 19 UrhG)
- Senderecht (§ 20 UrhG)
- Recht der Wiedergabe durch Bild- und Tonträger (§ 21 UrhG)
- Recht der Wiedergabe von Funksendungen

2) Die verwandten Schutzrechte aus dem zweiten Teil des UrhG.
Zu den verwandten Schutzrechten zählen:

- Rechte der ausübenden Künstler (§ 73 ff. UrhG)

Rechtsübertragungen, die nicht vom Urhebergesetz erfasst werden, wie z. B. Geschmacksmuster oder Know-how können die Ermäßigung von 7 % USt nicht in Anspruch nehmen.[70]

Translation:

Für den Musiker sind praxisrelevant und nur mit 7 % USt zu versteuern:

- Die Nutzungsrechte in Form von Lizenzen aufgrund Nutzungsrechtgewährung z.B. gegenüber einer Plattenfirma oder einem Verlag.

- Die Vervielfältigungsrechte durch Lizenzen, die z.B. die Plattenfirma oder das Presswerk bei Tonträgerproduktion und Gema-Mitgliedschaft des Komponisten an die Gema abführt, wobei der Urheber dann die Tantiemen abzüglich des Gema-Verwaltungsbeitrages erhält.

- Die Senderechte in Hörfunk und Fernsehen des Urhebers, wobei diese Lizenzen bei Gema-Mitgliedschaft wiederum über diese vergütet werden.

- Die Aufführungsrechte in Form der öffentlichen Aufführung durch Musiker, dem öffentlichen Aufführen von Tonträgern, die öffentliche Wiedergabe etc.
  Dazu zählen insbesondere auch die Gelder, welche der Musiker über die GVL vergütet bekommt.

Die Ermäßigung kann nur dann in Anspruch genommen werden, wenn es sich tatsächlich um Rechtsübertragungen und nicht um andere Lieferungen oder sonstigen Leistungen handelt. Ob dies der Fall ist, bestimmt sich nach dem entsprechend der vertraglichen Vereinbarung erzielten wirtschaftlichen Ergebnis.

Hinweis zu den Rechtsübertragungen ausübender Künstler:

Die Ermäßigungsvorschrift auf 7 % Umsatzsteuer für Rechtsübertragungen der ausübenden Künstler bedeutet nicht, dass die Gage, welche der ausübende Musiker für Live-Aufführungen, die mitgeschnitten werden oder gesendet werden, oder für Einspielungen als Studio-Musiker erhält, automatisch über § 12 (2) Nr. 7c UStG begünstigt ist.

Zu unterscheiden ist hierbei, ob der Musiker seine Gage für das reine Spielen des Instruments oder Singen, d.h. für seine „Arbeit", erhält oder ob es sich dabei tatsächlich um die nach dem UrhG genannten Rechtsübertragungen handelt. Ausübende Künstler können nämlich zwei verschiedene Leistungen erbringen. Diese sind:

- die Darbietung selbst
- und zum anderen die Einwilligung zur Verwertung der Darbietung oder die Abtretung urheberrechtlich geschützter Nutzungsrechte.[71]

Ausübender Künstler ist, wer ein Werk vorträgt oder aufführt oder hierbei künstlerisch mitwirkt.[72] Zu den ausübenden Künstlern zählen unter anderen auch die Schauspieler, **Sänger**, **Musiker**, Tänzer, **Dirigenten**, **Kapellmeister**, Regisseure, Spielleiter, Bühnen- und Kostümbildner.[73]

Mit der Gage für einen Live-Auftritt erbringt der Musiker definitiv keine Rechtsübertragung, sondern eine künstlerische Darbietung. Mit dem Einsingen- oder Einspielen im Tonstudio erbringt der Musiker immer dann eine Rechtsübertragung, wenn sich die

Geschäftsgrundlage darauf bezieht, dass die Aufnahme beispielsweise vervielfältigt oder gesendet wird. In solchen Fällen tritt der in diesen Fällen so genannte Studiomusiker seine Leistungsschutz- und Darbietungsrechte, die Verwertungsrechte und somit sämtliche Nutzungsmöglichkeiten an den Auftraggeber ab. Nur wenn diese Rechte wirklich abgetreten werden und der Musiker sich in seiner Rechnung an den Auftraggeber auf diese Rechtsübertragung bezieht, so liegt die Steuerermäßigung auf 7 % vor.

Eine Studioaufnahme und deren Honorar muss nicht immer gleich automatisch eine Rechtsübertragung nach dem UrhG zur Folge haben. Zu prüfen ist im Einzelfall, wie sich der vertragliche bzw. wirtschaftliche Gehalt der Leistung darstellt. Auch eine Leistung eines Studiomusikers kann in der reinen Darbietung zu sehen sein, wenn er selbst lt. Vertrag keine Rechte im Zusammenhang mit dem Auftrag überträgt. Dies dürfte auf den ersten Eindruck selten vorkommen, da bei einer Studioproduktion ja gerade das Einspielen oder Einsingen des Studiomusikers zur späteren Veröffentlichung oder Vervielfältigung die Geschäftsgrundlage sein wird. Denkbar ist dennoch der praktische Fall, bei dem von vornherein klar ist, das die konkrete Studioproduktion nicht veröffentlicht wird. Das kann zum Beispiel sein bei einer reinen Hobbyaufnahme einer Band, einer Aufnahme, die nur der Ideengebung oder der Archivierung des Komponisten gilt, oder bei einer Aufnahme, die nur zu Probezwecken oder Arrangementklarstellung der Band gemacht wurde und eine entsprechende Vervielfältigung nicht geplant ist. In derartigen Fällen könnte die Geschäftsgrundlage der Leistung des Studiomusikers in der reinen Darbietung sein. Ebenfalls könnte es auch vorkommen, dass aufgrund von Unwissenheit beider Seiten, also sowohl aus Sicht des Musikers als auch aus Sicht des Auftraggebers, keiner von beiden bei Abschluss des Vertrages oder des Engagements von dieser Rechtsübertragung ausgegangen ist. Das würde sich zum Beispiel dadurch zeigen, dass in der Rechnung für das Einspielen im Studio nur ein Zeitstundensatz aufgeführt ist und an keiner anderen Stelle geregelt ist, dass eine Rechtsübertragung geschehen soll.

Ein anderer Fall könnte auch vorliegen, wenn der Musiker bei seiner Einspielung ausdrücklich vertraglich regelt, dass er seine Rechte nicht an den Auftraggeber überträgt. Dann würde der Studiomusiker sein Geld in der Tat nur für das Einspielen, nicht aber für eine Rechtsübertragung erhalten. In diesen Fällen wäre diese Gage für das Einspielen mit dem Regelsteuersatz von 19 % Umsatzsteuer zu versteuern, wenn keine Rechtsübertragung erkennbar ist. Eine Steuerermäßigung auf 7 % aufgrund der Vorschrift des § 12 (2) Nr. 7. a) UStG für die den Konzerten vergleichbaren Darbietungen ausübender Künstler gilt andererseits eben nur für Aufführungen. Spielt beispielsweise ein Gitarrist etwas im Studio ein, so macht er keine Aufführung mit Konzertcharakter. Es würde demzufolge der allgemeine Steuersatz gelten, wenn keine Rechtsübertragung als Geschäftsgrundlage gegeben ist.

Der Grundfall bei einer Einspielung eines Instruments oder von Gesängen im Tonstudio wird aber die Rechtsübertragung zur Veröffentlichung, Vervielfältigung oder Sendung sein, so dass diese Erlöse auf den Steuersatz von 7% Umsatzsteuer ermäßigt sind.

Beispiel 24:

Ricola Laterne ist Pianistin und Sängerin. Eine Hobbyband, bestehend aus 5 Lehrern, mit den Namen „Studentenfunk" tritt ca. 10-mal im Jahr auf. Bei einem der sporadischen Live-Auftritte der Band am 01.05.2007 singt Ricola auf der Bühne entsprechend die Vocals. Dafür erhält sie eine Gage von € 300,00. Schriftliche Verträge wurden nicht gemacht. In der Rechnung betextet Ricola ihre Leistungen mit „Live-Auftritt vom 01.05.2007".

Lösung zu Beispiel 24:

Der Umsatz ist mit 7% USt zu versteuern. Diese Bezahlung ist für die reine Darbietung und nicht für eine Rechtsübertragung erfolgt. In beiden Fällen ermäßigt sich aber die Steuer auf 7%.

Nach § 78 UrhG kann der Musiker oder Sänger als ausübender Künstler die ihm über das UrhG nach den §§ 74–77 gewährten Rechte und Ansprüche an Dritte abtreten oder die Einwilligung selbst erteilen. Gemeint damit sind folgende Rechte:

- Bildschirm- und Lautsprecherübertragung
- Vervielfältigung
- Funksendung
- Öffentliche Wiedergabe

Beispiel 25:

Tonald Rechtenberg ist klassischer Gitarrist. Der Südostwestnorddeutsche Rundfunk möchte ein klassisches Gitarrenkonzert aufzeichnen und dies im Radio senden. Dafür wird kein Geringerer als Tonald vom Rundfunk engagiert. Tonald erhält für seine Tätigkeit ein Honorar von € 1.000,00. Im Vertrag wurde vereinbart, dass Ronald sämtliche Rechte an der Einspielung für das empfangene Honorar überträgt.

Lösung zu Beispiel 25:

Für die Abrechnung gegenüber dem Sender mit € 1.000,00 müssen 7 % Umsatzsteuer abgeführt werden. Es handelt sich dabei um solche Rechtsübertragungen des ausübenden Künstlers gegenüber dem Rundfunksender.

Besteht die Leistung laut wirtschaftlichem Gehalt des Vertrages in einer ausschließlichen Rechtsübertragung nach dem UrhG, so ist die Ermäßigung von 7 % USt anwendbar.

Fraglich ist aber die umsatzsteuerliche Beurteilung in den Fällen, bei denen der Musiker praktisch 2 Leistungen erbringt, nämlich die Darbietung selbst und eine vereinbarte oder eventuell auch nur stillschweigend gegebene Rechtsübertragung.

Beispiel 26:

Ricola Laterne wird von dem Konzertveranstalter Loneberg GmbH & Co. KG engagiert, ein reines Gospelgesangskonzert in einer Kirche zu geben. Es wurde ein Honorar über € 1.000,00 vereinbart. Gleichzeitig zeichnet der Südwestostnorddeutsche Rundfunk das Konzert auf und sendet es live. Dafür erhält Ricola vom Rundfunk einen Betrag über € 1.500,00.

Lösung zu Beispiel 26:

Dieser Fall ist eindeutig. Gegenüber dem Veranstalter erbringt Ricola eine reine Darbietung mit Konzertcharakter, so dass die € 1.000,00 mit 7 % USt besteuert werden. Gegenüber dem Rundfunk hingegen erbringt sie ihre Leistung in Form der Rechtsübertragung, womit die € 1.500,00 ebenfalls nur mit 7 % besteuert werden.

In der Praxis sind die Fälle aufgrund einer Gesetzesänderung und der EUGH-Rechtsprechung vom 23.10.2003 unproblematisch geworden. Vor der EUGH-Rechtsprechung vom 23.10.2003 hätte der Teil der Leistung für das Konzert der Ricola noch mit dem allgemeinen Steuersatz von damals 16 % und jetzt 19 % versteuert werden müssen.

Oftmals werden 2 Leistungen, nämlich die Darbietung selbst und eine Rechtsübertragung, erbracht, die betragsmäßig nicht genau zugeordnet werden können.

Beispiel 27:

Ricola Laterne singt nochmals in der Kirche ihre Gospels und wird von dem Konzertveranstalter mit € 1.500,00 bezahlt. Laut Vertrag erhält Ricola ihre Gage für den Auftritt. Zusätzlich enthält der Vertrag die Klausel, dass mit der Gage auch eventuelle Rechtsübertragungen für Rundfunksendung etc. abgegolten sind.
Tatsächlich fragt der bekannte Südwestostnorddeutsche Rundfunk beim Veranstalter nach und zeichnet die Darbietung der Ricola auf.

Lösung zu Beispiel 27:

Eindeutig ist hier, dass Ricola einer Rechtsübertragung nach dem Urhebergesetz gegenüber dem Konzertveranstalter laut Vertrag einwilligt. Damit könnte dieser Teil der Leistung mit der Ermäßigung von nur 7 % Umsatzsteuer besteuert werden. Weiterhin erhält sie laut Vertrag ihre Gage auch eindeutig für die reine Gesangsdarbietung. Auch letztere ist aber wegen der Rechtsänderung seit dem 23.10.2003 mit nur 7 % zu besteuern, so dass es keine Abgrenzungsprobleme mehr gibt.

Zur Vollständigkeit sei darauf hingewiesen, wann die Finanzverwaltung ein Vorliegen von Rechtsübertragungen sieht. Etwas Aufschluss über die umsatzsteuerliche Behandlung solcher Fälle gibt die **Verfügung der Oberfinanzdirektion (OFD) Köln vom 09.07.1998**. Bezeichnend für die Schwierigkeit der Thematik ist der Einleitungssatz des 4. Absatzes der Stellungnahmen zu der Ermäßigungsvorschrift nach § 12 (2) Nr. 7 c, UStG. Dieser Absatz beginnt mit den ernüchternden Worten: „Zu dem Komplex der Steuerermäßigung für die Verwertung urheberrechtlicher Schutzrechte lässt sich sagen, dass es sich bei den einschlägigen Fällen erfahrungsgemäß um rechtlich schwierig zu beurteilende Sachverhalte handelt."

Laut OFD-Köln ist zunächst zu prüfen: ob der selbständige Musiker mit seiner Leistung überhaupt urheberrechtliche Schutzrechte verwertet hat?

Zur Lösung wird beispielhaft auf derartige Rechtsübertragungen hingewiesen, die nicht erschöpfend aufgeführt sind. Auszugsweise werden hier nur die genannt, die den Musiker betreffen:[74]

- Musikwerke werden dargeboten und im Studio oder Sendesaal einer Rundfunk- und Fernsehanstalt aufgeführt, auf Bild- und Tonträger aufgenommen und gesendet oder im Studio eines Tonträgerherstellers aufgeführt, auf Tonträger aufgenommen und vervielfältigt.
- Öffentliche Aufführungen von Musikwerken und Bühnenwerken, z.B. in einem Konzertsaal oder Theater, werden von einer Rundfunk- und Fernsehanstalt veranstaltet, auf Bild- und Tonträger aufgenommen und z.B. als Live-Sendung gesendet oder von einem Tonträgerhersteller veranstaltet, auf Tonträger aufgenommen (Live-Mitschnitt) und vervielfältigt.
- Darbietungen ausübender Künstler, z.B. das Spielen eines Musikwerkes, werden in einem Studio auf Bild- oder Tonträger aufgenommen und von einer Rundfunk- und Fernsehanstalt gesendet oder von einem Tonträgerhersteller vervielfältigt.
- Darbietungen ausübender Künstler wie Sänger oder Musiker im Rahmen von Rundfunk- und Fernsehsendungen wie Shows oder Unterhaltungssendungen werden auf Bild- und Tonträger aufgenommen und gesendet.

Sofern diese Prüffrage zu bejahen ist, d.h. es liegen grundsätzlich Leistungen vor, die derartige Rechtsübertragungen des ausübenden Musikers beinhalten, so gibt es 3 verschiedene Lösungsmöglichkeiten:

1) Der urheberrechtliche Teil des Umsatzes ist lediglich eine sogenannte Nebenleistung zu der eigentlichen künstlerischen Darbietung.

2) Der urheberrechtliche Teil ist eine eigenständige Hauptleistung neben der anderen Hauptleistung der künstlerischen Darbietung.

3) Die Verwertung von Schutzrechten ist prägender Bestandteil des Umsatzes und stellt daher die Hauptleistung dar, in welche die andere Leistung (= die Darbietung) als Nebenleistung eingeht.

Im Fall der Ricola Laterne sind 2 selbständige Hauptleistungen gegeben mit der Folge, dass je eine Rechtsübertragung und eine Darbietung mit Konzertcharakter vorliegen. Die Rechtsübertragung findet hier von Ricola an den Veranstalter statt, der selbst wiederum dieses Recht gegenüber dem Sender wahrnimmt. Da das Konzert aufgezeichnet und gesendet wurde, handelt es sich um eine der im Schreiben der OFD-Köln bzw. in A 168 (20) S. 3 UStR genannten Leistungen des Musikers, welche derartige Rechtsübertragungen darstellen und für die grundsätzlich die Ermäßigung auf 7 % in Anspruch genommen werden kann.

Weil aber nur ein Gesamthonorar abgerechnet wurde, ohne die 2 Leistungen entsprechend aufzuteilen, gab es bis zum 23.10.2003 das Problem, den Betrag des Gesamthonorars für den Auftritt zu ermitteln, da dieser dem vollen Steuersatz unterlag. **Nach der aktuellen Rechtslage gibt es dieses Problem für diesen Beispielsfall nicht mehr.**

Beispiel 28:

Wieder ist es Ricola, die im Studio einsingt. Weil sie vermutet, an einem lukrativen Hit mitgewirkt zu haben, weigert sie sich gegenüber der Produzentin nach der Stimmaufnahme, den Vertrag mit dem kleingedruckten Hinweis zu unterschreiben, nach dem sie für die erhaltene Gage alle Rechte an ihrer Leistung an den Auftraggeber überträgt. Die berühmte Produzentin Madita Fohlen ist darauf hin sauer und schmeißt Ricola aus dem Studio. Dennoch ist Ricola verpflichtet, eine Rechnung zu schreiben.

Lösung zu Beispiel 28:

Da Ricola ausdrücklich keine Rechtsübertragung gemacht hat und ihre Leistung auch keine Darbietung auf einem Konzert ist, gibt es keine Ermäßigung auf 7 %. Damit wäre diese Einnahme mit dem normalen Steuersatz von 19 % zu versteuern.

Zusammenfassende Übersicht	Steuersatz 7 oder 19 %:
Live-Auftritt eines Musikers oder einer Musikgruppe:	grundsätzlich 7 %
Live-Auftritt eines Musikers oder einer Gruppe bei einem Konzert, das er/sie selbst veranstaltet: Ausnahme: Das Konzert steht nicht im Vordergrund der Veranstaltung	grundsätzlich 7 % dann 19 %
Studioeinspielung mit Rechtsübertragung:	grundsätzlich 7 %
Studioeinspielung, aber ausdrückliche Beibehaltung der Rechte:	dann 19 %

1.1.4.6 Die Bemessungsgrundlage für die Umsatzsteuer

Bemessungsgrundlage für das Errechnen der Umsatzsteuer in Höhe von 19 % (Regelsteuersatz) oder 7 % (ermäßigter Steuersatz) ist das sogenannte Entgelt nach § 10 UStG.

Der Wortlaut des § 10 (1) UStG ist:
Der Umsatz wird bei Lieferungen und sonstigen Leistungen (§ 1 Abs. 1 Nr. 1 Satz 1) und bei dem innergemeinschaftlichen Erwerb (§ 1 Abs. 1 Nr. 5) nach dem Entgelt bemessen. **Entgelt ist alles, was der Leistungsempfänger aufwendet, um die Leistung zu erhalten, jedoch abzüglich der Umsatzsteuer.**

Entscheidend ist hier zu wissen, dass das Entgelt aus der Sichtweise des Musikers, der die Leistung als selbständiger Unternehmer ausgeführt hat, per Saldo den tatsächlich empfangenen Betrag abzüglich der Umsatzsteuer darstellt. Zum Entgelt gehören grundsätzlich auch in Rechnung gestellte Nebenkosten wie z.B. Verpackungs-, Beförderungsentgelt, Telefonkosten, Fahrtkosten, Spesen etc.

Beispiel 29:

Die Popmusikgruppe „Well Looking Men (GbR)" aus Bochum spielt im Musikclub „Zecke Bochum". Der Veranstalter des Auftritts (der Inhaber der „Zecke") vereinbart in einem schriftlichen Gastspielvertrag ein Festhonorar von € 1.000,00 zuzüglich 50 % der Abendkasse. Außerdem hatte die Band vereinbart, einen pauschalen Betrag für Fahrtkosten über € 100,00 vergütet zu erhalten. Weitere Vereinbarungen über die Umsatzsteuer werden nicht getroffen.
Nach Ende der Veranstaltung erhält die Band 50 % der Kasse = € 2.350,00 zuzüglich die € 1.000,00 an Festgage zuzüglich € 100,00 Fahrtkostenpauschale = insgesamt € 3.450,00 ausgezahlt.

Lösung zu Beispiel 29:

Bei der Musikgruppe handelt es sich um eine feste Gruppe mit mehreren Mitgliedern in der Form der GbR. Da sie eindeutig eine Aufführung mit Konzertcharakter gegenüber dem Veranstalter erbringt, kann die Umsatzsteuerermäßigung von 7 % in Anspruch genommen werden. Aus dem Bruttobetrag der empfangenen Gage über € 3.450,00 ergibt sich folgende Berechnung des Entgelts nach § 10 (1) S.1 UStG:

€ 3.450,00 : 1,07 = Entgelt € 3.224,30

Auf dieses Entgelt von € 3.224,30 sind nun die 7 % Umsatzsteuer = € 225,70 gegenüber dem Finanzamt zu erklären. Die Fahrtkosten sind hier im umsatzsteuerlichen Sinne Nebenleistungen, die grundsätzlich das Schicksal der Hauptleistung teilen. Damit kann auch der geringfügige Anteil der Gage, der auf die pauschalen Fahrtkosten entfällt, mit 7 % USt versteuert werden.

Translation:

Alles was der selbständige Musiker bzw. die Musikgruppe für ihre Tätigkeit erhält, unterliegt grundsätzlich der Umsatzsteuer. Der komplette Geldzufluss unabhängig davon, wie die entsprechende Leistung für das abgerechnete Entgelt bezeichnet wird, ist der Betrag, der nach Abzug der Umsatzsteuer das Entgelt darstellt.

Hinweis:

Schreibt der Musiker selbst eine Rechnung, so wird er von sich aus auf den Nettobetrag die Umsatzsteuer auf das Entgelt aufschlagen. Dabei sollten alle Beträge mit in das Entgelt einbezogen werden.

Beispiel 30:

Rita Rochen ist Schlagzeugerin in einer festen Band. Nebenher spielt sie als Krankheitsvertretung bei einer Top-40-Band mit. Dafür schreibt sie der Band jeweils eine Rechnung. Grundsätzlich wäre sie Kleinunternehmerin, doch hat sie zur umsatzsteuerlichen Regelbesteuerung optiert, d.h. sie berechnet auf ihre Einnahmen zusätzlich die Umsatzsteuer.
Mit der Top-40-Band wurde vereinbart, dass sie für jeden Auftritt € 400,00 zuzüglich Fahrtkosten mit € 0,30 je gefahrenen Kilometer oder alternativ die Nettokosten für eine Zugfahrkarte und alles zuzüglich Umsatzsteuer vergütet erhält. Im Monat Mai 2007 hat sie 2 Auftritte gespielt. Am 25.05.07 in Essen (120 km Fahrtkilometer) und am 28.05.07 in Köln (Zugfahrkarte € 50,00 + USt € 9,50 = € 59,50).

Lösung zu Beispiel 30:

Richtigerweise müsste Rita wie folgt abrechnen:

```
Rita Rochen
Hardcorestr. 66
48712 Gescher
Steuernummer 305/106/207

An:
Funkspace
Cacestraße 15
20107 Hamburg

30.05.2007
```

Rechnung Nr. 007

```
Für meine Tätigkeit als Schlagzeugerin berechne ich:

25.05.07    Gage                              €   400,00
28.05.07    Gage                              €   400,00
            Entgelt                                          €   800,00
            + 7% USt                                         €    56,00

            2 Fahrten 120 km x € 0,30 =       €    36,00
            Zugfahrt, netto                   €    50,00
            Entgelt                                          €    86,00
            + 19% USt                                        €    16,34

Summe gesamt zu überweisen:                                  €   958,34
```

Rita Rochen

Das Beispiel macht deutlich, dass das Entgelt den Bruttobetrag der Rechnung abzüglich der Umsatzsteuer darstellt. Da Rita selbst eine Rechnung schreibt, rechnet sie mit Nettobeträgen zuzüglich der USt ab. Entscheidend ist hier, dass alles Geld, das sie erhält, also auch Beträge für Fahrtkostenpauschalen etc., zu dem Betrag gehören, welcher der Umsatzsteuer unterliegt.

Auf die Bahnrechnung und die Fahrtkosten wird der Umsatzsteuersatz von 19 % auf die Bemessungsgrundlage aufgeschlagen, weil es sich um eine selbständig vereinbarte Nebenleistung handelt, dass die Fahrtkosten in Höhe der Rechnung für die Bahnfahrt und der tatsächlich gefahrenen Kilometer erstattet werden.

Praxishinweis:

Häufig wird in solchen Fällen, wie bei der Erstattung der Zugfahrkarte, die Originalrechnung an den Veranstalter oder Auftraggeber herausgegeben. **Das ist vollkommen falsch.** Der Veranstalter kann die Fahrtkosten oder hier die Zugfahrkarte deshalb bereits ertragsteuerlich als Betriebsausgabe und umsatzsteuerlich die ausgewiesene Vorsteuer gegenrechnen, weil er über diese Beträge die oben aufgeführte Rechnung von Rita erhalten hat. Würde Rita Rochen den Beleg der Bahn zusätzlich herausgeben, so hätte sie das Problem, dass sie auf den empfangenen Betrag der Kostenerstattung die Umsatzsteuer abführt, aber mangels Beleg die Vorsteuer aus der Bahnrechnung nicht mehr gegenrechnen kann[75]. Wenn der Auftraggeber wie hier die Bahnrechnung zwecks Nachweis verlangt, so muss entweder das Original wieder zurückgefordert werden oder aber man reicht nur eine Kopie ein und behält das Original.

1.1.4.7 Ausstellen von Rechnungen

Der § 14 UStG beinhaltet die besonderen Vorschriften über das Ausstellen einer Rechnung und insbesondere die Aufzählung der Angaben, die in einer ordnungsgemäßen Rechnung enthalten sein müssen. Das einführende Beispiel 4 zur Umsatzsteuer, bei dem der Bandleader Berti Bizzy der Gruppe „Nothing but the shoes" eine äußerst unglückliche Quittung unterschrieben hat, macht deutlich, dass diese Vorschrift in Bezug auf mögliche praktische Fehler für den selbständigen Musiker zentrale Bedeutung hat.

Der Inhalt des § 14 UStG lautet:

Führt der Unternehmer steuerpflichtige Lieferungen oder sonstige Leistungen nach § 1 Abs. Nr. 1 aus und sind diese keine steuerpflichtigen Werklieferungen oder sonstige Leistungen im Zusammenhang mit einem Grundstück, so ist er berechtigt eine Rechnung auszustellen. Soweit der Unternehmer einen Umsatz an einen anderen Unternehmer für dessen Unternehmen oder an eine juristische Person ausführt, ist er verpflichtet, innerhalb von 6 Monaten nach Ausführung der Leistung eine Rechnung auszustellen.

Dann muss die Rechnung folgende Angaben nach § 14 (4) UStG enthalten:

1. den vollständigen Namen und die vollständige Anschrift des leistenden Unternehmers und des Leistungsempfängers
2. die dem leistenden Unternehmer vom Finanzamt erteilte Steuernummer oder die Umsatzsteueridentifikationsnummer
3. das Ausstellungsdatum der Rechnung
4. eine fortlaufende Rechnungsnummer
5. die Menge und die handelsübliche Bezeichnung des Gegenstandes der Lieferung oder die Art oder den Umfang der sonstigen Leistung
6. den Zeitpunkt der Lieferung oder der sonstigen Leistung bzw. vereinfacht nach § 31 UStDV die Angabe des Monats der Leistungsausführung
7. das nach Steuersätzen und einzelnen Steuerbefreiungen aufgeschlüsselte Entgelt für die Lieferung oder sonstige Leistung (§ 10) sowie jede im Voraus vereinbarte Minderung des Entgelts, sofern sie nicht bereits im Entgelt berücksichtigt ist
8. den anzuwendenden Steuersatz sowie den auf das Entgelt entfallenden Steuerbetrag oder im Fall einer Steuerbefreiung einen Hinweis darauf, dass für diese Lieferung oder sonstige Leistung eine Steuerbefreiung gilt.

Beispiel 31:

Der berühmte Trombonist Ulrich Plattenstadt spielt die definitiv vorletzte Konzert-Abschiedstournee des bekannten James Vorlast mit. Mit dem Tourmanager vereinbart Ulrich eine Gage je Auftritt von € 500,00 zuzüglich Umsatzsteuer von 7 %.
Ulrich erhält das Geld je Auftritt auf sein Konto überwiesen und ist verpflichtet, eine ordnungsgemäße Rechnung nach § 14 UStG auszustellen. Für den Auftritt in Essen am 06.07.07 schreibt er folgende Rechnung:

```
Ulrich Plattenstadt
Vorletzte Straße 9
49999 Lastenburg
Steuernummer 337/5101/0614


An:
James Vorlast
Definitiv-Vorletzte-Str. 13
61447 Oderdochnich                    Lastenburg, den 07.07.07


Rechnungs-Nr. 27 / 2007

Für meinen Auftritt als Trombonist in der Grugahalle in Essen am 06.07.07
berechne ich:
                        Gage  € 500,00
                      + 7% USt €  35,00
                               € 535,00

Die Leistung wurde im Monat Juli 2007 ausgeführt.

Ich bitte um Überweisung auf mein unten genanntes Konto.

M.f.G. Ulrich Plattenstadt
```

Lösung zu Beispiel 31:

Ulrich sorgt mit seiner vorbildlich erstellten Rechnung dafür, dass James Vorlast sich auf seiner definitiv vorletzten Konzerttournee nicht über unprofessionelle Mitarbeiter aufregen muss. Die Rechnung enthält alle notwendigen Angaben.

Ausnahmen gelten bei Kleinbetragsrechnungen bis € 150,00

Hier reichen folgende Angaben aus:

- Name und Anschrift des Rechnungsausstellers
- Menge und Bezeichnung des gelieferten Gegenstandes oder bei einer sonstigen Leistung die Art der Leistung
- das Datum der Rechnungsausstellung
- das Bruttoentgelt und die Angabe des Steuersatzes (z.B. brutto € 130,00 – incl. 19 % USt)[76]

Beispiel 32:

Ulrich Plattenstadt spielt zu Weihnachten in seiner Heimatgemeinde das Ave Maria zu Beginn der Weihnachtsmesse. Er erhält € 100,00 und schreibt dafür folgende Rechnung:

```
Ulrich Plattenstadt
Vorletzte Straße 9
49999 Lastenburg
Steuernummer 337/5101/0614


An:
Pfarrgemeinde „Herz Jesu"
Steh-Auf-Str. 33
49999 Lastenburg                         Lastenburg, den 25.12.07

Für meinen Auftritt als Trombonist in der Weihnachtsmesse am 24.12.07
berechne ich:

                        Gage € 100,00

In dem Betrag sind 7% Umsatzsteuer enthalten.


Ich bitte um Überweisung auf mein unten genanntes Konto.

M.f.G. Ulrich Plattenstadt
```

Lösung zu Beispiel 32:

Da der Rechnungsbetrag nicht über € 150,00 liegt, reichen die Angaben vollkommen aus.

Besonderheiten für Kleinunternehmer:

Ist der Musiker im umsatzsteuerrechtlichen Sinne Kleinunternehmer nach § 19 UStG und weist er in seinen Rechnungen daher keine Umsatzsteuer aus, so kann der Rechnungsempfänger auch keine Vorsteuer zu seinen Gunsten aus dieser Rechnung geltend machen.

Folglich ist ein Kleinunternehmer daher nicht zwingend gehalten, die oben genannten Angaben komplett in seiner Rechnung aufzuführen. Der § 14 UStG ist eine reine umsatzsteuerliche Vorschrift. Der noch zu behandelnde § 15 UStG, der die Voraussetzungen angibt, bei denen der Rechnungsempfänger die ausgewiesene Umsatzsteuer anrechnen darf, bezieht sich auf diesen § 14 UStG. Wenn keine Umsatzsteuer in einer Rechnung eines Kleinunternehmers ausgewiesen wird, so reicht demzufolge eine Rechnung mit viel weniger Angaben aus.

Beispiel 33:

Christian Brennherz verdient seine bescheidenen Brötchen als Percussionist. Da Christian nicht über € 17.500,00 Einnahmen im Jahr kommt, weist er als Kleinunternehmer keine Umsatzsteuer in seinen Rechnungen aus.
Der berühmte Kollege Markus Ausweislick engagiert Christian für einen Auftritt als Urlaubsvertretung am 08.08.08. Die beiden vereinbaren eine Gage über € 300,00.

Lösung zu Beispiel 33:

Für Christian als Kleinunternehmer ohne Umsatzsteuerausweis würden folgende Angaben in der Rechnung ausreichen:

Christian Brennherz
Cajonweg 7
68888 Flammenkohl

An:
Markus Ausweislick
Götz-Alstermann-Weg 9
47171 Fritzfrillingsburg   Flammenkohl, den 08.08.08

Für meinen Auftritt als Percussionist am 08.08.08
berechne ich:

                        Gage € 300,00

Kein Umsatzsteuerausweis aufgrund §19 UStG.

Ich bitte um Überweisung auf mein unten genanntes Konto.

M.f.G. Christian Brennherz

Translation:

Arbeitet der Musiker als Unternehmer mit Umsatzsteuer, so muss er eine Rechnung ausstellen, bei der zumindest die Angaben gemacht werden, wie sie sich aus dem Beispiel Nr. 31 ergeben.

Handelt es sich um eine Kleinbetragsrechnung, deren Gesamtbetrag € 150,00 nicht übersteigt, so reicht eine Rechnung nach dem Muster des Beispiels Nr. 32.

Weist der selbständige Musiker aufgrund der Kleinunternehmerregelung nach § 19 UStG keine Umsatzsteuer aus, so reicht eine Rechnung nach dem Muster des Beispiels Nr. 33.

Hinweis:

Die Vorschriften über das Ausstellen einer ordnungsgemäßen Rechnung sind von erheblicher praktischer Bedeutung für die Musikszene. Zur Verdeutlichung soll noch einmal auf das Beispiel Nr. 5 zurückgegriffen werden, bei dem Berti Bizzy von der Band „Nothing but the shoes" eine etwas unglückliche Quittung unterschrieben hat:

„Ich brauche dringend eine Quittung fürs Finanzamt!", schreit der Clubbesitzer des Cold Blues Club zum nass geschwitzten Gitarristen und Organisator Berti Bizzy der Band „Nothing but the shoes" nach dem Auftritt am 24.12.07, als die Traumgage von € 5.000,00 in die nervös zuckenden Hände des Berti gelangt. Berti, der die Band seinerzeit gegenüber dem Finanzamt per Fragebogen als GbR angemeldet hatte, unterschreibt danach den folgenden, bereits vom Clubbesitzer ausgefüllten und ihm vor die große Nase gehaltenen Quittungsvordruck:

```
                              Quittung


                        Betrag, netto:
                        Mehrwertsteuer:      inkl. 19%
                        Gesamt:              € 5.000,00

    Von: Cold Blues Club
    _____

    Für Auftritt 24.12.07
    _____

  dankend erhalten zu haben.

  Münster, den 24.12.07

    Berti Bizzy
    _____

  Ort, Datum  Unterschrift
```

Und so hätte die Quittung/Rechnung aussehen sollen, um dem oben aufgeführten Inhalt des § 14 (4) UStG zu entsprechen und um steuerliche Nachteile zu vermeiden:

Quittung Nr. 77

```
                              Betrag, netto:    €   4.672,90
                              7% Umsatzsteuer:  €     327,10
                              Gesamt:           €   5.000,00
```

Von   Cold Blues Club, Majorstraße 7,
           48888 Münster
_____

           für Auftritt 24.12.07 im Cold Blues Club
_____

dankend in bar erhalten zu haben.

Berti Bizzy als Geschäftsführer/Vertreter der Band:
Nothing but the shoes (GbR)
Kleine-Sieben-Str. 6
47777 Münster
Steuernummer 337/7777/7777

Münster, den 24.12.07   *Berti Bizzy*
_____

Ort, Datum   Unterschrift

Zu den Fehlern:

1) Das Umsatzsteuergesetz kennt den Begriff Mehrwertsteuer überhaupt nicht. Dennoch wird es nicht beanstandet, wenn dieser Begriff verwendet wird. Zur Verdeutlichung sei nochmals aufgeführt:

   Umsatzsteuer ist die Steuer, welche der selbständige Unternehmer auf seine steuerbaren und steuerpflichtigen Leistungen berechnen und gegenüber dem Finanzamt als Umsatzsteuer erklären muss. Mit dem Begriff Mehrwertsteuer ist im allgemeinen Sprachgebrauch diese Umsatzsteuer gemeint.

Unter **Vorsteuer** im umsatzsteuerrechtlichen Sinne ist die Umsatzsteuer gemeint, die der Unternehmer von anderen Unternehmern für Leistungsbezüge in Rechnung gestellt bekommt und die er unter den Voraussetzungen des § 15 UStG[77] von seiner eigenen Umsatzsteuer abziehen kann, so dass er im Einzelfall sogar einen Minusbetrag an Umsatzsteuer = eine Erstattung vom Finanzamt erhalten kann.

2) Der Rechnungsempfänger (der Club) kann die Umsatzsteuer nur als sogenannte Vorsteuer gegenrechnen, wenn der Betrag der Umsatzsteuer und der Steuersatz (7 % oder 19 %) gesondert ausgewiesen sind. Lediglich bei Rechnungen bis € 150,00 Rechnungsbetrag würde ein Hinweis „inkl. 19 % USt" oder „inkl. 7 % USt" ausreichen.[78]

3) Bei Rechnungen über € 150,00 ist zwingend der Rechnungsempfänger namentlich und mit Anschrift zu bezeichnen, damit dieser die Vorsteuer angerechnet bekommt.

4) Der Nettobetrag (= das Entgelt) muss zwingend für den Vorsteuerabzug angegeben werden.

5) Die leistende Band („Nothing but the shoes") muss mit Namen und Anschrift benannt werden.

6) Die Steuernummer des Leistenden, hier also der Band „Nothing but the shoes", muss aufgeführt sein.

7) Eine fortlaufende Rechnungsnummer des Leistenden als Rechnungs- bzw. Quittungsausstellers muss aufgeführt sein.

8) Zumindest der Monat der Leistungsausführung hätte in der Rechnung benannt werden müssen.[79]

9) Aus der Sicht der die Gage erhaltenden Band ergibt sich in dem Beispiel der Nachteil, dass aus der erhaltenen Gesamtgage die Umsatzsteuer herausgerechnet wird. Dabei ist es ein erheblicher Unterschied, ob nun ein Betrag von 19 % oder 7 % USt anfällt.

€ 5.000,00 : 1,19 x 19 % = € 798,32 Umsatzsteuer
€ 5.000,00 : 1,07 x 7 % = € 327,10 Umsatzsteuer

Die Band hätte hier die Differenz von € 471,22 unnötigerweise zuviel an das Finanzamt abgeführt, weil sie den Umsatzsteuersatz von 19 % angegeben hat. Derartige Nachteile entstehen für den Unternehmer allerdings nur dann, wenn die mit dem Veranstalter vereinbarte Gage als Bruttoauszahlungsbetrag verhandelt wurde. Dann nämlich wird die Umsatzsteuer aus dem Bruttobetrag entsprechend herausgerechnet. Dies kommt in der Praxis recht häufig vor wie z.B. bei Auftritten, für welche die Gruppe voll oder prozentual auf Kasseneinnahme des Veranstalters spielt.

Hätte die Band die Vorschriften über das Ausstellen und den Inhalt einer Rechnung nach § 14 UStG gewusst, so hätte sie sich selbst und dem veranstaltenden Music-Club erhebliche Probleme bei der nächsten Umsatzsteuersonderprüfung oder Betriebsprüfung erspart.

Der § 14 (2) UStG beinhaltet eine zivilrechtliche Anspruchsgrundlage auf das Ausstellen einer in der in § 14 (4) UStG beschriebenen Form einer Rechnung. Das bedeutet, dass eine Rechnung in dieser Form auf Verlangen ausgestellt werden muss und dieser Anspruch notfalls zivilrechtlich eingeklagt werden kann.

Anzumerken in diesem Zusammenhang ist hier der Standardspruch, den man üblicherweise an den Kassen von Handelsgeschäften in Deutschland hört, wenn man eine Rechnung verlangt, die dem Inhalt des § 14 UStG entsprechen soll.

Beispiel 34:

Marko „the Paco" Rasselmann will für seine atemberaubende Liveshow in einer seiner elektrischen Gitarren eine Funkensprühanlage und eine kleine Konfettiraketen-Abschussrampe einbauen. Dafür besorgt er sich aus einem Baumarkt entsprechendes Einbaumaterial für insgesamt € 230,00. An der Kasse erhält er einen Beleg, auf dem der Name und die Anschrift des Baumarktes sowie ordnungsgemäß das Entgelt und die Umsatzsteuer von 19 % als Betrag angegeben sind. Rechnungsnummer und Steuernummer des Baumarktes stehen auch darauf. Marko erinnert sich aber an die mahnenden Worte seines Steuerberaters, er möge darauf achten, dass auch sein Name und seine Anschrift auf der Rechnung stehen.

Als Marko die Kassiererin bittet, seinen Namen und die Anschrift auf den Beleg zu schreiben, antwortet diese mit leicht erhobener Stimme: „Nein, das machen wir nicht. Auf dem Beleg steht alles, was nötig ist. Das hat unser Baumarkt so mit dem Finanzamt abgeklärt."

Lösung zu Beispiel 34:

Diese Aussage der Kassiererin ist schlicht und einfach falsch. Der Unternehmer hat als Rechnungsempfänger für eine Leistung eines anderen Unternehmers einen zivilrechtlichen Rechtsanspruch auf Ausstellung einer Rechnung, in der auch der Name und die Anschrift des Musikers enthalten sind. Es ist dringend zu empfehlen, auch wirklich darauf zu bestehen, da ein Umsatzsteuersonderprüfer seitens des Finanzamtes den Vorsteuerabzug aus einer derartig fehlerhaften Rechnung beanstanden wird.

1.1.4.8 Die Vorschriften über den unrichtigen oder unberechtigten Umsatzsteuerausweis nach § 14c UStG

Hierbei geht es um die 2 Fälle des unrichtigen und des unberechtigten Steuerausweises.

Fall 1: Unrichtiger Steuerausweis

Ein Unternehmer weist in einer Rechnung einen höheren Umsatzsteuerbetrag aus, als er nach dem Gesetz schuldet. Der Unternehmer muss dann den höheren Betrag auch tatsächlich abführen. Das Gleiche gilt für Steuerausweise über Leistungen, die umsatzsteuerbefreit sind oder nicht steuerbar waren, weil z.B. der Ort der Leistung nicht im Inland liegt.

Beispiel 35:

Mareike o' Laschka ist Sopranistin. Gegenüber der Musikproduzentin Madita Fohlen wird sie beauftragt, für eine Popproduktion die Chöre zu singen. Die Studioproduktion soll veröffentlicht und entsprechend vervielfältigt werden. Mareike ist keine Kleinunternehmerin und versteuert ihre Umsätze nach den allgemeinen Vorschriften des Umsatzsteuergesetzes.
Mit Madita Fohlen hatte sie einen Betrag von € 2.000,00 zuzüglich USt ausgemacht. Sie schreibt folgende Rechnung gegenüber Madita Fohlen:

```
Mareike o'Laschka
Chorstraße 30
55701 Köln
Steuernummer 507/6033/3148


an:
Madita Fohlen
Reichtumstraße 100
22010 Hamburg


Rechnung Nr. 186/07 20.05.07

Für die Chöre am 13.05.07 der Produktionen „Terry Terry Baby" und "Chinchuaos Volvo"
berechne ich für die Übertragung sämtlicher Rechte:

                              €    2.000,00
            zuzüglich USt 19% €      380,00
                              €    2.380,00

Die Leistungen wurden im Monat Mai 2007 ausgeführt.

Ich bitte um Überweisung auf das Konto ...
```

M.f.G. Mareike o'Laschka

Lösung zu Beispiel 35:

Mareike tätigt hier einen Umsatz, für den die ermäßigte Steuer von 7 % Anwendung findet, da es sich um Rechtsübertragungen nach § 74 ff. UrhG handelt und somit § 12 (2) Nr. 7.c) UStG gilt.
Weil Mareike aber mit 19 % Umsatzsteuer abrechnet, muss sie zwingend 7 % abführen und schuldet zusätzlich den 7 % übersteigenden Steuerbetrag von 12 % nach § 14c UStG.

Translation:

Weist der Unternehmer eine höhere Steuer aus, so muss er zwingend diese höhere Steuer auch gegenüber dem Finanzamt abführen. Insgesamt wird für das Beispiel 32 damit der Betrag über 19% USt abgeführt. Das Gleiche gilt, wenn z.b. ein steuerfreier Umsatz oder ein im Inland nicht steuerbarer Umsatz vorliegt, für welche in der Rechnung irrtümlich eine Umsatzsteuer ausgewiesen wurde.

Nach § 14c UStG kann ein unrichtiger Steuerausweis aber gegenüber dem Rechnungsempfänger berichtigt werden. In dem Voranmeldungszeitraum, in dem die Berichtigung stattfindet, kann der Unternehmer dann die entsprechende Umsatzsteuer korrigieren. Laut Auffassung der Finanzverwaltung ist dabei ein Austausch des Rechnungsoriginals erforderlich. Der BFH hingegen, auf den sich der Musiker als selbständiger Unternehmer berufen kann, hält es für ausreichend, wenn der rechnungsausstellende Unternehmer einseitig schriftlich die Rechnung gegenüber dem Rechnungsempfänger berichtigt.[80]

Fall 2: Unberechtigter Steuerausweis

Wer in einer Rechnung einen Steuerbetrag ausweist, obwohl er zum gesonderten Ausweis nicht berechtigt ist, schuldet den ausgewiesenen Betrag. Das Gleiche gilt, wenn jemand wie ein leistender Unternehmer abrechnet, einen Steuerbetrag gesondert ausweist, obwohl er nicht Unternehmer ist, oder eine Lieferung oder sonstige Leistung nicht ausführt.

Der unberechtigte Steuerausweis erfasst vereinfacht ausgedrückt 3 Möglichkeiten:

1) Ein Unternehmer weist eine Steuer aus, obwohl er dazu nicht berechtigt ist.

Darunter ist der Fall zu sehen, bei dem ein Kleinunternehmer, der ohne Umsatzsteuer arbeitet, d.h. die Kleinunternehmergrenzen nicht überschreitet und auch nicht freiwillig zur Umsatzsteuer optiert hat, in einer Rechnung nun doch die Umsatzsteuer ausweist. Ebenfalls erfasst ist der Fall, in dem ein Unternehmer Leistungen aus seiner Privatsphäre mit Umsatzsteuer in einer Rechnung abrechnet, z.B. Verkauf eines Schreibtisches aus dem Kinderzimmer seiner Wohnung, den er nicht seinem Unternehmensvermögen zugeordnet hatte.[81]

2) Ein Nichtunternehmer weist in einem Dokument die Umsatzsteuer aus, z.B. ein Arbeitnehmer, der nicht nebenher noch selbständig ist, verkauft einen gebrauchten Computer und weist irrtümlich Umsatzsteuer aus.

3) Ein Unternehmer weist in einer Rechnung vorgetäuschte Leistungen aus oder die Leistung wird zwar ausgeführt, doch weist er eine falsche Leistungsbeschreibung aus.
Hierunter sind die Fälle zu verstehen, bei denen nur Scheinrechnungen erfolgen oder über andere Leistungen als die tatsächlich erfolgten abgerechnet wird.

Auch bei den Fällen des unberechtigten Steuerausweises kann der so geschuldete Steuerbetrag berichtigt werden, soweit die Gefährdung des Steueraufkommens beseitigt worden ist. Letzteres ist dann der Fall, wenn ein Vorsteuerabzug beim Empfänger der Rechnung nicht durchgeführt worden ist oder die geltend gemachte Vorsteuer an die Finanzbehörde zurückgezahlt worden ist.

Translation:

Erbringt jemand eine Leistung und weist in einer Rechnung oder einem sonstigen Abrechnungspapier Umsatzsteuer aus, obwohl er eine Privatperson oder ein Unternehmer ist, der als Kleinunternehmer ohne Umsatzsteuer arbeitet, so muss er diese ausgewiesene Umsatzsteuer auch an das Finanzamt bezahlen. Dadurch, dass diese Steuer an das Finanzamt abgeführt wird, erlangt dieser Personenkreis aber nicht die Berechtigung, im Gegenzug die ausgewiesene Umsatzsteuer aus an sie gerichtete Rechungen, gegenzurechnen.
Für die unberechtigt ausgewiesene Umsatzsteuer gibt es auf der letzten Seite der Umsatzsteuererklärung eine extra Spalte zwecks Eintragung dieser Beträge.

1.1.5. Der Vorsteuerabzug nach § 15 UStG

Der Vorsteuerabzug ist ein zentrales Element des deutschen Umsatzsteuersystems. In den vorherigen Gliederungspunkten wurde der Begriff „Vorsteuer" schon mehrmals verwendet, ohne dessen Bedeutung vertieft zu erklären.

Unter Vorsteuer versteht man die Umsatzsteuer, welche der Unternehmer selbst von einem anderen Unternehmer für einen Leistungsbezug im Rahmen seines Unternehmens in Rechnung gestellt bekommt.

1.1.5.1. Die Vorschrift des § 15 (1) UStG

Der Unternehmer kann die folgenden Vorsteuerbeträge abziehen:

1. Die gesetzlich geschuldete Steuer für Lieferungen und sonstige Leistungen, die von einem anderen Unternehmer für sein Unternehmen ausgeführt worden sind.
Die Ausübung des Vorsteuerabzugs setzt voraus, dass der Unternehmer eine nach den §§ 14, 14a ausgestellte Rechnung besitzt. Soweit der gesondert ausgewiesene Steuerbetrag auf eine Zahlung vor Ausführung dieser Umsätze entfällt, ist er bereits abziehbar, wenn die Rechnung vorliegt und die Zahlung geleistet worden ist.
2. Die entrichtete Einfuhrumsatzsteuer für Gegenstände, die für sein Unternehmen nach § 1 (1) Nr. 4 eingeführt worden sind.
3. Die Steuer für den innergemeinschaftlichen Erwerb von Gegenständen für sein Unternehmen.
4. Die Steuer für Leistungen im Sinne des § 13b (1), die für sein Unternehmen ausgeführt worden sind. Soweit die Steuer auf eine Zahlung vor Ausführung dieser Leistungen entfällt, ist sie abziehbar, wenn die Zahlung geleistet worden ist.

Als nicht für das Unternehmen ausgeführt gilt die Lieferung, die Einfuhr oder der innergemeinschaftliche Erwerb eines Gegenstandes, den der Unternehmer zu weniger als 10 vom Hundert für sein Unternehmen nutzt.

Translation:

Der Musiker als selbständiger Unternehmer kann die Umsatzsteuer, die er von anderen Unternehmern in einer Rechnung[82] ausgewiesen bekommt, gegenüber seiner eigenen Umsatzsteuer, die er an das Finanzamt abführen muss, gegenrechnen. Die Leistung des anderen Unternehmers muss für das Unternehmen des Musikers ausgeführt worden sein.
Diese Umsatzsteuer, die gegengerechnet wird, bezeichnet man als Vorsteuer.
Ist diese Vorsteuer des Anmeldungszeitraumes betragsmäßig größer, als die Steuer, welche der Musiker auf seine eigenen Entgelte abführen muss, so führt dies zu einer Erstattung des übersteigenden Betrages.

Abzugsfähig sind nur deutsche Vorsteuern, sofern alle übrigen Voraussetzungen gegeben sind. Ausländische Vorsteuern können nicht über das deutsche Finanzamt erstattet werden.
Im sogenannten Umsatzsteuervergütungsverfahren kann sich aber der Musiker als selbständiger Unternehmer ausländische Vorsteuern vom ausländischen Staat erstatten lassen.

Beispiel 36:

Thomas Marzipanski ist Gitarrist. Er versteuert seine Umsätze nach den allgemeinen Vorschriften des Umsatzsteuergesetzes und weist in seinen Rechnungen die USt aus. Zudem hat er eine deutsche Umsatzsteueridentifikationsnummer bekommen. Am 25.05.08 tätigt er folgende Anschaffung:

Kauf einer mobilen Hebekrananlage für seine Soli-Show bei Live-Auftritten beim Musikhandelsgeschäft „Musik Positiv" in Oberbüren, Deutschland, für € 5.000,00 + 19% USt € 950,00 = € 5.950,00 und Erhalt einer ordnungsgemäßen Rechnung nach § 14 UStG mit folgendem Inhalt:

```
Musik Positiv
Positivstraße 20
49557 Oberbüren
Steuernummer 304/6141/6338


An:                                                      22.05.08
Thomas Marzipanski
Wolbecker-Schulstraße 12
48791 Telgte


Re-Nr. 12500025/08


Lieferung einer mobilen Hebekrananlage Typ Kreisch     €   5.000,00
19% USt                                                €     950,00
                                                       €   5.950,00


Die Leistung wurde im Mai 2008 ausgeführt.

Bitte sofort überweisen!
```

Weiterhin muss Thomas im Rahmen eines Auftritts in die Niederlande reisen. Dort tätigt er ab Amsterdam noch eine Bahnfahrt, für die er eine Rechnung inkl. € 26,00 niederländische Umsatzsteuer erhält. In Amsterdam bestellt er zwischendurch noch eine akustische Gitarre, welche ihm der Händler mit seiner niederländischen ID-Nummer unter Angabe der deutschen USt-ID-Nummer von Thomas M. zum Nettopreis von € 1.000,00 überlässt. Die Gitarre wird in den nächsten Tagen zugesendet.

Als Thomas heimkehrt und nach 96 Stunden endlich schlafen möchte, fällt ihm ein, dass er ja in ca. 90 Minuten noch einen Auftritt mit der Top-40-Band „Mara's Ton" als Opener für das Pokalendspiel St. Pauli gegen Preußen Münster in Hamburg hat.

Weil er das zeitlich nicht mehr schaffen kann, ruft er seinen Musikerkollegen Hank van de Kaas aus Den Haag (Niederlanden) an, der sich gerade in Hamburg befindet, und bittet ihn, den Job zu übernehmen. Hank tut nichts lieber als das und schreibt nachher eine Rechnung über € 200,00 an Thomas mit folgendem Inhalt:

```
Hank van de Kaas
Nieuwe Parklaan 2
NL 2597 LA HAYE (Den Haag)

An:
Thomas Marzipanski
Wolbecker-Schulstraße 12
48791 Telgte                                              30.05.08
Rechnung:

Für meinen Auftritt am 30.05.08 als Gitarrist - Aushilfe Mara's Ton - in Hamburg
berechne ich:
                              € 200,00

Es wird auf Ihre Umsatzsteuerschuldnerschaft als Leistungsempfänger hingewiesen.

Hank van de Kaas
```

Lösung zu Beispiel 36:

Die niederländische Umsatzsteuer (Vorsteuer) in Höhe von € 26,00 aus der Bahnrechnung kann Thomas nicht vom deutschen Fiskus angerechnet bekommen. Als Vorsteuer kann er nur die deutsche Umsatzsteuer geltend machen. Möglich ist aber, beim niederländischen Fiskus diese € 26,00 als Vorsteuer erstattet zu bekommen. Zuständig wäre der niederländische Belastingdienst, Buitenland, Postbus 2865, NL-6401 DJ Heerlen, Tel.: 0031-45736666. Es empfiehlt sich vorher telefonisch anzufragen, welche Unterlagen/Vordrucke aktuell eingereicht werden müssen.

Die Lieferung der akustischen Gitarre vom niederländischen Händler ist aus Sicht des Thomas M. ein innergemeinschaftlicher Erwerb in Deutschland. Er bekommt die Gitarre zum Nettopreis ohne niederländische Umsatzsteuer geliefert.[83] Thomas muss dafür nun auf den Kauf in Deutschland in seiner Umsatzsteueranmeldung 19 % an das deutsche Finanzamt abführen. Im Gegenzug erhält er aber nach § 15 (1) S. 1 Nr. 3 StG in derselben Höhe einen Vorsteuerabzug, so dass die Gitarre per Saldo zum Nettopreis gekauft wird.

Bezüglich der Rechnung von Hank van de Kaas muss Thomas 7 % Umsatzsteuer von € 200,00 = € 14,00 nach § 13b UStG an sein deutsches Finanzamt abführen. In der gleichen Höhe von € 14,00 hat Thomas aber gleichzeitig einen Vorsteuerabzug geltend zu machen.

Die Lieferung der Hebekrananlage wurde von einem anderen Unternehmer (Musik Positiv) für das Unternehmen des Thomas Marzipanski geliefert. Die Umsatzsteuer wurde in einer ordnungsgemäßen Rechnung i.S.d. § 14 UStG ausgewiesen. Thomas kann die Umsatzsteuer damit grundsätzlich als Vorsteuer geltend machen. Durch Abzug der Vorsteuer macht Thomas M. auch eindeutig klar, dass er die Hebekrananlage seinem Unternehmensvermögen zuordnet. Dazu hat er ein Wahlrecht. Er könnte diese auch seiner außerunternehmerischen Privatsphäre zuordnen. Die Zuordnungsentscheidung zur Privatsphäre würde er dadurch zum Ausdruck bringen, indem er die Vorsteuer nicht entsprechend abziehen würde. Gemäß der einschlägigen Rechtsprechung des EUGH kann er das Wirtschaftsgut sogar nur teilweise, z.B. nur zu 50%, dem Unternehmensvermögen zuordnen. Diese Zuordnungsentscheidungen, die er trifft, sind vollkommen unabhängig zu der ertragsteuerlichen Behandlung als Wirtschaftsgut. Beispielsweise könnte die Hebekrananlage zum Betriebsvermögen gerechnet und entsprechend von der vollen Höhe der Anschaffungskosten über die Abschreibungen als Betriebsausgabe abgezogen werden, während gleichzeitig beim Kauf der Anlage umsatzsteuerlich durch Nichtabzug der Vorsteuer eine Zuordnung zur außerunternehmerischen Sphäre erfolgen kann.

Grundsätzlich wird es von Vorteil sein, das Wirtschaftsgut dem Unternehmensvermögen zuzuordnen und die Vorsteuer entsprechend voll anzurechnen.
Wird das Wirtschaftsgut der außerunternehmerischen Sphäre zugeordnet, so kann dies zwar eher selten, doch im Einzelfall schon mal von Vorteil sein.

Beispiel 37:

Thomas M. aus Beispiel 36 erwirbt beim Musikladen „alte Schätzchen" eine alte edle E-Gitarre Baujahr 1960. Der Verkäufer, dem der Liebhaberwert nicht bekannt ist, schreibt eine Rechnung über € 700,00 + 19% USt € 133,00 = € 833,00.
Thomas weiß über deren tatsächlichen Wert (ca. € 5.000,00) Bescheid.
Er spielt die Gitarre länger als 1 Jahr selbst im Rahmen seiner Tätigkeit als Gitarrist und verkauft diese dann für einen Betrag von € 5.000,00.

Lösung zu Beispiel 37:

Beim Kauf der Gitarre könnte Thomas hier € 133,00 zu seinen Gunsten als Vorsteuer anrechnen. Dennoch wäre es sinnvoll, die Gitarre umsatzsteuerlich nicht dem Unternehmensvermögen zuzuordnen und damit auf die Anrechnung der € 133,00 Vorsteuer beim Kauf zu verzichten. In diesem Fall unterläge der spätere Verkauf der Gitarre für € 5.000,00 nämlich nicht der Umsatzsteuer. Der Vorgang wäre nicht steuerbar, da Thomas M. die Gitarre dann nicht im Rahmen seines Unternehmens verkauft hätte[84]. Würde er die Gitarre durch Vorsteuerabzug von € 133,00 dem Unternehmensvermögen zuordnen, so müsste Thomas M. aus dem Verkauf für € 5.000,00 insgesamt € 798,32 an Umsatzsteuer an das Finanzamt abführen und hätte per Saldo € 665,32 verschenkt.

Ein solcher Fall ist aber die Ausnahme. Grundsätzlich wird es von Vorteil sein, die Vorsteuer zu ziehen und dadurch den Gegenstand dem Unternehmensvermögen zuzuordnen.

Weitere Voraussetzungen für die Möglichkeit des Vorsteuerabzugs sind:

1) Der Musiker, der die Vorsteuer zu seinen Gunsten abziehen will, darf nicht Kleinunternehmer sein.[85]

2) Der Unternehmer muss den Gegenstand einer Lieferung zu mindestens 10 % für seine Unternehmen nutzen.

3) Ganz bestimmte Vorsteuern aus einkommenssteuerlich nicht abziehbaren Betriebsausgaben können nicht geltend gemacht werden. Dazu zählen unter anderen:
   - Vorsteuern aus Aufwendungen für Geschenke, die pro jeden Beschenkten die Grenze von € 40,00 je Jahr übersteigen
   - die Vorsteuern aus 30 % der nichtabziehbaren Bewirtungsaufwendungen[86], für die laut Rechtsprechung der Abzug aber doch zulässig ist
   - aus Aufwendungen, die einkommenssteuerlich als unangemessen zu sehen sind (Stichwort „Neidparagraph")
   - die Aufwendungen aus Kosten der privaten Lebensführung (§ 12 EStG)

4) Reisekosten des Unternehmers und seines Personals soweit es Verpflegungskosten sind oder es sich um Fahrtkosten für Fahrzeuge des Personals handelt.

5) Umzugskosten für einen Wohnungswechsel

1.1.5.2 Der Ausschluss des Vorsteuerabzugs nach § 15 (2) und der Nichtausschluss wegen § 15 (3) UStG

Nach 15 (2) S. 1 UStG sind solche Vorsteuern vom Abzug ausgeschlossen, die der Unternehmer zur Ausführung folgender Umsätze verwendet:

1) für die Ausführung umsatzsteuerfreier Umsätze

2) für Umsätze im Ausland, die steuerfrei wären, wenn sie im Inland ausgeführt würden

Für diese in § 15 (2) UStG genannten Umsätze tritt der Ausschluss vom Vorsteuerabzug aber nach § 15 (3) UStG wiederum nicht ein, wenn es sich um ganz bestimmte steuerfreie Umsätze nach den §§ 4 Nr. 1–7 UStG sowie einiger weiterer steuerfreier Umsätze handelt, die aber für den Musiker grundsätzlich nicht in Betracht kommen.

Entscheidend für den Musiker sind hier die Fälle der steuerfreien Ausfuhrlieferung § 4 Nr. 1.a) UStG und der steuerfreien innergemeinschaftlichen Lieferung § 4 Nr. 1.b) UStG. Alle anderen genannten Umsätze dürften in der Praxis unbedeutend sein.

Translation:

Grundsätzlich kann die Vorsteuer nach § 15 (2) UStG nicht angerechnet werden, wenn die bezogene Leistung im Zusammenhang mit einem Umsatz des selbständigen Musikers steht, der selbst von der Umsatzsteuer befreit ist.
Das gilt aber nicht, wenn es sich bei dem steuerfreien Umsatz des Musikers um eine Steuerfreiheit für Ausfuhrlieferungen (Beispiel 38) oder innergemeinschaftliche Lieferungen (Beispiel 39) handelt.
Ebenso gilt dies nicht für den Fall, dass ein Umsatz des Musikers in Deutschland nicht steuerbar ist, aber im Falle der Steuerbarkeit in Deutschland auch steuerpflichtig wäre (Beispiel 40).

Beispiel 38:

Ralf Bassowitsch ist Bassist und versteuert seine Umsätze als selbständiger Unternehmer mit USt. Einen Kontrabass, den er am 02.05.08 für € 4.000,00 zuzüglich 19 % USt gekauft hatte, verkauft er am 30.05.08, als er bemerkt hatte, dass ihm der Hals nicht liegt, an einen Schweizer Berufskollegen. Der Schweizer führt den Bass nach Abholung bei Ralf in sein Heimatland aus. Nachdem ihm der Kollege den Ausfuhrnachweis vorgelegt hat, sieht Ralf, dass es sich um eine umsatzsteuerfreie Ausfuhr nach § 4 Nr. 1.a) UStG handelt.

Lösung zu Beispiel 38:

Grundsätzlich dürfte Ralf die Vorsteuer nicht zu seinen Gunsten aus seiner Einkaufsrechnung ziehen, wenn er weiß, dass der Bass nachher zu umsatzsteuerbefreiten Umsätzen verwendet wird. Weil aber die Ausfuhrlieferung im § 15 (3) UStG begünstigt ist, kann er die Vorsteuer doch ziehen.

Beispiel 39:

Wie Beispiel 38, doch ist der Käufer des Kontrabass kein Schweizer, sondern ein Österreicher (= EG-Land im Gegensatz zur Schweiz), der eine österreichische ID-Nummer vorlegt, und auch Ralf verwendet beim Verkauf seine deutsche ID-Nummer.

Lösung zu Beispiel 39:

Hier tätigt Ralf eine umsatzsteuerfreie innergemeinschaftliche Lieferung, wobei auch diese nach § 15 (3) begünstigt ist, so dass der Vorsteuerabzug aus dem Kauf des Basses erhalten bleibt.

Beispiel 40:

Ralf spielt einen Auftritt als selbständiger Bassist in Hilversum. Der Ort der Leistung ist umsatzsteuerlich dort, wo er auftritt, d.h. in Hilversum. Folglich muss er keine deutsche Umsatzsteuer in der Rechnung ausweisen. Er fährt mit der deutschen Bahn zu dem Auftritt und zahlt dafür € 200,00 + 19 % USt € 38,00 = € 238,00.

Lösung zu Beispiel 40:

Die € 38,00 an Vorsteuer aus der Bahnrechnung darf er voll ziehen. Zwar muss er keine deutsche Umsatzsteuer für den Auftritt abführen (= in Deutschland nicht steuerbar), doch wäre der Auftritt, hätte er in Deutschland stattgefunden, auch steuerpflichtig. Damit tritt der Ausschluss vom Vorsteuerabzug nicht ein.

Beispiel 41:

Ralf ist neben seiner Auftrittstätigkeit als Bassist auch noch Schlagzeuglehrer an der UNI in Köln. Diese Umsätze sind nach § 4 Nr. 21. b) aa) UStG[87] von der Umsatzsteuer befreit. Für diese Unterrichtstätigkeit leistet er sich am 03.05.08 einen besonderen Notenständer mit Goldverzierungen und einem Plüschüberzug, den er ausschließlich für die UNI Köln benutzt für € 400,00 + USt € 76,00.

Lösung zu Beispiel 41:

Diese € 76,00 an Vorsteuer kann Ralf nicht geltend machen, da sie ausschließlich mit Umsätzen in Zusammenhang stehen, die steuerfrei sind und für die nicht die besonderen Ausnahmen nach § 15 (3) UStG gelten.

Fraglich ist die Handhabung, wenn derartige Ausgaben mit Vorsteuer zum Teil zur Verwendung mit umsatzsteuerpflichtigen Umsätzen und zum Teil mit befreiten Umsätzen, die nicht zu den Ausnahmen des § 15 (3) UStG gehören, im Zusammenhang stehen.

Beispiel 42:

Wie Beispiel 41, doch benutzt Ralf den Ständer zum Teil auch für Live-Auftritte oder Studioaufnahmen, die umsatzsteuerpflichtig sind. Die Erlöse aus umsatzsteuerpflichtigen Live- und Studiogagen betragen € 45.000,00 im Jahr, die Erlöse aus der umsatzsteuerbefreiten Tätigkeit an der UNI Köln betragen € 5.000,00. Er nutzt den Ständer voraussichtlich an ca. 40 Unterrichtstagen für die Uni und an ca. 120 Tagen für Auftritte und Proben als Bassist.

Lösung zu Beispiel 42:

Hier ist ein Problem angesprochen, das im § 15 (4) UStG geregelt ist. Es liegt eine sogenannte gemischte Verwendung vor. Die entsprechenden Vorsteuern sind nach § 15 Abs. 4 UStG in abziehbare und nicht abziehbare Vorsteuern aufzuteilen.
Bei jedem Eingangsumsatz (= Leistungsbezug des Musikers) ist zu prüfen, ob er für eigene Umsätze des Musikers verwendet wird, die den Vorsteuerabzug nicht ausschließen (= sogenannter Abzugsumsatz), oder für eigene Umsätze verwendet wird, die den Vorsteuerabzug ausschließen (= Ausschlussumsätze), oder für beide Umsätze verwendet wird. **In den Mischfällen wird nun das Prinzip des anteiligen Vorsteuerabzugs nach der wirtschaftlichen Zuordnung angewendet.**

Das Gesetz selbst schreibt keine bestimmte Form der Aufteilung vor. Jede Methode, die eine wirtschaftliche Zuordnung der Vorsteuerbeträge gewährleistet, kann angewendet werden. In der Praxis für den Musiker wird die Aufteilung in den meisten aller Fälle auf eine Schätzung hinauslaufen. § 15 (4) UStG ermöglicht es, dass der Unternehmer die nicht abziehbaren Teilbeträge der Vorsteuern im Wege einer sachgerechten Schätzung ermittelt. **Die Grundlage der Schätzung muss aber von der Aufteilung nach der wirtschaftlichen Zuordnung ausgehen.**

Im Gesetz wird klarstellend genannt, dass eine Aufteilung nach dem Verhältnis der steuerfreien zu den steuerpflichtigen Umsätzen nur zulässig ist, wenn keine andere wirtschaftliche Zurechnung möglich ist. Weil es aber in der Praxis meistens keinen anderen geeigneten Aufteilungsmaßstab nach der wirtschaftlichen Zurechnung gibt, wird für den selbständigen Musiker diese Methode wahrscheinlich häufig die einzig mögliche sein.

Für das Beispiel 42 ergibt sich aber eine Lösung, die sich aus der zeitlichen Nutzung des Gegenstandes ableiten lässt. Ralf verwendet den Gegenstand voraussichtlich an insgesamt 160 Tagen im Jahr. Davon sind 40 Tage = 25 % der Nutzung im Zusammenhang mit steuerfreien Umsätzen und 120 Tage = 75 % im Zusammenhang mit steuerpflichtigen Umsätzen. Im Ergebnis bedeutet dies, dass Ralf von den Vorsteuern über € 76,00 aus der Rechnung für den Notenständer 75 % von € 76,00 = € 57,00 Vorsteuer geltend machen kann.

Würde man mangels anderer geeigneter Schätzgrundlagen vom Verhältnis der Umsatzerlöse zueinander ausgehen, so ergäbe sich für das Beispiel 42, dass im Verhältnis der steuerpflichtigen Umsätze von € 45.000,00 zum Gesamtumsatz von € 50.000,00 = 90 % ein Abzug der Vorsteuer zulässig wäre. Das wären dann von 90 % von € 76,00 = € 68,40.

1.1.6 Die Gewerbesteuer

Die Gewerbesteuer ist eine Steuerart, mit welcher der Musiker **zusätzlich** zu den bislang dargestellten Steuerarten Umsatzsteuer, Einkommensteuer, Lohnsteuer und Ausländerabzugssteuer in der Praxis zu tun bekommen kann.

Vorwegzustellen ist aber, dass die Gewerbesteuer für den Musiker mit seinen primären Tätigkeiten (Auftritte, Leistungen im Tonstudio, Rechtsübertragungen als Komponist, Arrangeur oder Musikunterricht) grundsätzlich nicht der Gewerbesteuer unterliegt, weil es sich bei den o.g. Tätigkeiten um sogenannte Einkünfte aus selbständiger Arbeit nach § 18 EStG handelt und diese Einkünfte nicht gewerbesteuerbar sind.
Etwas anderes liegt vor, wenn der Musiker die unter Gliederungspunkt 1.1.1 zur Einkommensteuer aufgeführten sekundären Tätigkeiten (Gründung eines Verlages, einer Plattenfirma, Musikmanagement, Vermittlung, Werbeeinnahmen etc.) durchführt. Dabei wird es sich in der Regel um Einkünfte aus Gewerbebetrieb handeln.

1.1.6.1 Voraussetzungen für ein Anfallen von Gewerbesteuer

Gewerbesteuer kann wenn überhaupt nur anfallen, wenn Einkünfte aus Gewerbebetrieb nach § 15 EStG gegeben sind.[88]
Für ein Vorliegen derartiger Einkünfte gibt es aus der praxisrelevanten Sicht für den Musiker folgende Fälle:

1) Es liegen gewerbliche Einkünfte kraft gewerblicher Betätigung vor.
2) Es liegt ein Gewerbebetrieb kraft Rechtsform bzw. eine gewerblich geprägte Personengesellschaft vor.
3) Die gewerbliche Tätigkeit wird bei Vorliegen einer Personengesellschaft, die grundsätzlich nicht gewerbesteuerbar tätig ist (z.B. eine Musikgruppe), durch eine geringfügige gewerbliche Tätigkeit in vollem Umfang zur Gewerblichkeit infiziert.[89]

1.1.6.2 Gewerbliche Einkünfte kraft gewerblicher Betätigung

Es ist davon auszugehen, dass der selbständige Musiker mit seinen primären Tätigkeiten, ob als Einzelunternehmer oder in einer Musikgruppe als Personengesellschaft wie die GbR, keine gewerblichen Einkünfte, sondern Einkünfte aus selbständiger Arbeit nach § 18 EStG erzielt. Aufgrund der Definition im § 15 (2) EStG sind solche gewerblichen Einkünfte nur gegeben, wenn folgendes erfüllt ist:

- Selbständigkeit
- Nachhaltigkeit
- Gewinnerzielungsabsicht
- Beteiligung am wirtschaftlichen Verkehr
- Keine Einkünfte aus Land- und Forstwirtschaft, keine freie Berufstätigkeit und keine andere selbständige Arbeit dürfen vorrangig gegeben sein.

Selbständig bedeutet, dass man mit seiner Tätigkeit auf eigene Rechnung und eigene Verantwortung arbeitet.

Unter **Nachhaltigkeit** ist eine Tätigkeit zu verstehen, die auf Wiederholung angelegt ist. Ein einmaliges Gelegenheitsgeschäft ist daher grundsätzlich nicht nachhaltig.

Gewinnerzielungsabsicht bedeutet das Streben nach einem Gewinn, und hier etwas genauer, dem Totalgewinn. Es muss sich damit z.B. nicht zwingend im ersten Jahr der Tätigkeit ein Gewinn ergeben. Ausreichend ist ein Gewinn als Gesamtergebnis von der Gründung bis zur Einstellung des Betriebes.

Die Beteiligung am allgemeinen wirtschaftlichen Verkehr liegt vor, wenn der Steuerpflichtige mit seiner Tätigkeit nach außen hin in Erscheinung tritt, er sich mit ihr an eine, wenn auch begrenzte Allgemeinheit wendet und damit seinen Willen zu erkennen gibt, ein Gewerbe zu betreiben.

Die ersten 4 Voraussetzungen werden grundsätzlich bei dem Musiker sowohl bei seinem primären Tätigkeitsbereich und vor allem im Bereich des sekundären Tätigkeitsbereiches gegeben sein. Bei den bezeichneten primären Tätigkeiten wird es aber bei dem Musiker grundsätzlich so sein, dass vorrangig eine Einkunftsart des § 18 EStG (=Einkünfte aus freiberuflicher Tätigkeit oder sonstige selbständige Arbeit) vorliegt.

Wenn die Einkunftsart des § 18 EStG gegeben ist, treten die Einkünfte aus Gewerbebetrieb grundsätzlich zurück.

Damit gilt es, die gewerblichen Tätigkeiten von den freiberuflichen bzw. sonstigen selbständigen Tätigkeiten nach § 18 EStG für den Musiker abzugrenzen.

1.1.6.2.1 Abgrenzung der Einkünfte aus Gewerbebetrieb von den freiberuflichen (künstlerischen) Tätigkeiten des Musikers

Im § 18 EStG sind die künstlerischen Tätigkeiten genannt:

Einer **künstlerische Tätigkeit**[90] liegt vor, wenn:
die Arbeiten nach ihrem Gesamtbild eigenschöpferisch sind und über eine hinreichende Beherrschung der Technik hinaus eine bestimmte künstlerische Gestaltungshöhe erreichen.
Da die künstlerische Tätigkeit im besonderen Maße persönlichkeitsbezogen ist, kann sie als solche nur anerkannt werden, wenn der Künstler auf sämtliche zur Herstellung eines Kunstwerks erforderlichen Tätigkeiten den entscheidenden gestaltenden Einfluss ausübt.

Einen für immer festen und für die Ewigkeit gültigen Kunstbegriff in diesem Sinne gibt es allerdings nicht. Dieser wird sich insbesondere je nach Gesellschaft und Epoche verändern.[91]

Die künstlerische Tätigkeit ist auch auf dem Gebiet der angewandten Kunst gegeben. Damit können auch alle Arten von Musik als künstlerische Tätigkeiten angesehen werden. Dazu zählt auch die Jazz-, Pop- oder Rockmusik ebenso wie Tanz- oder Unterhaltungsmusik.[92]

Die **primären Tätigkeiten** des Musikers lassen sich wie folgt zuordnen:

- Darbietung des Instrumentes oder der Stimme bei Live-Auftritten
  = grundsätzlich künstlerische Tätigkeit nach § 18 EStG und damit **kein** Gewerbebetrieb

- Darbietung als ausübender Künstler mit entsprechender Rechtsübertragung im Sinne der §§ 74 ff. UrhG (z.B. Erlöse für die Rechtsübertragungen bei Live-Konzerten, die gesendet werden)
  = grundsätzlich künstlerische Tätigkeit bzw. sonstige selbständige Tätigkeit nach § 18 EStG und damit **kein** Gewerbebetrieb

- Komponieren oder Arrangieren mit den daraus folgenden Erlösen aus Rechtsübertragungen
  = grundsätzlich künstlerische bzw. sonstige selbständige Tätigkeit nach § 18 EStG und daher **kein** Gewerbebetrieb

- Unterrichten als selbständiger Musiklehrer
  = grundsätzlich freiberufliche Tätigkeit nach § 18 EStG und damit **kein** Gewerbebetrieb

Einzelfälle aus der Rechtsprechung:

- Ein Klavierstimmer übt keine künstlerische Tätigkeit aus (BFH, BStBl. II 1990, S. 643)
- Die Darbietungen eines Tanz- und Unterhaltungsorchesters stellen eine künstlerische Tätigkeit dar, wenn Sie einen bestimmten Qualitätsstandard haben.

Da ein musikalischer Laie zu einer Bewertung der Qualität kaum im Stande sein wird, kann die Frage im Einzelfall nur durch ein Gutachten geklärt werden. Laut Gutachten eines Professors in einem Urteil liegt es bei Tanz- und Unterhaltungsorchestern in der

Natur der Sache, im Wesentlichen solche Repertoire-Nummern darzubieten, die vom Publikum verlangt werden, und dass sich die Machart der dargebotenen Musik an der Geschmackserwartung orientiert (BFH, BStBl. II 1983, S.7).

Aufgrund dieses Urteils wird es für das Finanzamt ziemlich schwierig sein, einer Musikgruppe die künstlerische Tätigkeit mit der Argumentation über die Qualität der Darbietung abzuerkennen. Im Einzelfall kann die Musikgruppe dies mit einem Gutachten widerlegen. Eine Musikgruppe, die beispielsweise auf einer Festzeltparty zu fortgeschrittener Stunde typische „Mitgröllieder" eben auch genau in dieser Form darbietet, tut dies deshalb, weil das Publikum die Interpretation auch so erwartet. Folglich dürfte dies nach dem o.g. BFH-Urteil kein Hinderungsgrund für die Qualität der Darbietung sein.

Der Anteil der erlernten Fähigkeiten spielt für die Qualität eine große Rolle. Entscheidend sind hierbei die manuelle Geschicklichkeit, die Tongebung, die rhythmische Genauigkeit, die Sauberkeit der Intonation und die Wendigkeit in der Umsetzung des musikalischen Textes.[93]

Translation:

Vereinfacht ausgedrückt wird der Musiker mit seinen primären Tätigkeiten, ob als Einzelunternehmer oder in einer Musikgruppe als GbR, sofern er damit nicht über Lohnsteuerkarte oder als Aushilfe angestellt ist, freiberufliche Einkünfte nach § 18 EStG erzielen, die nicht der Gewerbesteuer unterliegen.

Bei den sekundär möglichen Tätigkeiten des Musikers, wie z.B. durch Gründung eines Musikverlages, einer Plattenfirma, Musikmanagement, Musikvermittlung etc., liegt hingegen eine gewerbliche Betätigung vor, da die Arbeiten nicht zu den vorrangigen freiberuflichen oder sonstigen selbständigen Betätigungen zählen, die im § 18 EStG aufgeführt sind, bzw. diesen dort aufgeführten Tätigkeiten ähneln.

1.1.6.3 Gewerbliche Einkünfte aufgrund eines Gewerbebetriebs kraft Rechtsform bzw. einer gewerblich geprägten Personengesellschaft

Auch wenn der Musiker von der reinen Art der Tätigkeit eine künstlerische und damit freiberufliche Tätigkeit nach § 18 EStG ausübt, kann dennoch über die Wahl der Rechtsform die Einkunftsart des § 15 EStG Einkünfte aus Gewerbebetrieb gegeben sein.

Das ist immer dann der Fall, wenn die Tätigkeit nicht als Einzelunternehmung oder in Form einer GbR, sondern über folgende Rechtsformen ausgeübt wird[94]:

- eine Kapitalgesellschaft wie z.b. GmbH, Ltd oder Aktiengesellschaft[95]
- eine Personengesellschaft in Form der GmbH & Co. KG, der GbR mbH, der GmbH & Co. GbR mbH, wobei Voraussetzung ist, dass die Geschäftsführung ausschließlich bei der Kapitalgesellschaft oder mehreren Kapitalgesellschaften (hier beispielhaft die GmbH) liegt.[96]

Hinweis:

Für den Musiker werden in der Praxis im Rahmen seiner primären Tätigkeiten in erster Linie nur die Rechtsformen der Einzelunternehmung und der Personengesellschaft vorkommen.
Im Rahmen der sekundären Tätigkeiten hingegen (z.B. Gründung einer eigenen Plattenfirma, Veranstaltungs- oder Vermittlungsfirma) werden einige der oben genannten Gesellschaften wie z.B. die GmbH oder die GmbH & Co. KG gängige Rechtsformen sein. Bei diesen letztgenannten Tätigkeiten handelt es sich aber ohnehin schon um gewerbliche Einkünfte kraft gewerblicher Betätigung. Damit alleine ist bei letzteren schon grundsätzlich eine Gewerbesteuerpflicht gegeben.

1.1.6.4 Die gewerbliche Tätigkeit wird bei Vorliegen einer Personengesellschaft, die grundsätzlich nicht gewerbesteuerbar tätig ist (z.B. eine Musikgruppe als GbR), durch eine geringfügige gewerbliche Tätigkeit in vollem Umfang zur Gewerblichkeit infiziert

Dieser Fall kann und wird in der Praxis des Musikers häufig vorkommen. Die Rechtsgrundlage ergibt sich aus der sogenannten „Infizierungstheorie" des § 15 (3) Nr. 1 EStG.

Beispiel 43:

Die Jazzmusikkapelle „God is a jazzer (GbR)" aus Wuppertal besteht aus 5 festen GbR-Mitgliedern. Die Band entschließt sich, eine CD zu produzieren, um diese zu Werbezwecken zwecks Einholung von Auftritten als Demo zu verschicken.
Weil die CD aber nun einmal existiert, wird sie in geringem Umfang auch bei Live-Auftritten verkauft. Die Band hat im Jahr 2008 folgende Einnahmen:

Erlöse aus Auftritten € 50.000,00.
Erlöse aus CD-Verkäufen bei Auftritten € 4.500,00.
Nach Abzug aller Betriebsausgaben verbleibt der GbR ein Gewinn über € 40.000,00.

Lösung zu Beispiel 43:

Aufgrund der Vorschrift des § 15 (3) Nr. 1 EStG (Infizierungstheorie) werden alle Einkünfte, welche die Band hat, aufgrund der zusätzlichen gewerblichen Nebentätigkeit in Form des Handels von Tonträgern als gewerbliche Einkünfte infiziert.
Damit werden auch die Einnahmen aus den Auftrittsgagen, die ansonsten künstlerische (= freiberufliche Einkünfte § 18 EStG) darstellen, zu gewerblichen Einnahmen umqualifiziert.

Somit würde die Band bei einem Gewinn über € 40.000,00 (= Differenz aus Betriebseinnahmen und abziehbarer Betriebsausgaben) abzüglich € 24.500,00 (= Freibetrag bei der Gewerbesteuer) einen Betrag in Höhe von € 15.500,00 der Gewerbesteuer unterwerfen müssen. Je nach Hebesatz der Gemeinde müsste die Gruppe hier bereits eine Gewerbesteuer von ca. € 800,00 zahlen. Würde es sich nicht um eine Personengesellschaft wie hier eine GbR, sondern um einen einzelnen Musiker als Selbständigen handeln, so träte die Infizierung nicht ein, weil es diese nur bei Personengesellschaften wie z.b. der GbR geben kann.

Der Musiker als Einzelunternehmer kann durch eine Trennung der Belegunterlagen und notfalls sogar durch eine sachgerechte Schätzung die gewerblichen Einkünfte von den freiberuflichen Einkünften trennen, so dass bei Einzelpersonenunternehmen eine eventuelle Gewerbesteuer nur auf die tatsächlichen gewerblichen Einkünfte nach der gewerblichen Betätigung entfällt.

Hinweis:

Der BFH hat in seinem Urteil vom 11.08.1999[97] entschieden, dass bei Personengesellschaften wie z.b. der GbR ein gewerblicher Anteil am Gesamtumsatz von 1,25 % so unbedeutend ist, dass er nicht zu einer Umqualifizierung der freiberuflichen Einkünfte in gewerbliche Einkünfte führt.

Aufgrund dieses Urteils kann man davon ausgehen, dass ein Umsatz von gewerblichen Einnahmen in Höhe von 1,25 % nach dem derzeitigen Stand der Rechtsprechung als unschädlich angesehen wird.

Beispiel 44:

Die Band aus Beispiel 43 hat im Jahr 2008 Umsatzerlöse aus Auftritten von € 50.000,00. Die Erlöse aus CD-Verkäufen betragen € 600,00 (= 1,2 %).

Lösung zu Beispiel 44:

Da die Umsätze aus CD-Verkäufen nicht mehr als 1,25 % betragen, kann sich die Jazz-Band auf die BFH-Rechtsprechung berufen, so dass der unbedeutende Anteil nicht zu einer kompletten Umqualifizierung in gewerbliche Einkünfte führt. Das Urteil ist auch von der Finanzverwaltung in BStBl. II 2000, S. 229 veröffentlicht worden. Damit zeigt sie, dass das Urteil allgemein Anwendung findet und sich die steuerpflichtige Musikgruppe zur Rechtssicherheit darauf berufen kann.

Praxishinweis:

Sofern die Einnahmen aus gewerblicher Betätigung einer Personengesellschaft wie z.b. durch CD-Verkäufe größer als 1,25 % der Umsatzerlöse sind, gibt es keine ausreichende Rechtssicherheit. In solchen Fällen kann vorzeitig eine Infizierung vermieden werden, wenn die Musikgruppe für den gewerblichen Teil eine zweite, personengleiche GbR gründet, die lediglich den CD-Handel betreibt.
Diese zweite GbR hat dann die Produktionskosten der CD zu tragen und erhält im Gegenzug alle Einnahmen aus Verkäufen der Tonträger.

Beispiel 45:

Die Jazz-Gruppe aus Beispiel 43 hat Erlöse aus Auftritten im Jahr 2008 von € 80.000,00.
Bei den ca. 40 Auftritten können voraussichtlich CDs im Werte von € 8.000,00 verkauft werden. Da der die Bandorganisation durchführende Gitarrist Lupo Fender jedes Wort seines Steuerberaters auswendig lernt, weiß er, dass die Band damit in die Gewerbesteuer kommen kann. Vor Produktion und Vervielfältigung der nächsten CD gründen die 5 Gesellschafter der „God is a jazzer"-GbR eine zweite GbR mit der Bezeichnung „God likes Jazz-CD Produktions- und Vertriebs-GbR". Diese GbR erzielt im Jahr 2008 Einnahmen aus CD-Verkäufen von tatsächlich € 8.000,00. Die Produktions- und Vervielfältigungskosten betragen € 2.500,00 (Gewinn: € 8.000,00–€ 2.500,00 = € 5.500,00).

Lösung zu Beispiel 45:

Die Einnahmen aus Auftritten werden nicht infiziert, weil die Jazz-Gruppe keine Erlöse aus gewerblicher Tätigkeit erzielt. Die zweite CD-Produktions- und Vertriebs-GbR unterliegt mit ihren gewerblichen Einkünften grundsätzlich der Gewerbesteuer. Da der Freibetrag für die zweite GbR zur Gewerbesteuer von € 24.500,00 nicht überschritten wird, fällt überhaupt keine Gewerbesteuer an.

Hinweis:

Der BFH hat am 30.08.2001 (BStB. II 2002, S. 152) ein interessantes Urteil gesprochen, das vielleicht den Musikgruppen helfen könnte, die durch eine gewerbliche Infizierung mit Umsatzlösen wie CD-Verkäufen von mehr als 1,25 % des Gesamtumsatzes in die Problematik der Gewerbesteuer gelangen. Der BFH legt dabei den Sinn und Zweck des Gesetzes so aus, dass die Abfärbewirkung des § 15 (3) Nr. 1 EStG verhindern soll, dass im Falle unzureichender Abgrenzungsmöglichkeiten zwischen den beiden Tätigkeiten, gewerbliche Einkünfte der Gewerbesteuer entzogen werden. Er urteilt weiterhin, dass eine Gewerbesteuerpflicht, die nicht besteht, auch nicht der Gewerbesteuer entzogen werden kann.

Eine Gewerbesteuer fällt nicht an, wenn gewerblichen Einkünfte unter dem Freibetrag von € 24.500,00 liegen. Dadurch, dass bei einem solchen Gewinn eindeutig keine Gewerbesteuer anfällt, könnte für den Fall von unzureichenden Abgrenzungsmöglichkeiten eben genau keine Gewerbesteuer entzogen werden. Daraus könnte man die Schlussfolgerung ziehen, dass Umsatzlöse von gewerblichen Natur, die unter dem derzeit geltenden Freibetrag von € 24.500,00 liegen, keine Abfärbung im Sinne des § 15 III Nr. 1 auslösen können, da der Sinn und Zweck der Vorschrift nach Ansicht des BFH vom 30.08.01 ins Leere gehen würde.

Daraus wiederum würde folgen, dass bei Umsatzlösen aus gewerblicher Tätigkeit von nicht mehr als € 24.500,00 einer ansonsten nicht der Gewerbesteuer unterliegenden Musikgruppe als GbR keine gewerbliche Infizierung stattfindet, da bis zu einer derartigen Höhe an Umsatzlösen selbst bei Vorliegen unzureichender Abgrenzungsmöglichkeiten wie z.B. der Frage, welche Betriebsausgaben zu welchen der beiden Einkunftsarten gehören, niemals gewerbliche Einkünfte der Gewerbesteuer entzogen werden könnten.

Zur Zeit ist eine Klage gegenüber dem Finanzgericht Münster unter 8 K 4272/06 anhängig, die in ihren Grundsätzen diese Auffassung aus Sicht des Steuerpflichtigen vertritt. Ob die Klage erfolgreich sein wird, ist derzeit offen.

1.1.6.5 Sonstiges zur Gewerbesteuer

Bis auf einige besondere Hinzurechnungs- oder Kürzungsvorschriften von bestimmten, sich als gewinnmindernd oder gewinnerhöhend ausgewirkten Ausgaben oder Einnahmen, entspricht der Ertrag, welcher der Gewerbesteuer unterliegt, dem Gewinn aus der gewerblichen Tätigkeit.
Bei Personengesellschaften und Einzelunternehmen gibt es einen Freibetrag von € 24.500,00, der noch abziehbar ist. Der Rest unterliegt der Gewerbesteuer.
Bei Personengesellschaften und Einzelunternehmungen staffelt sich die Gewerbesteuer noch dadurch, dass die grundsätzliche Steuermesszahl von 5 % des Gewerbeertrages für die ersten € 12.000,00 nur 1 %, für die zweiten € 12.000,00 nur 2 %, für die dritten € 12.000,00 nur 3 %, für die vierten € 12.000,00 nur 4 % und erst dann die vollen 5 % zur Anwendung kommen.
Dem vollen Satz von 5 % unterliegt daher nur der Teil der Gewerbeerträge, der nach Abzug des Freibetrages mehr als € 48.000,00 beträgt.

Der Steuermessbetrag, der sich aus der Steuermesszahl in % vom Gewerbeertrag ergibt, wird per Bescheid vom Finanzamt als Grundlagenbescheid festgesetzt.
Als Besonderheit der Gewerbesteuer ist zu nennen, dass sie entgegen der anderen oben dargestellten und für den Musiker praxisrelevanten Steuern nicht über das Finanzamt, sondern von den Gemeinden erhoben wird. Aufgrund des Bescheides des Finanzamtes über den Steuermessbetrag erhebt die Gemeinde die Gewerbesteuer unter Anwendung eines Hebesatzes, der je nach Gemeinde in der Regel zwischen 350 % und 450 % variiert.

Die Gewerbekapitalsteuer ist nicht mehr Gegenstand der Gewerbesteuer. Sie wurde ab dem Jahr 1998 abgeschafft. Seit 1998 gibt es nur noch die Besteuerung des Gewerbeertrages.

Als erhebliche Verbesserung zur Gewerbesteuer bei **Personengesellschaften und Einzelunternehmen** ist noch zu nennen, dass ab dem Veranlagungszeitraum 2001 die tarifliche Einkommensteuer um das 1,8-fache des Gewerbesteuer-Messbetrages des Erhebungszeitraumes ermäßigt wird.[98] Damit wird die Gewerbesteuer in den meisten Fällen unterm Strich praktisch nur annähernd zur Hälfte ihres Betrages zu einer wirtschaftlichen Belastung führen, da das 1,8-fache des Messbetrages je nach Höhe des Hebesatzes der Gemeinde, nahezu die Hälfte der Steuer ausmacht.

1.1.6.6 Vereinfachtes Schema zur Berechnung der Gewerbesteuer

Beispiel 46:

Die Gesangsgruppe „Kehlkopf & friends" (GbR) aus Münster besteht seit über 15 Jahren und hat sich im Laufe der Zeit in ganz Deutschland eine treue Fangemeinde ersungen.
Die Gruppe besteht aus 5 festen Mitgliedern und erzielt ca. € 300.000,00 Umsatzerlöse im Jahr. Nach Abzug aller steuerlich absetzungsfähigen Betriebsausgaben wie Kosten für den Bandbus, Vermittlung, Telefon, Reisekosten, Abschreibungen, sonstige Kosten etc. verbleibt der Gruppe ein Gewinn von € 250.000,00.

Die Gesellschafter der oben genannten Gruppe haben eine personengleiche zweite GbR mit dem Namen „Kehlkopf-CD-Vertriebs-GbR" gegründet, unter deren Rechtsform die CDs der Gruppe produziert und im Laufe der Jahre veräußert werden.
Folgende Posten sind im Jahr 2007 angefallen:

- Erlöse aus CD-Verkäufen € 75.000,00
- Produktionskosten für die CD, bestehend aus Studiokosten, Kosten Presswerk, Kosten GEMA bei Vervielfältigung, Steuerberatungskosten etc., insgesamt € 30.000,00
- Schuldzinsen für ein Darlehn, das für die Vorlage zu den Produktionskosten eingesetzt wurde € 20.000,00, wobei die gezahlten Zinsen für 2007 € 1.400,00 betragen.

Der ermittelte Gewinn der CD-Vertriebs-GbR beträgt € 43.600,00

Lösung zu Beispiel 46:

Der Gewinn aus der „Kehlkopf & friends-GbR" unterliegt nicht der Gewerbesteuer, da es sich um freiberufliche Einkünfte nach § 18 EStG handelt. Der Gewinn aus der „Kehlkopf-CD-Vertriebs-GbR" hingegen unterliegt der Gewerbesteuer, da es sich um eine klassische gewerbliche Tätigkeit handelt.

```
Ermittlung der Gewerbesteuer der CD-Vertriebs-GbR:

Gewerbeertrag nach §7 GewStG:
Gewinn aus Gewerbebetrieb nach dem
Einkommen- bzw. Körperschaftssteuergesetz                           €  43.600,00

Besondere Hinzurechnungs- bzw. Kürzungsbeträge:
Hinzurechnungen nach §8 GewStG
Hier: ½ der Dauerschuldzinsen von € 1.400,00 nach
§8 Nr.1 GewStG als die praxisrelevanteste Hinzurechnung          + €       700,00

Kürzungen nach §9 GewStG hier: keine                              - €         0,00

= maßgebender Gewerbeertrag nach §10 GewStG                       = €   44.300,00

Freibetrag und Steuermesszahl §11 GewStG:
Nur bei Einzelunternehmen und Personen-
gesellschaften Freibetrag                                         - €   24.500,00
                                                                  = €   19.800,00

Steuermesszahl für die ersten € 12.000,00 = 1%     = €    120,00
Steuermesszahl für die zweiten € 12.000,00 = 2%
hier 2% von den verbleiben € 7.800,00              = €    156,00

Steuermessbetrag:                                  = €    276,00

Festsetzung des Steuermessbetrages
durch das Finanzamt per Bescheid:                                   €      276,00

Festsetzung der Gewerbesteuer durch die Gemeinde:
Aufgrund des Bescheides des Finanzamts setzt die
Gemeinde unter Anwendung eines je Gemeinde
unterschiedlichen Hebesatzes die Gewerbesteuer fest.
Der Hebesatz in Münster beträgt beispielhaft 440%.
Die Gewerbesteuer wird daher betragen € 276,00 x 440%             = €    1.214,00
```

Von dem Messbetrag über € 276,00 wird aber nun das 1,8-fache dieses Betrages = € 497,00 bei der Festsetzung der privaten Einkommensteuer der Gesellschafter der GbR als Ermäßigung der Einkommensteuer berücksichtigt. Jeder der 5 festen Gesellschafter der Musikgruppe erhält daher eine Steuerermäßigung von 1/5 von € 497,00 = € 99,40.

Teil 2

2. Erläuterungen der am häufigsten von Musikern gestellten Fragen aus der steuerlichen Beratungspraxis

2.1 Was ist gegenüber dem Finanzamt oder anderen Behörden zu tun, wenn man sich als einzelner Musiker selbständig macht?

Derjenige, der in Deutschland eine selbständige Tätigkeit ausüben will, bei der es sich wie beim Musiker mit seinen primären Tätigkeiten (Auftritte, Komponieren, Studiomusiker, Unterrichten etc.) in der Regel nicht um gewerbliche, sondern um freiberufliche Einkünfte handelt, muss dies lediglich gegenüber dem für ihn zuständigen Finanzamt anzeigen.[99] Eine derartige Anzeige kann formlos z.B. wie folgt geschehen:

```
Holger Oberton
Amplitudenstr. 15
46789 Osnabrück


An
Finanzamt
Osnabrück-Stadt
46789 Osnabrück
                                           Osnabrück, 02.02.08


Sehr geehrte Damen und Herren,
zum 01.03.008 werde ich mich als Musiker selbständig machen.

Mit freundlichen Grüßen

Holger Oberton
```

Die Folge dieser Anzeige gegenüber dem Finanzamt wird sein, dass der Musiker einen Fragebogen zur Anmeldung der beruflichen Tätigkeit zugesendet bekommt. Dieser Fragebogen beinhaltet zum einen die Aufnahme von Stammdaten wie Name, Anschrift, Familienstand etc. Es werden aber auch konkrete Fragen zu den Einkünften, dem voraussichtlichen Gewinn und zur Umsatzsteuer und Lohnsteuer gestellt.

Sofern der Musiker keine steuerfachkundige Person ist, die den Inhalt dieser Fragen eindeutig versteht, ist dies der richtige Zeitpunkt sich mit einem Steuerberater oder einem fachkundigen Rechtsanwalt zusammenzusetzen. Aufgrund der voraussichtlichen Gewinnschätzung in diesem Fragebogen kann es passieren, dass das Finanzamt auf dieser Grundlage direkt einen Einkommensteuervorauszahlungsbescheid herausschickt, der dazu führt, dass zum 10.03./10.06./10.09./10.12. des laufenden Jahres Einkommensteuerzahlungen zu leisten sind, die dann auf die tatsächliche Einkommensteuerfestsetzung nach Ablauf des Jahres angerechnet werden.[100] Wenn die unter Umständen unsachgemäße Gewinneinschätzung des Musikers zu hoch ist, so zahlt er einen zu hohen Teil an Vorauszahlungen, was zu einer Einschränkung der Liquidität führt.

Weiterhin gilt es, die Fragen zur Umsatzsteuer richtig anzukreuzen. Je nach Einschätzung der festzusetzenden Umsatzsteuer ergeben sich Konsequenzen über die Abgabe von Umsatzsteuervoranmeldungen. Beträgt die voraussichtliche Schätzung des Musikers eine festzusetzende Umsatzsteuer für das Jahr bis zu € 512,00, so müssen keine Umsatzsteuervoranmeldungen abgegeben werden. Die Umsatzsteuer wird dann nach Ablauf des Jahres über die Umsatzsteuerjahreserklärung gegenüber dem Finanzamt erklärt. Beträgt die voraussichtliche Einschätzung mehr als € 512,00 bis zu € 6.136,00, so ist das Kalendervierteljahr der Voranmeldungszeitraum. Bei einer Umsatzsteuer von mehr als € 6.136,00 ist die Voranmeldung monatlich abzugeben. Bei Unternehmensneugründungen ist aber im Jahr der Aufnahme der unternehmerischen Tätigkeit und im Folgejahr zwingend die monatliche Abgabe von Umsatzsteuervoranmeldungen erforderlich. Diese Voranmeldungen haben grundsätzlich über das Internet zu erfolgen, es sei denn der Unternehmer weist nach, dass die technischen Möglichkeiten nicht gegeben sind (z.B. kein Computer bzw. Internetanschluss vorhanden).

In dem Fragebogen zur Anmeldung der gewerblichen oder beruflichen Tätigkeit muss der selbständige Musiker auch schon Angaben darüber machen, ob er die Kleinunternehmerschaft in Anspruch nehmen will oder nicht.[101] Die Angabe darüber im Fragebogen bindet ihn aber noch nicht zwingend. Bis zur formellen Bestandkraft, d.h. innerhalb eines Monats nach Abgabe der Umsatzsteuererklärung gegenüber dem Finanzamt, kann die Anwendung der Kleinunternehmerschaft oder der Verzicht auf die Anwendung der Kleinunternehmerschaft noch widerrufen werden. Weiterhin kann in dem Fragebogen bereits eine Umsatzsteuer-Identifikationsnummer beantragt werden.

Nicht erforderlich ist es, ein Gewerbe bei der zuständigen Gemeinde anzumelden. Der Musiker unterhält mit seinen primären Tätigkeiten grundsätzlich keinen Gewerbetrieb.

2.2 Was ist gegenüber dem Finanzamt oder anderen Behörden zu tun, wenn sich eine Band bzw. Musikgruppe selbständig macht?

Hier gilt prinzipiell das Gleiche wie zu 2.1. Der Unterschied liegt darin, dass es für die Musikgruppe, die sich in der Rechtsform der GbR anmeldet, einen anderen Fragebogen gibt. Der Inhalt der Fragen ist aber ist aber bis auf einige Punkte identisch. Auch hier gilt, dass keine Anmeldung als Gewerbe bei der Gemeinde zu erfolgen hat, wenn die GbR nicht gewerblich tätig ist. Ein formloser Brief wie zu 2.1 mit Namen und Anschrift der GbR bzw. eines Gesellschafters der GbR muss zum Finanzamt gesendet werden, wonach die GbR den Fragebogen erhält.

Als Besonderheit ist zu erwähnen, dass das Finanzamt bei der GbR als Personengesellschaft zusätzlich eine Kopie des Gesellschaftsvertrages verlangt. Hierzu ist allerdings anzumerken, dass eine GbR nicht zwingend verpflichtet ist, einen schriftlichen Gesellschaftsvertrag zu verfassen. Wird ein solcher nicht abgeschlossen, dann gelten die gesetzlichen Bestimmungen zur GbR aus dem Bürgerlichen Gesetzbuch (BGB).[102]

2.3 Sollte eine Band als GbR zwingend einen Gesellschaftsvertrag abschließen?

Hierzu ist zunächst anzumerken, dass diese Frage nicht nur steuerliche, sondern zum Großteil zivilrechtliche Fragen wie Haftungsproblematiken, Gesellschaftsfortbestand bei Ausscheiden oder Tod eines Gesellschafters, Fragen der Geschäftsführungsbefugnis etc. betrifft.

M.E. sollte immer ein schriftlicher Gesellschaftsvertrag unter Mithilfe eines Rechtsanwaltes gemacht werden, in dem die wichtigsten Dinge wie

- Gewinnverteilung
- Tätigkeitsvergütung
- Entnahmerecht
- Fortführungsklausel bei Ausstieg oder Tod eines Gesellschafters
- Modalitäten der Abfindungszahlungen und Berechnung dieser bei Ausstieg eines Gesellschafters
- Entnahme- bzw. Gewinnverteilungsrecht bei Krankheit eines Gesellschafters
- Geschäftsführungsbefugnisse bzw. Befugnisbeschränkungen

geregelt sind. In der Praxis scheuen sich viele Bands, insbesondere die unglaublich vielen semiprofessionellen Musikgruppen, bei denen die Musiker neben anderer hauptberuflicher Tätigkeiten zusätzlich Musik machen und die Einnahmen in der Größenordnung von 20–50 Auftritten im Jahr liegen, vor den vermeintlich hohen Honoraren der Rechtsanwälte.
Hierbei gilt es, sich vorher genau bei den Juristen zu informieren. Meistens ist das Honorar für die Verfassung oder eventuell nur Überprüfung eines Vertragsentwurfs gar nicht so hoch, wie dies viele glauben. In Anbetracht dessen, was allerdings steuerlich und insbesondere zivilrechtlich bei Nichtabschluss eines schriftlichen Vertrages im Unklaren bleibt, überwiegt der Nutzen eines solchen Vertrages bei weitem.

2.4 Wie funktioniert die steuerliche Abwicklung einer Band/Musikgruppe gegenüber dem Finanzamt?

Eine Musikgruppe in Form der Personengesellschaft als GbR muss gegenüber dem Finanzamt bis zum 31.05. nach Ablauf des betreffenden Wirtschaftsjahres eine eigene Steuererklärung abgeben. Diese besteht aus folgenden Unterlagen:

- der Erklärung über die einheitliche und gesonderte Feststellung von Besteuerungsgrundlagen
- die Gewinnermittlung, wobei diese bei Musikgruppen mit freiberuflichen und nicht gewerblichen Einkünften die Einnahmen-Überschussrechnung nach § 4 (3) EStG sein wird. Die Daten daraus sollen in die Anlage EÜR übertragen werden.
- die Anlage FB, bei der die Namen, Anschriften und Steuernummern der Gesellschafter der GbR sowie deren Anteil und die Vermögensart der Beteiligung (Betriebsvermögen oder Privatvermögen – in der Regel Privatvermögen) angegeben werden
- die sogenannte Anlage FE 1, bei der in erster Linie der Gesamtgewinn der Gesellschaft auf jedes einzelne Gruppenmitglied verteilt wird und zusätzlich Sonderbetriebseinnahmen oder Sonderbetriebsausgaben eingetragen werden
- die Umsatzsteuerjahreserklärung und eventuell die Gewerbesteuererklärung, falls eine gewerbliche Zusatztätigkeit gegeben sein sollte

Bei der Gewinnermittlung in Form der Einnahmen-Überschussrechnung werden alle Betriebseinnahmen und steuerlich absetzungsfähigen Betriebsausgaben der GbR angesetzt.
Der Unterschiedsbetrag ist der sogenannte Gewinn oder Verlust aus der freiberuflichen Tätigkeit auf Ebene der Gesellschaft. Dieser Gewinn wird auf die einzelnen Musiker als

Gesellschafter der GbR anteilig nach Köpfen verteilt, wenn ein eventuell existierender Gesellschaftsvertrag nichts anderes vorsieht.

Nach dieser Gewinnverteilung des Gewinns auf der Ebene der GbR soll jeder einzelne Gesellschafter noch sogenannte Sonderbetriebseinnahmen oder -ausgaben ansetzen. Diese Sonderbetriebseinnahmen oder in der Praxis in erster Linie Sonderbetriebsausgaben können folgende sein:

Die GbR selbst hat einen Bandbus, mit dem sie das Equipment wie PA, Instrumente etc. transportiert. Die Kosten für den Bandbus wie Abschreibungen, Tankquittungen, Versicherung, Kfz-Steuer, Reparaturen werden auf der Ebene der GbR als Betriebsausgaben steuerlich abgesetzt.

Die einzelnen Musiker als Gesellschafter der GbR hingegen fahren mit deren privaten Pkw im Jahr 2008 zu den Auftritten der Band. Diese Fahrten zu den Auftritten könnten die Gesellschafter jeweils mit der Pauschale von € 0,30 je gefahrenen Kilometer (also Hinweg und Rückweg) als Sonderbetriebsausgabe geltend machen.[103] Diese Sonderbetriebsausgabe wäre dann in die oben genannte Anlage FE1 bei jedem einzelnen Gesellschafter einzutragen. Die Sonderbetriebsausgaben vermindern hier den steuerpflichtigen Gewinnanteil des jeweiligen Gesellschafters entsprechend.

Aus dem eben Dargestellten ergibt sich daher auch die Folge, dass die zu versteuernden Gewinnanteile der Gesellschafter nicht zwingend bei allen Gesellschaftern gleich hoch sein müssen. Derjenige, der höhere Sonderbetriebsausgaben hat, erhält dementsprechend einen niedrigeren Gesamtgewinnanteil als der Gesellschafter, der nicht so hohe Sonderbetriebsausgaben hat.

Andere typische Sonderbetriebsausgaben bei Musikern in Gruppen als GbR sind die Kosten, welche die Gesellschafter selbst tragen, wobei die Ausgaben aber im Zusammenhang mit der Tätigkeit in der GbR stehen müssen.

Beispiel 47:

Der Keyboarder der Showband „Jimmy Blues and the original 77 Stratocasters" (GbR) Ralf Daniel investiert wie nahezu jeder Keyboarder mindestens alle 3 Jahre in neues Equipment, das nach spätestens 3 Jahren nichts mehr wert ist. Im Januar 2008 kauft er sich einen Mac, mit dem er live auf der Bühne die Loops und seine Programme steuert für € 3.000,00 zuzüglich USt 19 % = € 570,00 = € 3.570,00.
Er ist nur im Rahmen der Band musikalisch tätig. Nebenher hat er eine Halbtagstelle als Angestellter über Lohnsteuerkarte. Zusätzlich nimmt er bei dem berühmten Tastenvirtuosen Hank Marschhalle Pianounterricht, um seine Fertigkeiten für die Band zu verbessern. Dafür zahlt er im Jahr € 600,00.

Lösung zu Beispiel 47:

Da Ralf Daniel den Mac nahezu ausschließlich für die Band nutzt, wird dieser zum notwendigen Sonderbetriebsvermögen. Folglich ist dieser über die Steuererklärung der Band im Rahmen der gesonderten Feststellung der Besteuerungsgrundlagen abzusetzen, indem die Kosten in die Anlage FE 1 bei Ralf Daniel eingetragen werden.

Die Kosten würden sich beispielsweise wie folgt ermitteln:

```
Anschaffungskosten des Mac              €    3.570,00

Abschreibungsbemessungsgrundlage        €    3.570,00

Abschreibung über 3 Jahre jeweils 25%  = €    1.190,00
```

Über 3 Jahre ab dem Jahr 2008 kann Ralf Daniel einen Betrag von je € 1.190,00 als Sonderbetriebsausgabe geltend machen. Zu beachten ist hier, dass Ralf Daniel die ausgewiesene Umsatzsteuer über € 570,00 nicht als Vorsteuer bei einer Umsatzsteuererklärung anrechnen kann. Ralf Daniel ist selbst nämlich nicht der Unternehmer, welcher umsatzsteuerbare und umsatzsteuerpflichtige Umsätze ausführt, sondern die GbR. Damit darf er keine Vorsteuer anrechnen, weil dies nur ein Unternehmer kann. Folglich sind die kompletten € 3.570,00 als Bemessungsgrundlage für Abschreibungen anzusehen.
Die Kosten für den Unterricht über € 600,00 sind ebenfalls Sonderbetriebsausgaben, die allerdings voll in der im Jahr 2008 bezahlten Höhe den Gewinnanteil mindern.

Hinweis:

Es ist dringend zu beachten, dass die eben genannten Sonderbetriebsausgaben verfahrensrechtlich zwingend bei der GbR über die gesonderte Feststellungserklärung abzusetzen sind.[104] Vergisst ein Musiker, diese Ausgaben dort bei der GbR zur Absetzung in seinem Sonderbereich mit einzureichen, so gehen ihm diese Ausgaben steuerlich verloren.
Es ist verfahrensrechtlich nicht möglich, diese Kosten dann noch im Rahmen der privaten Einkommensteuererklärung geltend zu machen.

Den verbleibenden Gewinnanteil, den der einzelne Musiker als Gesellschafter einer GbR per Bescheid des Finanzamtes dann zugerechnet bekommt, **muss der einzelne Musiker im Rahmen der privaten Einkommensteuererklärung angeben und dort versteuern**. Die GbR selbst führt damit nur die Umsatzsteuer der GbR und eventuell anfallende Gewerbesteuer auf Ebene der GbR ab. Der verbleibende Gewinnanteil jedes einzelnen Gesellschafters ist damit aber noch nicht der Einkommensteuer unterworfen worden. Das Wohnsitzfinanzamt des einzelnen Gesellschafters erhält automatisch vom Feststellungsfinanzamt der GbR eine Mitteilung über den Gewinn- oder Verlustanteil. Ist bereits für ein Jahr eine Einkommensteuererklärung eines Gesellschafters abgegeben worden, so wird aufgrund der Gewinn- oder Verlustmitteilung der private Einkommensteuerbescheid des Gesellschafters zu seinen Gunsten oder Ungunsten geändert.

Hinweis:

Der Gewinnanteil, den ein Gruppenmitglied als Gesellschafter einer GbR über die gesonderte Steuererklärung gegenüber dem Finanzamt zugeteilt bekommt, muss und wird in der Praxis so gut wie nie mit den Geldbeträgen übereinstimmen, die das Gruppenmitglied tatsächlich an Gagenauszahlungen (Vorweggewinnverteilung der Gesellschafter) erhalten hat. Das liegt daran, dass verschiedene Bestimmungen der steuerlichen Gewinnermittlung dafür sorgen, dass Beträge über Einnahmen und Ausgaben sich anders auswirken als die tatsächlichen Zahlungsmittelzuflüsse oder -abflüsse. Kauft die Band z.B. einen Bandbus für € 10.000,00, so fließt dieses Geld vom Konto ab und steht damit nicht für Gagenauszahlungen zur Verfügung. Steuerlich wirkt sich die Ausgabe bei der Gewinnermittlung aber nicht in Höhe von € 10.000,00, sondern nur in Höhe der Abschreibung von z.B. € 2.000,00 für das Jahr aus. Damit ist der für das einzelne Gruppenmitglied in seiner privaten Einkommensteuererklärung zu versteuernde Gewinnanteil zwingend höher als die Gagenauszahlung, die in dem Jahr um insgesamt € 10.000,00 niedriger war, weil für das Geld der Bandbus erworben wurde.

2.5 Ist eine Band steuerlich immer automatisch eine GbR?

Auch hierbei handelt es sich mehr um eine zivilrechtliche als steuerrechtliche Frage. Sie ist jedoch steuerrechtlich von Bedeutung, weil die steuerliche Abwicklung bei einer GbR zwingend über die gesonderte Feststellung gegenüber dem Finanzamt zu erfolgen hat. Das hat erhebliche verfahrensrechtliche Konsequenzen.

Laut BGB ist eine Gesellschaft bürgerlichen Rechts automatisch auch ohne gesonderten schriftlichen Vertrag eine solche GbR, wenn sich mehrere Personen zur Erfüllung eines gemeinsamen Zwecks zusammenschließen. Daher existieren in der Praxis vielfach solche GbRs, ohne dass sich die Beteiligten darüber im Klaren sind.

Häufig anzutreffen ist aber auch die Konstellation, dass eine Person die Auftrittsleistung zivilrechtlich auf seinen Namen abschließt und dann die anderen Mitmusiker entsprechend gegen Gagenquittung für deren Mitwirkung auszahlt. In solchen Fällen ist quasi jeder einzelne mitwirkende Musiker als ein Einzelunternehmer zu sehen. Jeder der Musiker gibt dann seine Einnahme in der eigenen privaten Einkommensteuererklärung über die Anlage GSE an.
Dabei kommt es dann vor, dass praktisch immer eine feste Besetzung auftritt, obwohl sich zivilrechtlich alle Musiker darüber im Klaren sind, dass keine Personengesellschaft als GbR, sondern mehrere Einzelunternehmer gegeben sind.

Fraglich ist bei so einer Handhabung, ob diese Musiker in Fällen, wenn sie sich nach außen z.B. mit Werbeplakaten und einheitlichem Namen sowie Foto, auf dem alle Beteiligten zu sehen sind, wie eine feste Gruppe darstellen, nicht auch als solche eingestuft werden können. Hier ist zu empfehlen, diese Konstruktion im Zweifelsfall durch einen Rechtsanwalt auf das Vorliegen einer möglichen GbR oder Haftungstatbestände nach außen als Schein-GbR prüfen zu lassen.

2.6 Wie sieht eine Einnahmen-Überschussrechnung nach § 4 (3) EStG für den selbständigen Musiker als Einzelunternehmer bzw. für eine Musikgruppe als GbR aus und was ist der Unterschied zu einer Bilanz?

Bei der Einnahmen-Überschussrechnung werden alle Betriebseinnahmen und Betriebsausgaben in schriftlicher Form zusammengestellt. Der Unterschiedsbetrag ist der Gewinn oder Verlust. Zu beachten ist, dass für den Ansatz der Einnahmen und Ausgaben das Zufluss- und Abflussprinzip nach § 11 EStG gilt. Das bedeutet, dass nur die Einnahmen und Ausgaben des Wirtschaftsjahres in der Einnahmen-Überschussrechnung auftauchen, bei denen vereinfacht ausgedrückt, bis auf wenige Ausnahmen auch tatsächlich ein Geldfluss stattgefunden hat.

Beispiel 48:

Das Orchester „Klasse Freunde spielen Klassik" GbR macht im Jahr durchschnittlich ca. 20 Auftritte im Bereich der klassischen Musik.
Einer dieser Auftritte findet am 28.12.2007 statt. Die laut Vertrag vereinbarte Gage mit dem Kulturamt der Stadt Karlsruhe beträgt € 2.000,00. Das Kulturamt überweist den Betrag auf das Konto der GbR. Die Wertstellung der Überweisung findet zum 06.01.2008 statt.

Lösung zu Beispiel 48:

Die € 2.000,00 dürfen nicht bei der Einnahmen-Überschussrechnung für das Jahr 2007 erfasst werden. Da der Zufluss erst im Jahr 2008 stattfindet, ist die Einnahme zwingend in die Überschussrechnung des Jahres 2008 einzutragen. Das gleiche Prinzip gilt auch für den Abfluss von Betriebsausgaben.

Zu beachten ist, dass bei der Einnahmen-Überschussrechnung die Umsatzsteuer selbst auch als Betriebseinnahme und die gezahlte Vorsteuer im Sinne des § 15 UStG als Betriebsausgabe gilt. Damit ist der komplette Bruttobetrag jeder Einnahme und jeder Ausgabe inklusive Umsatzsteuer anzusetzen. Zur besseren Übersicht und damit nachher die Zahlen für die Umsatzsteuerjahreserklärung bereitliegen, empfiehlt es sich aber, die Einnahmen und Ausgaben jeweils als Nettobeträge ohne Umsatzsteuer bzw. Vorsteuer zu erfassen und dann die eingenommene Umsatzsteuer bzw. die gezahlte Vorsteuer in einer extra Position auszuweisen. Eine Einnahmen-Überschussrechnung nach § 4 (3) EStG könnte daher beispielhaft wie folgt aussehen:

Beispiel 49:

Musikorchester „Klasse Freunde spielen Klassik"
Thomas Classen und Freunde GbR
Freundstraße 5, 45678 Classenstadt

Einnahmen-Überschussrechnung nach §4 (3) EStG für die Zeit vom 01.01.-31.12.2007

Betriebseinnahmen:

Umsatzerlöse Auftritte, netto 7% USt	€ 55.000,00
Umsatzerlöse Sonstige, netto 19% USt	€ 1.200,00
Umsatzsteuereinnahmen 7%	€ 3.850,00
Umsatzsteuereinnahmen 19%	€ 228,00
Summe	€ 60.278,00

Betriebsausgaben:

Proberaummiete	€ 1.300,00	
Kfz-Kosten	€ 2.788,00	
Werbekosten	€ 1.683,00	
Kosten Aushilfsmusiker	€ 1.685,00	
Kosten Vermittlungsprovision	€ 4.500,00	
Porto	€ 455,00	
Telefon	€ 944,00	
Abschreibung Orchesterbus:		
Anschaffung Januar 2004 € 20.000		
Abschreibung 20% von 20.000,00 4. Jahr	€ 4.000,00	
Restwert 31.12.2007 € 4.000,00		
Bezahlte Vorsteuer aus Rechnungen mit USt-Ausweis	€ 1.777,92	
Rechts- und Beratungskosten	€ 800,00	
	€ 19.932,92	- € 19.932,92
Gewinn:		**€ 40.345,08**

Der selbständige Musiker bzw. die GbR als Musikgruppe braucht keine Bilanz zu erstellen, sofern es sich um freiberufliche Einkünfte nach § 18 EStG handelt.
Der Unterschied zur Bilanz liegt in erster Linie darin, dass diese auf dem System der doppelten Buchführung basiert, wobei eine Bilanz und eine Gewinn- und Verlustrechnung erstellt werden müssen. Der praktische Unterschied ist unter anderen darin zu sehen, dass Betriebseinnahmen und Betriebsausgaben in der Bilanz nicht nach dem Zu- oder Abflussprinzip, sondern nach dem Entstehungsprinzip als Ertrag oder Aufwand erfasst werden.

Beispiel 50:

Das in Beispiel 49 genannte Orchester als GbR betreibt zusätzlich im Rahmen dieser GbR einen CD-Handel. Das Finanzamt hat die Einkünfte bereits als gewerbliche Einkünfte umqualifiziert und verlangt wegen Überschreitung der Gewinngrenze von € 30.000,00 die Umstellung von der Einnahmen-Überschussrechnung zur Bilanzierung ab dem Jahr 2008. Die Gruppe macht am 23.12.2008 einen Auftritt für € 3.000,00 + Umsatzsteuer € 570,00 = € 3.570,00. Das Geld wird erst am 19.01.2009 bezahlt.

Lösung zu Beispiel 50:

Sowohl der Umsatzerlös als auch die Umsatzsteuer sind bereits im Rahmen der Aufstellung der Bilanz und der Gewinn- und Verlustrechnung für das Jahr 2008 zu erfassen, auch wenn das Geld noch nicht bezahlt ist.

Hinweis:

Die Finanzverwaltung verlangt nunmehr, dass die Daten aus der Einnahmen-Überschussrechnung in die dafür vorgesehene Anlage EÜR eingetragen werden.

2.7 Welche Ausgaben kann der selbständige Musiker als Einzelperson oder über eine Gruppe als GbR steuerlich absetzen?

Grundsätzlich gilt, dass der Musiker **alle Ausgaben steuerlich geltend machen kann, die durch die berufliche Tätigkeit veranlasst sind**. Dies ergibt sich aus der Legaldefinition der Betriebsausgabe aus § 4 (4) EStG.
Eine allgemeine Aussage z.b. durch eine gestaffelte Aufstellung aller denkbaren Betriebsausgaben ist nicht möglich, da es immer auf den Einzelfall ankommt.

Folgendes Schema kann bei der Beurteilung hilfreich sein:

1. **Liegt eine durch die berufliche Tätigkeit veranlasste Ausgabe vor?**

wenn ja: prüfe Frage 2
wenn nein: nicht absetzbar

2. **Ist diese beruflich veranlasste Ausgabe eine der folgenden lt. Gesetz bestimmten nicht abzugsfähigen Betriebsausgaben?**

- Geschenke an Geschäftspartner, wenn die Kosten € 35,00 pro Jahr pro Person übersteigen
- 30 % der Aufwendungen für die Bewirtung von Personen aus geschäftlichem Anlass
- Aufwendungen für Einrichtungen, die der Bewirtung, Beherbergung, Unterhaltung von Personen, die nicht Arbeitnehmer des Steuerpflichtigen sind, dienen (Gästehäuser) und sich außerhalb des Ortes des Betriebes befinden
- Aufwendungen für Jagd, Fischerei, Segel- oder Motorjachten und ähnliche Zwecke für die hiermit zusammenhängenden Bewirtungen
- Verpflegungsmehraufwendungen, es sei denn, es handelt sich um die gesetzlich zugelassenen Pauschalen über € 6, € 12 und € 24 bei Abwesenheiten von mehr als 8, 14 bzw. 24 Stunden
- Bestimmte Teilbeträge aus Fahrten zwischen Wohnung und Arbeitstätte des Steuerpflichtigen (vgl. im einzelnen § 4 (5) S. 1 Nr. 6 EStG)
- Kosten für das häusliche Arbeitszimmer sowie Kosten der Ausstattung, es sei denn, das Arbeitszimmer bildet den Mittelpunkt der gesamten betrieblichen und beruflichen Tätigkeit
- Aufwendungen, die nach allgemeiner Verkehrsauffassung als unangemessen zu sehen sind

- Von einem Gericht oder einer Behörde oder von EG-Organen festgesetzte Geldbußen, Ordnungsgelder, Verwarnungsgelder
- Zinsen auf hinterzogene Steuern
- Ausgleichszahlungen bezüglich §§ 14, 17, 18 Körperschaftsteuergesetz
- Bestimmte Zuwendungen von Vorteilen (§ 4 (5) S. 1 Nr. 10 EStG)

wenn ja: nicht absetzbar
wenn nein: prüfe Frage 3

3. **Handelt es sich um Kosten der privaten Lebensführung nach § 12 EStG?**

Dazu zählen:

- die für den Haushalt des Steuerpflichtigen und für den Unterhalt seiner Familienangehörigen aufgewendeten Beträge
- die Aufwendungen für die Lebensführung
- die Steuern vom Einkommen und sonstige Personensteuern
- festgesetzte Geldstrafen, sonstige Rechtsfolgen vermögensrechtlicher Art, bei denen der Strafcharakter überwiegt, sowie Auflagen und Weisungen, die nicht lediglich der Wiedergutmachung des durch die Tat verursachten Schadens dienen
- Steuerberatungskosten, die nicht Werbungskosten oder Betriebsausgaben sind (In der Praxis sind das primär die Kosten für die Erstellung des Einkommensteuermantelbogens. Weiterhin als Betriebsausgabe oder Werbungskosten absetzbar sind damit alle anderen Kosten des Steuerberaters für Erstellung der Einnahmen-Überschussrechnung, USt-Erklärung etc. sowie Beratungen im Zusammenhang mit der Ausübung der selbständigen Tätigkeit etc.)

wenn ja: nicht absetzbar
wenn nein: **steuerlich absetzbar**

Beispiel 51:

Eine Top-40-Nachspielband aus Münster kauft einen Videorekorder mit Monitor für € 800,00 + Umsatzsteuer € 152,00 = € 952,00. Die Geräte werden fest in ihrem ländlichen Proberaum im idyllischen Südbevern, 20 km von Münster entfernt, installiert. Zweck dieser Ausgabe ist es, die Bühnenperformance bei den Proben zu filmen und anschließend Korrekturen der Tanzschritte etc. vorzunehmen.

Lösung zu Beispiel 51:

Entsprechend dem oben aufgeführten Schema ergibt sich folgendes:

1. Es liegt eindeutig eine berufliche Veranlassung für die Ausgabe über € 928,00 vor.
   Folglich handelt es sich um eine Betriebsausgabe.

2. Es liegt keine der in § 4 (5) EStG aufgeführten nicht abzugsfähigen Betriebsausgaben vor.
   Damit ist die Betriebsausgabe grundsätzlich abzugsfähig.

3. Eine Investition in einen Videorekorder mit Monitor ist grundsätzlich auch im Bereich der privaten Lebensführung denkbar. Hier bei der Musikgruppe ist dies aber eindeutig nicht der Fall, da die Geräte fest im Proberaum installiert wurden. Die berufliche Nutzung dürfte damit als ausschließlich beruflich anzunehmen sein.

Das Beispiel mit dem Videorekorder wurde hier bewusst gewählt, um die Problematik des Bereichs der privaten Lebensführung nach § 12 EStG nochmals aufzugreifen. Sofern eine private Mitveranlassung (wenn auch nur zum Teil) gegeben ist, liegen sogenannte gemischte Aufwendungen vor. Dann muss der Steuerpflichtige in der Lage sein, **den beruflich veranlassten Teil anhand objektiver Merkmale und Unterlagen leicht und einwandfrei von den privat veranlassten Aufwendungen zu trennen.**
Gelingt diese Trennung nach objektiven Merkmalen und Unterlagen nicht, so ist nicht nur ein Teil, sondern der komplette Betrag nicht abziehbar.

Beispiel 52:

Die Rockgitarristenlegende Otto Örner kauft sich einen Videorekorder, um seine atemberaubende Live-Show zu trainieren und aufzuzeichnen. Der Rekorder steht im Arbeitszimmer seiner Privatwohnung. Ein zweiter Videorekorder existiert nicht.

Lösung zu Beispiel 52:

Die Finanzverwaltung wird in solchen Fällen, in denen es sich um den einzigen Videorekorder im Hause handelt, unterstellen, dass eine private Mitbenutzung vorliegt. Wenn keine objektiven Merkmale oder Unterlagen gegeben sind, welche die berufliche Nutzung von der privaten Nutzung trennen, kann das Finanzamt die komplette Ausgabe als nicht absetzbar würdigen.
Etwas anderes läge vor, wenn objektiv nachprüfbare Unterlagen über die berufliche Nutzung vorliegen. So etwas ließe sich für das Beispiel praktisch nur durch Führung eines Buches anhand des Zählwerks des Videorekorders (also quasi ein „Fahrtenbuch für den Videorekorder") realisieren. Ergibt sich danach beispielsweise eine berufliche Veranlassung von 50 %, so sind auch 50 % der Kosten abziehbar. Sicherlich wird in der Praxis niemand auf die Idee kommen ein solches „Fahrtenbuch für den Videorekorder" zu führen, doch zeigt das Beispiel den Kern der Problematik sehr gut auf.

Hinweis:
Der Unterschied des Beispiels 52 zum Beispiel 51 besteht darin, dass bei der Top-40-Band ein extra Proberaum gegeben ist, in dem der Rekorder mit Monitor fest installiert wurde und dazu ausschließlich beruflich genutzt wird. Es kann dabei glaubhaft gemacht werden, dass nicht einzelne Bandmitglieder aus Privatzwecken dort hinfahren, um ständig in ihrer Freizeit Filme zu sehen. Bei der Rockgitarrenlegende Otto Örner ist es aber anders, da der Rekorder unmittelbar in der Privatwohnung steht und kein zweiter Rekorder im Wohnzimmer vorhanden ist. Sollte ein Betriebsprüfer in solchen Fällen bei einer Besichtigung der Wohnung vor Ort eine umfangreiche private Sammlung an Filmen entdecken, so wäre es eindeutig, dass der Rekorder auch zu privaten Zwecken genutzt wird. Dann könnte das Finanzamt die Kosten für den Videorekorder vollständig als Betriebsausgabe streichen.

Laut Einkommensteuerrichtlinien[105] ist durchaus auch eine Schätzung der betrieblichen Veranlassung in solchen Fällen möglich. Eine Schätzung muss aber nach den allgemeinen Grundsätzen eine wirtschaftlich nachvollziehbare Grundlage haben. Wie dies im Einzelfall auszusehen hat, wird aber in der Richtlinie nicht näher erläutert.

2.8 In welcher Form können Reisekosten und Verpflegungsaufwendungen abgesetzt werden und wie hat ein Nachweis auszusehen?

Reisekosten, die im Zusammenhang mit der beruflichen Tätigkeit als Musiker anfallen, sind nach der allgemeinen Definition des § 4 EStG als Betriebsausgaben anzusehen.

Reisekosten sind typischerweise:

- Fahrten mit öffentlichen Verkehrsmitteln wie Bus, Bahn, aber auch Taxi und Flugzeug
- Übernachtungskosten
- Verpflegungsmehraufwendungen

Die Verpflegungsmehraufwendungen im Inland können aber nur in Höhe der gesetzlich in § 4 (5) Nr. 4 S. 2 EStG bezeichneten Abwesenheitspauschalen angesetzt werden. Voraussetzung ist, dass der Musiker als Steuerpflichtiger von seiner Wohnung und dem Mittelpunkt seiner dauerhaft angelegten betrieblichen Tätigkeit entfernt, vorübergehend tätig wird.

Die Pauschalen betragen:
Abwesenheit mehr als 8 Stunden = € 6,00
Abwesenheit mehr als 14 Stunden = € 12,00
Abwesenheit mehr als 24 Stunden = € 24,00

Der Nachweis für diese Pauschbeträge kann beispielsweise durch eine listenförmige Aufstellung dieser Dienstreisen erbracht werden, die wie folgt aussehen könnte:

Beispiel 53:

Datum	Anlass der Reise	Reiseort	Reisebeginn	Rückkehr	Abwesenheit
05.01.08	Auftritt Zeche	Bochum	05.01. 15.00 h	06.01. 02.00 h	11 Std
12.02.08	Studiojob WDR	Köln	12.02. 11.00 h	12.02. 21.00 h	10 Std
15.02.08	Tour Jazzband	Würzburg/München	15.02. 09.00 h	18.02. 10.00 h	73 Std
15.03.08	Auftritt Enschede	Enschede	15.03. 13.00 h	15.03. 23.50 h	10 5/6 Std

Die Reisekosten für öffentliche Verkehrsmittel können unbeschränkt in voller Höhe angesetzt werden. Zwecks Nachweis der betrieblichen Veranlassung sollte man zumindest zum entsprechenden Beleg einen schriftlichen Hinweis machen, aus welchem beruflichen Anlass die Fahrt mit dem öffentlichen Verkehrsmittel erfolgte, um später im Falle einer Betriebsprüfung dem Prüfer die berufliche Veranlassung der Fahrt glaubhaft nachzuweisen.

Bei Übernachtungskosten gibt es die Besonderheit, dass bei einem pauschalen Gesamtpreis des Übernachtungsbeleges inklusive Frühstück die Kosten für ein solches Frühstück in Höhe von € 4,50 gekürzt werden müssen. Für die Übernachtungen im Inland können nur tatsächliche Kosten aus Belegen angesetzt werden. Pauschalen wie bei den Verpflegungsmehraufwendungen gibt es nicht.

Reisekosten im Ausland

Sehr häufig bei Musikern fallen Reisekosten für Dienstreisen ins Ausland an. Bei Verpflegungsmehraufwendungen aufgrund einer Dienstreise ins Ausland können diese anhand der festgelegten Pauschbeträge, die recht großzügig und damit sehr vorteilhaft für den Musiker sind, abgezogen werden. Bei den Übernachtungskosten gibt es ein Wahlrecht zwischen den echten Aufwendungen laut Belegen und den Pauschbeträgen, die dafür vorgesehen sind. Diese können im Einzelnen aus dem BMF-Schreiben vom 09.11.2004 (BStBl. I 2004, S. 1052) entnommen werden.

Die häufigsten Reisen der Musiker werden in das europäische Ausland, in die Schweiz und die USA erfolgen. Nachfolgend werden daher die aktuellen Pauschbeträge dieser Reiseorte aufgeführt.

Land	> 8 Std. €	> 14 Std. €	> 24 Std. €	Übernacht. €
Belgien	14,00	28,00	42,00	100,00
Dänemark	14,00	28,00	42,00	70,00
Frankreich	13,00	26,00	39,00	100,00
Paris	16,00	32,00	48,00	100,00
Italien	11,00	22,00	33,00	90,00
Luxemburg	13,00	26,00	39,00	87,00
Niederlande	13,00	26,00	39,00	100,00
Österreich	12,00	24,00	36,00	70,00
Portugal	11,00	22,00	33,00	95,00
Schweiz	16,00	32,00	48,00	89,00
Spanien	12,00	24,00	36,00	105,00
Türkei	10,00	20,00	30,00	60,00
USA	12,00	24,00	36,00	110,00
New York	16,00	32,00	48,00	150,00
V. Königreich	14,00	28,00	42,00	110,00
London	20,00	40,00	60,00	152,00

Wichtiger Hinweis:

Zu beachten ist, dass die oben genannten Auslands-Pauschalen für Verpflegung und Übernachtung in einigen Fällen aufgrund der durch Doppelbesteuerungsabkommen einkommensteuerfrei gestellten ausländischen Tätigkeiten anfallen. Aufgrund des § 3c EStG dürfen Betriebsausgaben, die im Zusammenhang mit steuerfreien Einnahmen stehen, nicht abgesetzt werden. Diese Pauschalen sind daher außerhalb der Gewinnermittlung bei der Ermittlung der dem Progressionsvorbehalt unterliegenden steuerfreien Auslandseinkünfte mindernd in Abzug zu bringen. Betreffen würde dies z.b. Pauschbeträge im Zusammenhang mit Einnahmen als selbständiger Musiker für Auftritte in den Niederlanden oder Frankreich oder Großbritannien.

2.9 Wann und wie kann ein Arbeitszimmer geltend gemacht werden?

Für den Musiker ist in der Regel ein Raum nötig, in dem er sein Instrument oder seine Stimme trainiert, seine organisatorischen Arbeiten wie z.B. seine Einnahmen- und Ausgabenaufzeichnungen tätigt, zwecks Auftrittsaquise stundenlang telefoniert oder Unterricht gibt.

Mietet man sich für diese Zwecke einen extra Raum an, der außerhalb der Privatwohnung liegt, so besteht kein Zweifel daran, dass es sich in unbegrenzter Höhe um eine absetzungsfähige Ausgabe handelt.

Etwas anderes trifft zu, wenn für diese Zwecke das sogenannte häusliche Arbeitszimmer eingerichtet wird. Gemeint damit ist ein Arbeitsraum in der eigenen gemieteten Wohnung oder der eigenen Eigentumswohnung.

Seit dem 01.01.07 ist ein häusliches Arbeitszimmer nur noch absetzbar, wenn das Arbeitzimmer den Mittelpunkt der gesamten betrieblichen und beruflichen Tätigkeit bildet.

Gemäß der BFH-Rechtsprechung[106] bildet ein Arbeitszimmer dann Mittelpunkt der gesamten beruflichen Tätigkeit, wenn dort diejenigen Handlungen vorgenommen, bzw. Leistungen erbracht werden, die für den konkret ausgeübten Beruf wesentlich sind. Dies bezeichnet der BFH als qualitativen Mittelpunkt. Dem rein zeitlichen (quantitativen) Umfang der Nutzung kommt im Rahmen dieser Würdigung nur eine indizielle Bedeutung zu.

Beispiel 54:

Maria Clavinova gibt Klavierunterricht an Privatschüler in ihrem Arbeitszimmer in der Privatwohnung. Den Rest des Tages erzieht sie ihre Kinder und hat daher keine weitere berufliche Tätigkeit.

Lösung zu Beispiel 54:

Maria übt ihre berufliche Tätigkeit zu 100% in dem Arbeitszimmer aus. Die Kosten des Zimmers sind daher in voller Höhe absetzbar. Eine Unterscheidung in Qualität oder Quantität hat nicht zu erfolgen, da der Fall vollkommen eindeutig ist.

Beispiel 55:

Maria Clavinova aus Beispiel 54 ist neben ihrer unterrichtenden Tätigkeit als selbständige Klavierlehrerin auch noch als Angestellte über Lohnsteuerkarte in einer Konzertagentur beschäftigt. Ihre Tätigkeit dort umfasst 30 Std./Woche. Der Unterricht an Klavierschüler umfasst 15 Std./Woche. Für die Tätigkeit als Angestellte in der Konzertagentur steht ihr dort im Büro ein Arbeitsplatz zu Verfügung.

Lösung zu Beispiel 55:

Die selbständige Tätigkeit als Klavierlehrerin umfasst 15 von insgesamt 45 Stunden Arbeitszeit = insgesamt 33,33% der gesamten beruflichen Tätigkeit. Das ist zwar nur eine rein quantitative Abgrenzung, die zunächst keine Aussage über die qualitative Nutzung macht. Dennoch bildet das Arbeitszimmer nicht den Mittelpunkt der gesamten beruflichen Tätigkeit, da Maria neben ihrer selbständigen Tätigkeit eine zweite Tätigkeit als Angestellte ausübt und ihr dafür ein Arbeitsplatz in der Konzertagentur zur Verfügung steht. Ein Großteil der gesamten beruflichen Tätigkeit besteht damit aus der Arbeit im Konzertbüro. Folglich kann das Arbeitszimmer nicht den Mittelpunkt der gesamten beruflichen Tätigkeit ausmachen. Folglich können keine Kosten für das Arbeitszimmer geltend gemacht werden.

Beispiel 56:

Maria Clavinova aus den Beispielen 54 und 55 gibt an 15 Std./Woche Klavierunterricht in dem Arbeitszimmer. Weitere 20 Stunden pro Woche verbringt sie damit, sich mit musikalischen Mythen wie der Tritonussubstitution oder dem Quartenvorhalt auseinanderzusetzen und ihre musikalischen und technischen Fertigkeiten zu trainieren. Natürlich kümmert sie sich über Telefon aus ihrem Arbeitszimmer heraus um Auftrittsmöglichkeiten und deren Planung und Organisation. Neben diesen Tätigkeiten gibt sie durchschnittlich ca. 1 mal wöchentlich ein Konzert als Pianistin in Clubs oder kleineren Konzertsälen.

Lösung zu Beispiel 56:

Das Arbeitszimmer kann grundsätzlich nur noch abgesetzt werden, wenn es den Mittelpunkt der gesamten betrieblichen und beruflichen Tätigkeit bildet. Zunächst sieht es danach aus, als würde das Arbeitszimmer hier nicht den Mittelpunkt der gesamten beruflichen Tätigkeit bilden, weil Maria ja auch an einem Tag in der Woche Konzerte gibt. Bei der Beurteilung, ob das Arbeitszimmer den gesamten beruflichen Mittelpunkt bildet, hat aber eine qualitative Auslegung zu erfolgen. Der qualitative Mittelpunkt ist hier eindeutig das Arbeitszimmer.

Die Grundlage dafür, dass Maria überhaupt Konzerte geben kann, ist darin zu sehen, dass sie ihre musikalischen Fertigkeiten am Klavier in dem Arbeitszimmer trainiert. Weiterhin bemüht sie sich, aus dem Arbeitszimmer heraus an Auftritte zu gelangen und organisiert und plant von dort aus die Durchführung. Lediglich die reine Ausführung des wöchentlichen Konzertes geschieht außerhalb des Arbeitszimmers. Folglich kann das Arbeitszimmer in voller Höhe abgesetzt werden, da nach qualitativer Betrachtung der Mittelpunkt der gesamten Tätigkeit in dem Arbeitszimmer liegt.

Die Kosten für ein häusliches Arbeitszimmer zu ermitteln, ist zumindest für den Musiker, der das Arbeitszimmer in einer Mietwohnung hält, relativ einfach. Dabei kann man wie folgt vorgehen:

- Ermitteln der Fläche der kompletten Wohnung in Quadratmeter z.B. 80 qm
- Ermitteln der Fläche des Arbeitszimmers in Quadratmeter z.B. 15 qm
- Zusammenrechnen der im Wirtschaftsjahr tatsächlich gezahlten Miete einschließlich aller Nebenkostenumlagen an den Vermieter, laufende Strom-/Energiekosten, Nachzahlungen z.B. € 6.800,00 im Jahr
- Ermitteln von eventuell direkt dem Arbeitszimmer zurechenbaren Kosten wie Kosten der Renovierung/Instandhaltung z.B. Streichen des Arbeitszimmers für € 30,00, Tapete für € 50,00

Berechnung:

Zusammenfassen der allgemeinen Kosten in Höhe von	€ 6.800,00	
davon entfallen anteilig auf das AZ 15/80	= € 1.275,00	€ 1.275,00
Zusammenfassen der direkt zurechenbaren		
Kosten des Arbeitszimmers Tapete und Farbe		€ 80,00
Gesamtaufwand für das Arbeitzimmer		€ 1.355,00

Für die Beispiele 54 und 56 kann Maria € 1.355,00 voll als Betriebsausgabe für das Arbeitszimmer geltend machen.

Hinweis:

Zu beachten ist, dass Kosten für Arbeitsmittel nicht unter die Abzugsbeschränkung für ein Arbeitszimmer fallen. Demzufolge sind die Ausgaben für einen Schreibtisch, eine Schreibtischlampe oder ein Regal, das im Arbeitszimmer steht und für die berufliche Tätigkeit angeschafft wurde, in voller Höhe Betriebsausgaben und unterliegen nicht der Beschränkung.[107]

Schwieriger ist die Ermittlung der Kosten des Arbeitszimmers, wenn der Steuerpflichtige wirtschaftlicher Eigentümer eines Einfamilienhauses oder einer Eigentumswohnung ist, die er selbst nutzt, und dort ein Arbeitszimmer einrichtet.

Hier setzen sich die laufenden Kosten, die dann anteilig wie oben im Verhältnis der Fläche des Zimmers zur Gesamtfläche errechnet werden, wie folgt zusammen:

- lineare Abschreibung in Höhe von 2 % der Gebäudeanschaffungs- oder -herstellungskosten einschließlich der Anschaffungsnebenkosten wie anteilig auf den Gebäudeteil entfallende Grunderwerbsteuer, Notarkosten des Kaufvertrages, Maklerkosten etc.
- gezahlte Zinsen für die Finanzierung der Immobilie einschließlich Grund und Boden und aller Anschaffungsnebenkosten wie Grunderwerbsteuer, Makler, Notarkosten für den Kaufvertrag
- alle laufenden Kosten wie Grundsteuer, Müllabfuhr, Energie, Wasser, Heizung, Hausversicherung, Hausverwaltung, Reinigung, Schornsteinfeger, Renovierung etc.

Hinweis:

Auch die musizierenden Gesellschafter einer GbR können bei Erfüllung der Voraussetzungen ein Arbeitszimmer geltend machen, das für die Tätigkeit im Rahmen der GbR genutzt wird. Die Kosten dafür müssen aber verfahrensrechtlich zwingend im Bereich der Sonderbetriebsausgaben bei der gesonderten Feststellungserklärung der GbR erfasst werden.[108]

2.10 Wie kann man als Musiker ein Auto bzw. die Fahrten absetzen?

Grundsätzlich bestehen 3 Möglichkeiten, Fahrtkosten bzw. Kraftfahrzeugkosten als selbständiger Musiker **ertragsteuerlich** geltend zu machen:

1) Die Behandlung mit tatsächlichen Kfz-Kosten
2) Der Ansatz über die Kilometerpauschalen
3) Die Nutzungseinlage von tatsächlichen Kfz-Kosten

Zu 1) Behandlung mit tatsächlichen Kfz-Kosten

Die Behandlung mit tatsächlichen Kosten erfolgt in der Weise, dass das Kraftfahrzeug dem Betriebsvermögen zugeordnet wird. Wird ein Pkw zu mehr als 50 % zu betrieblichen Fahrten genutzt, so wird er zwingend zum sogenannten notwendigen Betriebsvermögen.[109] In derartigen Fällen erübrigt sich die Anwendung der anderen beiden Methoden der Absetzung. Der Musiker bzw. die Personengesellschaft als GbR hat das Fahrzeug mit seinen Anschaffungskosten anzusetzen und diese im Laufe der Jahre über die Abschreibungen als Betriebsausgabe steuerlich geltend zu machen, wenn die Anschaffungskosten des Fahrzeugs mehr als € 410,00 betragen haben.

Weiterhin können nun **alle** Kfz-Kosten wie Steuern, Versicherungen, Tanken, Reparaturen bei der Gewinnermittlung voll als Betriebsausgaben abgezogen werden. Dazu zählen zunächst auch die Tankquittungen, die privat veranlasst sind, wie z.B. für private Fahrten des Musikers zu einem Supermarkt, die jährliche Fahrt in den Erholungsurlaub oder die monatliche Fahrt zum Sozialamt. Letztere, eindeutig privat veranlasste Fahrten, werden technisch dadurch ausgeglichen, indem für diese Fahrten entweder

- die pauschale 1 %-Methode des Bruttolistenpreises (BLP) für jeden Monat der Nutzung zuzüglich der positive Unterschiedsbetrag zwischen 0,03 % des BLP für jeden Entfernungskilometer der Fahrten Wohnung-Arbeit abzüglich der Pauschale über € 0,30 ab dem 20. Entfernungskilometer wie eine fiktive Einnahme in der Gewinnermittlung angesetzt wird

Die zusätzliche Berechnung des positiven Unterschiedsbetrages zwischen 0,03 % des BLP für jeden Entfernungskilometer der Fahrten Wohnung-Arbeit abzüglich der Pauschale über € 0,30 ab dem 20. Entfernungskilometer entfällt jedoch in der Regel beim selbständigen Musiker, weil sein fester Arbeitsplatz das Arbeitszimmer oder die Bühne ist, wobei im Normalfall die Auftrittsorte ja ständig wechseln. Damit verbleibt es normalerweise bei der reinen 1 %-Methode.

oder

- die Berechnung des Privatanteils anhand eines ordnungsgemäß geführten Fahrtenbuches nachgewiesen werden kann und entsprechend des privaten Anteils in Prozent eine fiktive Einnahme in die Gewinnermittlung angesetzt wird. Diese fiktive Einnahme ermittelt sich aus der so errechneten Prozentzahl aller tatsächlich abgesetzten Kfz-Kosten.

Beispiel 57:

Der extrem beliebte Fridolin Vogelwiese ist Keyboarder für verschiedene Bands sowie Studiomusiker und benötigt dafür ein großes Auto. Von einem Bestattungsinstitut erwirbt er am 01.02.07 einen 5 Jahre alten Kombi in schicker, dunkler Lackierung für € 15.000,00 + USt € 2.850,00 = € 17.850, der hinreichenden Platz für sein Equipment bietet. Von dem Bestatter hatte er sich den damaligen Neupreis als Bruttolistenpreis des Fahrzeugs mit € 35.790,43) inkl. 16 % USt € 4.936,61 mitteilen lassen. Im Januar 2007 fuhr er nur mit der Bahn. Ab dem Erwerb des Fahrzeugs im Februar hatte Fridolin im Jahr 2007 Tankquittungen im Wert von € 2.000,00 + 19 % USt = € 380,00 = brutto € 2.380,00 für alle Fahrten inklusive Privatfahrten gesammelt. Er hat noch eine Reparaturrechnung für € 200,00 + € 38,00 USt sowie Steuern und Versicherung für € 800,00 vorliegen. Das Fahrzeug wird zu ca. 70 % beruflich genutzt.

Lösung zu Beispiel 57:

Fridolin muss zwingend mit tatsächlichen Kfz-Kosten abrechnen, weil der Wagen durch seine betriebliche Nutzung zu mehr als 50 % zum notwendigen Betriebsvermögen wird. Führt Fridolin kein Fahrtenbuch, so hat er seinen Privatanteil der Kfz-Nutzung wie folgt zu berechnen und wie eine fiktive Einnahme in der Einnahmen-Überschussrechnung zu erfassen.

```
1% von € 35.790,00 = € 357,00 x 11 Monate                    = €    3.927,00
(weil im Februar gekauft, sonst 12 Monate)
```

Diesen Betrag muss er gewinnerhöhend für das Jahr 2007 erfassen.
Im Gegenzug kann er aber alle Ausgaben für das Fahrzeug absetzen.
Diese betragen:

```
Abschreibung z.B. linear 25% von Anschaffungskosten € 15.000,00    - €    3.750,00
Steuern, Versicherungen                                            - €      800,00
Tanken, Reparaturen                                                - €    2.200,00

Auswirkung (per Saldo wird steuerlich abgesetzt):                  - €    2.823,00
```

Ohne Berücksichtigung der Umsatzsteuer als Betriebsausgabe bei der Einnahmen-Überschussrechnung ergibt sich, dass Fridolin per Saldo den Wagen um € 2.823,00 für das Jahr 2007 gewinnmindernd absetzt. Bei einem Einkommensteuersatz von z.B. 30 % macht das eine Steuerersparnis von ca. € 847,00 aus.

Hinweis:

Das Beispiel macht deutlich, dass es bei einem älteren Fahrzeug grundsätzlich per Saldo immer ungünstiger wird, mit tatsächlichen Kfz-Kosten abzurechnen, wenn man kein Fahrtenbuch führt und daher gesetzlich zwingend[110] in der 1 %-Regelung des Bruttolistenpreises steckt.

Der Hintergrund dieses immer ungünstiger werdenden Verhältnisses ist darin zu sehen, dass sich die Abschreibungen als Betriebsausgabe immer von den tatsächlichen Anschaffungskosten bemessen, während sich die 1 %-Regelung immer auf den Bruttolistenpreis am Tag der Erstzulassung bezieht.

Im extrem ungünstigen Fall kann es daher sein, dass per Saldo kein müder Euro als Kfz-Ausgabe geltend gemacht wird.

Beispiel 58:

Wie Beispiel 57, doch ist der Wagen 12 Jahre alt und kostet daher nur € 1.000,00.

Lösung zu Beispiel 58:

Hier ergibt sich folgendes:

```
BLP als fiktive Einnahme für 11 Monate wie in Beispiel 54        €   3.927,00

Abschreibung z.B. linear 25%
von Anschaffungskosten € 1.000,00                              - €     250,00
Steuern, Versicherungen                                        - €     800,00
Tanken, Reparaturen                                            - €   2.200,00

Auswirkung:                                                    + €     677,00
```

Ohne Berücksichtigung der Umsatzsteuer als Betriebseinnahme bzw. Betriebsausgabe bei der Einnahmen-Überschussrechnung ergibt sich hier, dass Fridolin per Saldo den Wagen gar nicht absetzt, sondern seinen Gewinn sogar um € 677,00 erhöht. Für derartige Fälle existiert aber der Grundsatz der „Kostendeckelung", nach dem der Steuerpflichtige die fiktive Einnahme durch die 1%-Regelung nur maximal mit den abgesetzten Kosten anrechnen muss.
Per Saldo verbliebe daher in diesem Fall eine Auswirkung von € 0,00 – Toll! Mit anderen Worten hat ihm hier das Absetzen des Autos steuerlich nichts gebracht.

Hätte Fridolin ein Fahrtenbuch geführt, in dem er alle Fahrten (also betriebliche und private) mit Kilometerangaben und Orten entsprechend notiert hat, so könnte sich daraus beispielsweise eine private Nutzung über 18% ergeben haben.

Dann wäre der wie eine fiktive Einnahme zu behandelnde Privatanteil in Höhe von 18% aller Kfz-Kosten = € 250,00 + 800,00 + 2.200,00 = € 3.250,00 x 18% = **€ 585,00** angefallen. Per Saldo wären dann noch € 585,00 abzüglich € 3.250,00 = € 2.665,00 gewinnmindernd abgesetzt worden. Das ist für den selbständigen Musiker wesentlich besser als € 0,00.

Praxishinweis:

In vielen Fällen des selbständigen Musikers werden alte, große Autos gefahren, weil zum einen kein Geld für einen Neuwagen vorhanden ist oder vielleicht einfach nur, weil es Kult ist. Bei älteren Autos, die zum notwendigen Betriebsvermögen gehören, wird der steuerliche Effekt aber immer geringer und geht irgendwann gegen null. Damit ist der Übergang zur Alternative 2 geschaffen.

Zu 2) Ansatz von Kilometerpauschalen

Die Alternative zum Fahrtenbuch, das aufgrund seiner Aufwendigkeit wenig Zuspruch findet, wäre, mit den Kilometerpauschalen für normale Dienstfahrten bei Kraftfahrzeugen mit € 0,30 je gefahrenen Kilometer (z.B. Fahrten zu Auftritten, Musikgeschäften, Steuerberater etc.) oder € 0,30 und erst ab dem 20. Kilometer für jeden Entfernungskilometer (das heißt nur eine Strecke) für regelmäßige Fahrten (z.B. Fahrten 1x wöchentlich zum festen Proberaum) abzurechnen.

Hier gibt es aber ein entscheidendes Problem. Sofern das Fahrzeug notwendiges Betriebsvermögen ist, existiert das Wahlrecht zu den Pauschalen nicht. Der Musiker müsste zwingend mit tatsächlichen Kfz-Kosten arbeiten. Beträgt die betriebliche Nutzung des Fahrzeugs 10% bis 50% der Gesamtnutzung, so kann das Fahrzeug nunmehr auch bei der Einnahmen-Überschussrechnung als gewillkürtes Betriebsvermögen behandelt werden. Die 1%-Regelung darf aber seit 2006 in solchen Fällen nicht mehr angewendet werden[111]. Entscheidet sich der Musiker für gewillkürtes Betriebsvermögen, so muss er wieder mit den echten Kfz-Kosten arbeiten, darf aber nicht die 1%-Methode anwenden. Folglich muss er dann die Kosten anhand eines Fahrtenbuchs ermitteln, um den Privatanteil als fiktive Einnahme zu ermitteln.

Entscheidet sich der Musiker bei einer Nutzung zwischen 10% und 50%, den Wagen nicht als gewillkürtes Betriebsvermögen zu behandeln, dann muss mit den Kfz-Pauschalen von € 0,30 je km bzw. je Entfernungskilometer oder mit der Methode der Nutzungseinlage abgerechnet werden.

Ein praktisches Problem ergibt sich hier dergestalt, wie man bei Nichtführen eines Fahrtenbuches überhaupt auf den prozentualen Nutzungsanteil der privaten zur betrieblichen Nutzung kommt, um wiederum eine Entscheidung treffen zu können, ob man die 1%-Regelung anwenden darf oder nicht. Die Führung eines Fahrtenbuches ist für solche Zwecke der Darlegung des prozentualen Nutzungsanteils nicht erforderlich. Das Finanzamt hat m.E. keine Rechtsgrundlage, zwecks Nachweis, ob ein Fahrzeug notwendiges Betriebsvermögen geworden ist oder nicht, ein Fahrtenbuch zu verlangen. Daher müsste es ausreichen, wenn zu Beginn und zum Ende des Jahres der Kilometerstand des Fahrzeuges notiert und dann alle betrieblichen Fahrten zusätzlich mit ihren Kilometern aufgeschrieben werden. Der Saldo aus Endkilometerstand abzüglich Anfangskilometerstand abzüglich betrieblicher Kilometer ergibt im Verhältnis zu den Gesamtkilometern automatisch den Prozentanteil der privaten Nutzung. Liegt danach eine private Nutzung von mehr als 90% vor, so ist der Wagen beim Musiker, der eine Einnahmen-Überschussrechnung erstellt, notwendiges Privatvermögen. Dann kann er mit den Pauschalen abrechnen. Ist die private Nutzung 50% und mehr, ist der Wagen ebenfalls Privatvermögen, wenn ihn der Musiker nicht als gewillkürtes Betriebsvermögen behandelt. Auch dann können gerade bei älteren Autos auch die Kilometerpauschalen genutzt werden.

Translation:

Der Musiker kann mit Kilometerpauschalen von € 0,30 pro km arbeiten und diese absetzen, wenn der Wagen zu nicht mehr als 50% beruflich genutzt wird. Als Nachweis sollte eine Liste geführt werden, die man sich z.B. ins Handschuhfach legt. Darauf trägt man ein:

- Anfangskilometerstand am 01.01. des Jahres
- jede berufliche Fahrt mit Kilometerangabe
- Endkilometerstand am 31.12. des Jahres

Ergibt sich daraus, dass die beruflichen Kilometer im Verhältnis zu den Gesamtkilometern des Jahres nicht mehr als 50% sind, so darf man die gefahrenen Kilometer nehmen und daran anhand der Kilometerpauschalen von € 0,30 die Kosten des Fahrzeugs absetzen.

Ist der berufliche Anteil mehr als 50%, darf man nicht mit diesen Pauschalen arbeiten. Es gilt zwingend mit echten Kfz-Kosten abzurechnen. Dabei ist dann auch die 1%-Regelung zulässig (siehe Beispiel 54) oder alternativ auch die echte Fahrtenbuchmethode (siehe Beispiel 55).

Ist ein beruflicher Anteil von 10% bis 50% gegeben, so darf der Musiker ebenfalls die Pauschalen nehmen. Will er aber lieber mit echten Kfz-Kosten abrechnen, so hat er auch diese Möglichkeit. Bei echten Kfz-Kosten ist aber in diesen Fällen für den Privatanteil nicht mehr die 1%-Regelung möglich.

Zu 3) Die Nutzungseinlage von tatsächlichen Kfz-Kosten

Diese Alternative existiert weiterhin neben dem Ansatz von Kilometerpauschalen, wenn das Fahrzeug nicht zwingend notwendiges Betriebsvermögen ist, d.h. die betriebliche Nutzung ist nicht größer als 50 %. Der Steuerpflichtige kann hierbei aufgrund geeigneter Schätzgrundlagen seine durchschnittliche betriebliche Nutzung in Prozent ermitteln (z.b. durch die oben bereits dargestellte Liste mit Anfangs- und Endkilometerstand und der Notierung der betrieblichen Fahrten). Dann können im nächsten Schritt alle tatsächlichen Kfz-Kosten aus Steuern, Versicherungen, Abschreibungen, Tanken, Reparaturen etc. addiert werden. Von dieser Summe setzt man dann den Prozentbetrag der betrieblichen Nutzung aller dieser Kosten durch die Nutzungseinlage dieser Kosten als Betriebsausgabe ab.

Der Begriff Nutzungseinlage bedeutet hier im Ergebnis nur, dass der Musiker diese Kosten durch Zuordnung zum beruflichen Bereich in seiner Gewinnermittlung absetzt.

2.11 Wie wirkt sich die Nutzung eines Kfz oder der Ansatz der Kfz-Pauschalen auf die Umsatzsteuer aus?

Die Beantwortung dieser Frage ist kompliziert, weil im Bereich der Umsatzsteuer das europäische Recht zur Harmonisierung dieser Steuer in der EG wesentlichen Einfluss auf die Rechtslage nimmt. So kam es in der Vergangenheit und kommt es auch aktuell im Bereich der Umsatzsteuer immer wieder vor, dass nationales Recht der Bundesrepublik von den Vorgaben der Mehrwertsteuersystemrichtlinie (vormals 6. EG-Richtlinie) abweicht. In den meisten aller Fälle, bei denen der EUGH zur Umsatzsteuer entscheiden musste, waren diese Entscheidungen aus deutscher Sicht für den selbständigen Unternehmer allerdings von Vorteil. Weil die umsatzsteuerliche Betrachtung so kompliziert und vielschichtig ist, werden hier die Fälle aufgeführt, die in der Praxis hauptsächlich vorkommen. Im Einzelfall muss hier zwingend eine konkrete Beratung durch einen Steuerberater oder Rechtsanwalt erfolgen.

1) Bei Ansatz der Kfz-Kosten über die Kilometerpauschalen für den selbständigen Musiker als Einzelunternehmer oder im Bereich der Personengesellschaft gibt es keine Möglichkeit mehr, Vorsteuern nach § 15 UStG geltend zu machen. Die Möglichkeit, Vorsteuerpauschalen aus diesen Kilometerpauschalen anzurechnen, ist bereits zum 01.04.1999 ersatzlos abgeschafft worden.

2) Bei Ansatz von tatsächlichen Kfz-Kosten und paralleler Zuordnung des Fahrzeugs zum Unternehmensvermögen ist die Rechtslage wie folgt:

Der selbständige Musiker, der mit Umsatzsteuer arbeitet, kann diese Umsatzsteuer als sogenannte Vorsteuer in voller Höhe bei Erwerb des Fahrzeuges gegenrechnen, sofern in der Rechnung die Umsatzsteuer in Höhe von 19 % ausgewiesen ist und auch alle sonstigen Voraussetzungen einer ordnungsgemäßen Rechnung und für einen Abzug als Vorsteuer gegeben sind.

Aus den laufenden Kfz-Kosten wie Tankquittungen, Reparaturen etc. kann er ebenfalls auch die volle Vorsteuer ziehen.

Im Gegenzug muss der Musiker als selbständiger Unternehmer dann aber eine umsatzsteuerliche Besteuerung der nichtunternehmerischen Nutzung des Kfz durchführen. Dazu bestehen 3 Möglichkeiten:

1) **Ansatz in Höhe des anhand der ertragsteuerlichen 1 %-Regelung (vgl. Frage 2.10) ermittelten Betrages abzüglich eines pauschalen Abschlags von 20 %**

Beispiel 59:

Frank Spanak ist Schlagzeuger für verschiedene Big-Bands und arbeitet mit Umsatzsteuer.
Am 01.03.2007 hat er sich einen Neuwagen für umgerechnet € 20.000,00 zuzügl. USt € 3.800,00 = € 23.800,00 gekauft und ihn durch den vollen Vorsteuerabzug in Höhe von € 3.800,00 rechtmäßigerweise seinem Unternehmensvermögen zugeordnet. Das Fahrzeug wird auch im Jahr 2008 noch genutzt. Die laufenden Kosten für Tanken etc. betragen in 2008 € 3.000,00 zuzüglich € 570,00 Umsatzsteuer. An weiteren Kfz-Kosten sind Steuern und Versicherungen über € 800,00 angefallen. In letzteren Kosten steckt keine anrechenbare Vorsteuer.

Lösung zu Beispiel 59:

Frank durfte die Vorsteuer in voller Höhe beim Kauf als auch später die Vorsteuer aus laufenden Kosten für das Fahrzeug in voller Höhe anrechnen.

Im Gegenzug ist die nicht unternehmerische Mitbenutzung für Privatfahrten im Jahr 2007 und 2008 und Folgejahre der Nutzung zu ermitteln. 1 % des Bruttolistenpreises sind hier = 1 % von € 23.800,00 = € 238,00.

Berechnung für das Jahr 2008 :

```
12 Monate x € 238,00                                    = €   2.856,00

davon ab 20% pauschal112                                - €     571,20

verbleiben als Bemessungsgrundlage für
die Umsatzsteuer                                        = €   2.284,80

abgerundet                                              = €   2.284,00

darauf entfallende Umsatzsteuer 19%                     = €     433,96
```

Auf diesen Betrag von € 2.284,00 hat Frank Spanak für das Jahr 2008 einen Betrag von € 433,96 an Umsatzsteuer für die nichtunternehmerische Kfz-Nutzung zu erklären.

2) Fahrtenbuchregelung

Setzt der Unternehmer für ertragsteuerliche Zwecke die Fahrtenbuchregelung ein (vgl. Frage 2.10), so kann er die über das Fahrtenbuch ermittelten Kosten der Privatnutzung als Bemessungsgrundlage für die nichtunternehmerische Kfz-Nutzung ansetzen. Dabei darf er aus der Bemessungsgrundlage aber noch die Kosten ausscheiden, für die keine Vorsteuer gezogen werden konnte. Aus allen laufenden Kfz-Kosten kann nach wie vor die volle Vorsteuer gezogen werden.

Beispiel 60:

Wie Beispiel 59, doch hat Frank ein Fahrtenbuch geführt, aus dem sich ein betrieblicher Anteil von 79 % und somit ein Privatanteil von 21 % ergibt.

Lösung zu Beispiel 60:

Die umsatzsteuerliche Versteuerung der nichtunternehmerischen Nutzung ermittelt sich wie folgt:

Ertragsteuerliche Kostenermittlung:

```
Abschreibung 20% vom Netto-Kaufpreis des Pkw                € 4.000,00

Laufende Kfz-Kosten Tanken etc. (mit Vorsteuer belastet)    € 3.000,00

Gesamtbetrag der ertragsteuerlichen Kosten, die mit Vorsteuer
belastet sind:                                              € 7.000,00

davon privat laut Fahrtenbuch 21%                         = €  1.470,00

darauf entfallende Umsatzsteuer 19% von € 1.470,00        = €    279,30
```

Die Kosten für Steuern und Versicherungen fallen nicht in die Bemessungsgrundlage für die Umsatzsteuer auf die nichtunternehmerische Nutzung, weil diese Kosten ohne Vorsteuerabzug sind. Frank hat hier somit € 279,30 an Umsatzsteuer für das Jahr 2008 auf die private Mitbenutzung zu erklären.

Hinweis:

Hätte Frank den Pkw in 2007 als Gebraucht-Kfz ohne Vorsteuerabzug erworben und dennoch aus den laufenden Kosten die volle Vorsteuer gezogen, so hätte er damit das Fahrzeug dennoch dem Unternehmensvermögen zugeordnet. Folglich müsste auch in diesen Fällen die nichtunternehmerische (= private) Mitbenutzung über die Alternative 1) oder bei Ansatz des Fahrtenbuches über die Alternative 2) umsatzsteuerlich versteuert werden.
Bei der eben behandelten Alternative 2) mit Fahrtenbuch hätte es dabei aber den Unterschied gegeben, dass bei der Ermittlung der Bemessungsgrundlage die € 4.000,00 herauszunehmen wären, da diese Abschreibungen dann als Kosten ohne Vorsteuerabzugsberechtigung gesehen werden.

3) Schätzung der nichtunternehmerischen Kfz-Nutzung für die Umsatzsteuer

Sofern die oben behandelten Methoden der 1%-Regelung oder des Ansatzes über ein Fahrtenbuch nicht durch den Unternehmer angewendet werden, können die Kosten für die Bemessungsgrundlage der nichtunternehmerischen Kfz-Nutzung im Wege einer sachgerechten Schätzung ermittelt werden.

Liegen keine geeigneten Schätzgrundlagen vor, so kann die Bemessungsgrundlage für die Umsatzsteuer mit mindestens 50% der Kosten geschätzt werden, wobei hier aber vorher die Kosten um jene bereinigt werden, bei denen kein Vorsteuerabzug möglich war.

Beispiel 61:

Wie Beispiel 60, doch wird der nichtunternehmerische Anteil geschätzt.

Lösung zu Beispiel 61:

Die ertragsteuerlichen Kosten, bei denen ein Vorsteuerabzug möglich war, betragen:

Abschreibung 20% vom Netto-Kaufpreis des Pkw	€ 4.000,00
Laufende Kfz-Kosten Tanken etc. (mit Vorsteuer belastet)	€ 3.000,00
Gesamtbetrag der ertragsteuerlichen Kosten, die mit Vorsteuer belastet sind:	€ 7.000,00
davon mindestens 50% =	**€ 3.500,00**
darauf entfallende Umsatzsteuer 19%	= € 665,00

Für das Beispiel wäre diese Schätzung wesentlich ungünstiger als die Lösung über die 1%-Regelung oder das Fahrtenbuch.

Hinweis:

Diese Schätzmethode ist aber nur für umsatzsteuerliche Zwecke zulässig. Bei der ertragsteuerlichen Beurteilung zu Zwecken der Gewinnermittlung geht das nicht. Dort kann man von der 1%-Regelung nur Abstand nehmen, wenn ein echtes Fahrtenbuch geführt führt.

Sonstiges im Zusammenhang mit der Umsatzsteuer bei Nutzung eines Pkw

Es ist zu beachten:

Beim Verkauf eines Fahrzeugs, das dem Unternehmensvermögen zugeordnet wurde, fällt zwingend auf den Verkauf auch die allgemeine Umsatzsteuer von 19% an. Diese ermittelt sich dann aus dem Verkaufspreis : 1,19 x 19% Umsatzsteuer.
Das gilt auch für den Verkauf von Fahrzeugen, bei denen bei Kauf keine Vorsteuer gezogen werden konnte, z.b. weil sie von einer Privatperson gekauft wurden oder von einem Unternehmer, der ohne Umsatzsteuer arbeitet (wie z.B. Kleinunternehmer, Ärzte, Versicherungsmakler etc.), und gleichzeitig die Vorsteuer aus den laufenden Kfz-Kosten geltend gemacht wurde.

Ein Fahrzeug, für welches beim Kauf kein Vorsteuerabzug möglich war, kann aber aufgrund der EUGH-Rechtsprechung und der darauf erfolgten Gesetzesänderung ohne Umsatzsteuerbelastung in das Privatvermögen überführt werden.

Beispiel 62:

Wie Beispiel 59, doch handelt es sich um einen Gebrauchtwagen, den Frank von einem angestellten Lehrer ohne Vorsteuerabzug erworben hat. Am 01.04.2008 kauft sich die Ehefrau des Frank Spanak, Gaby Spanak-Schnappesberg-Lüst, ein tolles Auto. Da sie aufgrund eines Missgeschicks ihren Führerschein für ein Jahr verliert, nutzt Frank das Auto fortan für seine Zwecke als Schlagzeuger. Er überführt seinen eigenen Pkw zeitgleich in sein Privatvermögen, da er das Fahrzeug nicht mehr betrieblich nutzt. Das Fahrzeug wird nicht verkauft, sondern vorerst in der schicken, neuen Garage eingelagert.

Lösung zu Beispiel 62:

Diese vermeintlich unentgeltliche Lieferung in das Privatvermögen des Frank Spanak führt nicht zu einer Umsatzsteuerbelastung,[113] weil beim Kauf des Pkw keine Vorsteuer gezogen werden konnte. Hätte Frank den Pkw hingegen verkauft, so wäre der Verkauf voll der Umsatzsteuer zu unterwerfen. Gleiches hätte gegolten, wenn er beim Erwerb des Fahrzeugs einen Vorsteuerabzug gehabt hatte, wie dies in der unveränderten Version des Beispiels 59 der Fall war. Dann hätte die Überführung des Fahrzeugs in sein Privatvermögen eine unentgeltliche Lieferung erfüllt, die mit Umsatzsteuer zu versteuern wäre.

Hinweis:

Im Rahmen der umsatzsteuerlichen Betrachtung der laufenden Kfz-Nutzung zu nichtunternehmerischen Zwecken und zur Überführung aus dem Unternehmensvermögen ins Privatvermögen sind insbesondere aufgrund der EUGH-Rechtsprechung noch weitere Lösungsansätze vertretbar. Es wird empfohlen, hier für den konkreten Einzelfall ein Beratungsgespräch zu suchen. Die Sachlage ist so kompliziert und ständigen Veränderungen unterworfen, dass eine abschließende Erläuterung der Thematik den Sinn und Zweck dieses Buches überschreiten würde.

2.12 Wie muss die Buchführung bzw. die Aufzeichnungspflicht von Unterlagen aussehen?

Dadurch, dass der selbständige Musiker bzw. die Musikgruppe als GbR nicht buchführungspflichtig ist und der Gewinn über die Einnahmen-Überschussrechnung nach dem reinen Zu- und Abflussprinzip ermittelt wird, bietet sich folgendes Belegablagesystem an:

Der Musiker bzw. die Musikgruppe führt mindestens 2 bzw. 3 Ordner für die Finanzverwaltung. Diese sind:

1) **Der Bankordner**
2) **Der Barordner**
3) **Führen eines Ordners durch jeden Gesellschafter für seine Sonderbetriebsausgaben bei Vorliegen einer GbR**

zu 1) Führen des Bankordners

Der Musiker als Einzelunternehmer oder die Musikgruppe als GbR eröffnet ein Girokonto als Geschäftskonto des Unternehmens. Zwar ist ein extra Geschäftskonto keine Pflicht, doch vereinfacht es nachher die Buchungen und dient der Übersichtlichkeit der geschäftlichen Zahlungsvorgänge.

Die von der Bank oder über das Internet ausgedruckten Kontoauszüge werden nun fortlaufend in den Bankordner eingeheftet. Dabei ist Auszug Nr. 1, Blatt 1 nach ganz unten zu heften. Die jeweils aktuelleren Auszüge werden oben drauf geheftet.

Bei jeder beruflichen Einnahme des Musikers oder der Gruppe als GbR und jeder Ausgabe, die auf dem Geschäftskonto gutgeschrieben bzw. vom Geschäftskonto abgebucht wird, heftet man den entsprechenden Beleg direkt hinter den Kontoauszug ab, auf dem der Zahlungsvorgang auftaucht. Bei Zahlungsvorgängen, für die man keine Belege erhält oder bei denen nur einmalig ein Beleg existiert (z.B. der Vertrag bei Proberaummiete) notiert man die berufliche Veranlassung auf dem Kontoauszug. Eventuell rein privat veranlasste Kontenzugänge oder -abgänge werden mit dem Hinweis „privat" vermerkt.

Beispiel 63:

Die Musikgruppe „Maddin'Music" in Form der GbR macht Auftritte im Rock- & Popmusikbereich und arbeitet mit Umsatzsteuer. Der Gitarrist der Gruppe hat auch den überaus beliebten Job, die Abwicklung gegenüber dem Finanzamt zu tätigen. Am 05.03.07 macht die Band einen tollen Auftritt und erhält am 18.03.07 die Gage über € 1.000,00 + 7 % USt € 70,00 = € 1.070,00 auf das extra eingerichtete Geschäftskonto bei der „OKB" **O**hne **K**redit **B**ank überwiesen. Ebenfalls am 18.03.07 wurde eine betriebliche Zahlung für 30 Aktenordner über € 60,00 vom Konto bezahlt. Zusätzlich taucht eine vierteljährliche Abbuchung für Instrumentenversicherung über € 150,00 auf und die 4 Mitglieder der GbR erhielten am 18.03.07 je eine Überweisung (Vorweggewinnvergütung) von jeweils € 200,00.

Der Kontoauszug sieht daher folgendermaßen aus:

```
OKB-Ohne-Kredit-Bank BLZ 123456789 Konto-Nr. 987654321 Auszug 5 Blatt 1

Überweisung 18.03.07                                        H   €    1.070,00
Überweisung 18.03.07 RE Bürobedarf v. 03.03.02              S   €       60,00
Lastschrift InStruVersicherung I. Quartal                   S   €      150,00
Überweisung 18.03.07 Lenz Git                               S   €      200,00
Überweisung 18.03.02 Martin Phon                            S   €      200,00
Überweisung 18.03.02 Alf Drum                               S   €      200,00
Überweisung 18.03.02 Bulli Bass                             S   €      200,00

Maddin'Music GbR              Saldo Auszug 4                S   €   13.500,69
Schnelle Str. 3               Saldo Auszug 5                S   €   13.440,69
49786 Wagenburgberg
```

Der Kontoauszug Nr. 5 wird über den Auszug Nr. 4 in den Bankordner geheftet. Hinter Auszug 5 heftet der Gitarrist die Kopie des Rechnungsbeleges aus der Einnahme über € 1.070,00 und den Ausgabenbeleg über € 60,00 für die Aktenordner. Bei den weiteren 5 Abbuchungen des Kontos macht er einen handschriftlichen Hinweis auf den Kontoauszug. Insbesondere bei den ausgezahlten Gewinnanteilen an die GbR-Mitglieder existieren keine Rechnungen, weil es sich ja um die Gewinnverteilung der GbR handelt.[114]

```
OKB-Ohne-Kredit-Bank BLZ 123456789 Konto-Nr. 987654321 Auszug 5 Blatt 1

Überweisung 18.03.07                                             H   €    1.070,00
Überweisung 18.03.07 RE Bürobedarf v. 03.03.07                   S   €       60,00
Lastschrift InStruVersicherung I. Quartal    siehe Police        S   €      150,00
Überweisung 18.03.07 Lenz Git                Gewinnanteil        S   €      200,00
Überweisung 18.03.07 Martin Phon             Gewinnanteil        S   €      200,00
Überweisung 18.03.07 Alf Drum                Gewinnanteil        S   €      200,00
Überweisung 18.03.07 Bulli Bass              Gewinnanteil        S   €      200,00

Maddin'Music GbR              Saldo Auszug 4                     S   €   13.500,69
Schnelle Str. 3               Saldo Auszug 5                     S   €   13.440,69
49786 Wagenburgberg
```

Der Vorteil dieses Ablagesystems besteht darin, dass es banal einfach zu handhaben ist und gleichzeitig jede Einnahme und Ausgabe wirklich nur nach dem Zufluss und Abfluss erfasst wird. Derjenige, der spätestens nach Ablauf des Jahres die Gewinnermittlung erstellt oder aber schon monatlich oder vierteljährlich die Zahlen für die Erstellung von Umsatzsteuervoranmeldungen ermitteln muss, kann ganz einfach aufgrund der Kontoauszüge die Zu- und Abflüsse ermitteln und beispielsweise die entsprechenden Beträge der Umsatzsteuer und Vorsteuer schnell errechnen.

Im Fall einer Betriebsprüfung wird der Prüfer gleichzeitig bei Laune gehalten, weil er durch das Abheften der Belege hinter dem jeweiligen Kontoauszug die Prüfung schneller erledigen kann, um sich somit seine kostbare Zeit besser für solche Prüfungen aufzusparen, bei denen aus Sichtweise seines Dienstherrn auch wirklich etwas herauszuholen ist.

zu 2) Führen des Barordners

Der Barordner ist vom System her noch einfacher zu führen als der Bankordner. Hier werden zunächst alle Betriebsausgaben, die durch die Tätigkeit als Musiker bzw. der Musikgruppe nicht direkt durch Kontoüberweisung, sondern durch Barvorlage eines Gesellschafters oder des einzelnen Musikers bezahlt werden, einfach gelocht und fortlaufend für das entsprechende Wirtschaftsjahr abgeheftet. Mit Ablauf des Jahres werden die Barbelege entsprechend in den neuen Ordner des Folgejahres abgelegt. Gemeint mit Betriebsausgaben sind aber solche Ausgaben, die wirtschaftlich durch den Musiker bzw. die GbR veranlasst sind. Bei der GbR werden solche Betriebsausgaben, die nur durch den einzelnen Gesellschafter getragen werden, als Sonderbetriebsausgaben bei diesem erfasst und haben daher in dem allgemeinen Barordner der Gruppe nichts zu suchen.
Zudem müssen sämtliche Bareinnahmen aufgezeichnet werden. Dazu siehe unten unter 2.13.

zu 3) Führen eines Ordners durch jeden Gesellschafter für seine Sonderbetriebsausgaben bei Existenz einer Musikgruppe als GbR (nicht bei Musikern als Einzelpersonen)

Zu den Spezialfragen 2.4 bis 2.7 wurden die Sonderbetriebsausgaben immer wieder mit angesprochen. Jeder einzelne Musiker als GbR-Mitglied einer Band soll seine Ausgaben, die er aus eigener Tasche im Zusammenhang mit der Tätigkeit bezahlt hat, entsprechend sammeln und nach Ablauf des Jahres vor Erstellung der Gewinnermittlung und Steuererklärungen für die Gruppe, bei dem zuständigen Gesellschafter oder dem Steuerberater der Band einreichen. Dafür wird eine entsprechend geordnete Ablage in einem Ordner nötig sein. In diesen Ordner gehören beispielsweise auch die Aufstellung über die für die Gruppe veranlassten Pkw-Fahrten zu Proben, Auftritten und sonstigen Terminen, bzw. die Belege über tatsächliche Fahrtkosten, falls der einzelne Musiker seinen Pkw als notwendiges Sonderbetriebsvermögen erfasst.[115]

Die eigentlichen Aufzeichnungspflichten der selbständigen Unternehmer, die nicht der Buchführungspflicht unterliegen, sind unter anderen:

- Aufzeichnungen für die Berechnung der Umsatzsteuer aus § 22 UStG
- Führen eines Anlageverzeichnisses für Wirtschaftsgüter, die abgeschrieben werden
- Führen eines Bestandsverzeichnisses für geringwertige Wirtschaftsgüter bis € 410,00, die voll im Jahr des Zugangs abgeschrieben werden
- Schuldzinsen (§ 4 Abs. 4a EStG)

Aus dem Gesetz gibt es neben den oben genannten Verpflichtungen keine zwingende Rechtsgrundlage, die aussagt, dass der Selbständige für die Gewinnermittlung durch Einnahmen-Überschussrechnung zwingend seine Betriebseinnahmen und Betriebsausgaben aufzeichnen muss. Das Fehlen einer gesetzlichen Verpflichtung für die Aufzeichnung von Einnahmen und Ausgaben zum Zwecke der Ermittlung des Gewinns (für umsatzsteuerliche Zwecke gibt es diese Pflicht ja nach § 22 UStG) bedeutet aber nicht, dass das Finanzamt nun den Gewinn des Steuerpflichtigen so ungeprüft übernehmen muss. Findet eine Überprüfung durch die Finanzverwaltung statt, so wird es so sein, dass das Finanzamt dann den Gewinn nicht nachprüfen kann, wenn die Einnahmen und Ausgaben nicht durch Belege sowie Zu- oder Abfluss der Beträge beweisbar sind. Es ist allgemeine Rechtsauffassung, dass beispielsweise Betriebsausgaben nur insoweit berücksichtigt werden können, als sie der Steuerpflichtige durch Vorlage von Belegen nachweist.[116] Können Einnahmen und Ausgaben nicht entsprechend nachgewiesen werden, dann sind für das Finanzamt die Rechtsgrundlagen für eine Schätzung des Gewinns gegeben.

Folglich ergibt sich zur Vermeidung von Schätzungen zusätzlich die zwingende Notwendigkeit, aber keine direkte gesetzliche Pflicht zur

- Aufbewahrung geeigneter Belege und Aufzeichnungen über deren Zu- und Abfluss der Geldbeträge.

Diese Aufzeichnungen müssen der Besteuerung zugrunde gelegt werden, soweit es nach den Umständen des Einzelfalls keinen Anlass gibt, ihre sachliche Richtigkeit zu beanstanden.[117] Die Aufzeichnungen müssen so vorgenommen werden, dass der Zweck, den sie für die Besteuerung erfüllen sollen, erreicht wird.[118] Aufzeichnungen sind 10 Jahre lang aufzubewahren.[119]

Hinweis:

Mit dem oben aufgeführten Grundsystem der Belegablage auf Grundlage des Führens der 2 bzw. 3 genannten Ordner in der beschriebenen Weise haben der einzelne Musiker als Selbständiger oder eine Musikgruppe als selbständige GbR bereits alle grundsätzlichen Aufzeichnungspflichten erfüllt und somit ein solides System für die Ablage und Aufbewahrung der Belege geschaffen.

Ein weiterer Punkt muss aber noch angesprochen werden, wenn der Musiker seine Betriebseinnahmen ganz, teilweise oder auch nur zu einem geringfügigen Teil über Bareinnahmen erzielt. Dann müssen in dem Barordner auch noch diese Bareinnahmen gesondert aufgezeichnet werden. Diesem Problem wird die folgende Spezialfrage 2.13 gewidmet.

2.13 Muss zwingend ein Kassenbuch oder Kassenbericht geführt werden und wenn ja, was ist zu beachten?

Die Frage, ob zwingend ein richtiges Kassenbuch oder ein richtiger Kassenbericht durch den einzelnen Musiker oder eine Musikgruppe bei tatsächlichem Vorliegen von **Bareinnahmen** zu führen ist, wird erstaunlicherweise im Steuerrecht gar nicht so eindeutig beantwortet.

Der Hintergrund dieser Problematik ist darin zu sehen, dass der Musiker oder die Musikgruppe für Bareinnahmen in der Praxis wohl zum größten Teil definitiv keine tatsächliche Geschäftskasse besitzen, wie sie vergleichbar in einem Handelsgeschäft vorzufinden sein wird. Zumindest könnte eine Kassenbuchführung, selbst wenn der Musiker oder die Musikgruppe diese wie bei einer Geschäftskasse eines Handelsbetriebes anstreben würde, nicht so einfach gehandhabt werden. Das liegt an der praktischen Abwicklung, wann und wie der selbständige Musiker seine Gage im Fall der Barzahlung erhält. Üblicherweise werden die Bargagenauszahlungen direkt nach dem Auftritt gegen entsprechende Quittierung an die Musiker gezahlt. Der Musiker, der aber seine Gitarre, sein Saxophon oder seine Trombone vorm Bauch oder in der Hand hält, wird äußerst schwierig während oder nach dem Konzert gleichzeitig eine Metallregistrierkasse zusätzlich über dem Unterleib oder auf dem Rücken befestigen können. Eine richtige Kassenbuchführung, so wie sie das Handelsrecht oder auch der § 146 (1) S. 2 AO fordert, ist daher im Grunde genommen de facto nicht durchführbar.

Zum Verständnis ist zu erklären, dass ein richtiger Kassenbericht bzw. ein richtiges Kassenbuch erfordert, alle Kassenzugänge und Kassenabgänge täglich aufzuzeichnen und die jeweiligen Kassenbestände in das Kassenbuch bzw. den Kassenbericht einzutragen. Rein theoretisch könnte dann an jedem beliebigen Abend ein Prüfer hereinschauen und auf diese Weise durch Nachzählen des Kassenbestands und Vergleich mit dem Bestand laut Kassenbericht oder Kasenbuch nachprüfen, ob die Kassenführung stimmt.

Bei Kaufleuten als Gewerbetreibende ist die Rechtslage eindeutig. Diese sind bereits nach dem Handelsgesetzbuch (HGB) verpflichtet, Bücher zu führen.[120] Weiterhin werden alle anderen gewerblichen Unternehmer (z.B. Handwerker etc.) nach der Abgabenordung (AO) buchführungspflichtig, wenn sie einen Gewinn von mehr als € 25.000,00 oder Umsatzerlöse von mehr als € 260.000,00 im Kalenderjahr erzielen. Die Pflicht zur Buchführung tritt aber erst ab dem folgenden Kalenderjahr ein, nach dem das Finanzamt den Gewerbetreibenden auf seine Buchführungspflicht hinweist. Diese buchführungspflichtigen Gewerbetreibenden müssen ihren gesamten Barzahlungsverkehr in einer Kassenbuchführung aufzeichnen.[121] Das ergibt sich aus dem Inhalt der Buchführungspflicht und den Kommentierungen zu deren Art und Umfang.

Der Musiker hingegen erzielt mit seinen primären Tätigkeiten keine gewerblichen Einkünfte, sondern Einkünfte aus freiberuflicher oder sonstiger selbständiger Tätigkeit nach § 18 EStG. Damit ist der Musiker oder die Musikgruppe grundsätzlich nicht buchführungspflichtig im Sinne der §§ 140 und 141 AO und hat daher zunächst nur die unter 2.12 genannten Aufzeichnungen und Unterlagen zu tätigen bzw. aufzubewahren. Das Führen eines Kassenberichts oder Kassenbuchs ergibt sich damit nicht schon automatisch aus der handelsrechtlichen Buchführungspflicht, weil diese für ihn überhaupt nicht gilt.

Im § 146 (1) S. 2 AO steht, dass Kasseneinnahmen und Kassenausgaben täglich festgehalten werden sollen. Nicht vorgeschrieben in diesem Gesetzestext ist aber, dass zwingend ein Kassenbuch oder Kassenbericht zu führen ist. Der § 146 (1) S. 2 AO ist damit eine Vorschrift, die nur aussagt, wie ein Kassenbuch oder Kassenbericht zu führen sind, wenn sie denn zu führen sind. Dann aber auch täglich und so, dass auch die Bestände entsprechend festgehalten werden.

Die Finanzverwaltung tut sich demzufolge auch schwer, bei Nachfragen über die

Rechtsgrundlage zum Führen eines Kassenbuches/Kassenberichtes bei freiberuflich tätigen Musikern, eine saubere Antwort zu geben. Man bedient sich der Hilfskonstruktion, über die unzweifelhaft existierende Aufzeichnungspflicht nach § 22 UStG für umsatzsteuerliche Zwecke eine Buchführungspflicht nach § 140 AO abzuleiten. Über diese abgeleitete Buchführungspflicht ergäbe sich dann die Pflicht in der oben genannten Form.

Die Rechtsauffassung des Autors ist, dass der Musiker als Freiberufler mit der Gewinnermittlung der Einnahmen-Überschussrechnung nicht verpflichtet ist, ein Kassenbuch/Kassenbericht in der strengen Art und Weise, wie ihn § 146 (1) S. 2 AO vorschreibt, zu führen. Absolut ausreichend dürften hier Einzelaufzeichnungen über den Zufluss der in bar vereinnahmten Betriebseinnahmen sein, wie sich dies aus dem folgenden Beispiel ergibt.

Beispiel 64:

Der studierte und mit Doktortiteln überhäufte Alf aus Rheine ist E-Gitarrenvirtuose. Er spielt seine Appegien so schnell, dass für das menschliche Ohr nur noch ein Dauerton hörbar ist. Ebenso professionell führt er seine Aufzeichnungen als Musiker.
Da er sich die erste Auflage dieses Buches gekauft hat, liegt ein tadellos geführter Bankordner vor. Alf hatte aber auch etliche Bareinnahmen im Jahr 2007. Jede Bareinnahme, die er im Rahmen seiner Selbständigkeit erhielt, wurde unmittelbar in eine Tabelle eingetragen. Diese sieht wie folgt aus:

```
Bareinnahmenaufzeichnung des Alf aus Rheine 2007

Datum       Bareinnahme    Zahlungsgrund                    Zahlender

12.01.07  €  207,00        Auftritt Cafe Titanic, Bochum    Jack Dorsen, Cafe Titanic
17.01.07  €   25,00        Einnahme Gitarrenunterricht      Stefan Vai
18.01.07  €  400,00        Auftritt Hochzeit, Partyscheune  Mary Marying
28.01.07  €  535,00        Studioaufnahme Werbespot WM 2010 Deutscher Fußball Bund
02.02.07  €   25,00        Einnahme Gitarrenunterricht      Robert Ford
04.02.07  €  120,00        Verkauf Ibanez TS 808            Gregor Koch
usw.
```

Zudem hat Alf sämtliche Rechnungsbelege, die er im Zusammenhang mit diesen Einnahmen ausgestellt hat, hinter dieser Tabelle seiner Bareinnahmen abgeheftet, damit man sofort erkennen kann, wie die Bemessungsgrundlage und Steuersätze zur Umsatzsteuer sind.

Lösung zu Beispiel 64:

Alf wird voraussichtlich einen weiteren Doktortitel für vorbildliche Aufzeichnungen seiner Geschäftsvorfälle erhalten. Mit dieser Einzelaufstellung sämtlicher Bareinnahmen und der dazu gehörenden Abheftung der Rechnungen/Quittungen zu diesen Einnahmen direkt hinter dieser Aufstellung hat er seine Aufzeichnungspflichten für Bareinnahmen in der einfachsten Form erfüllt. Diese Unterlagen werden ebenfalls zusammenhängend in den Barordner eingeheftet und mit einem Trennblatt von den abgehefteten Barausgaben in diesem Ordner abgegrenzt.

Hinweis:

Es kann auch vorkommen, dass sich der Musiker in einer bestimmten Art und Weise am Erwerbsleben beteiligt, die das Führen eines echten Kassenberichtes erforderlich macht. In der Praxis wäre dies zum Beispiel denkbar, wenn sich ein Musiker regelmäßig auch als Konzertveranstalter betätigt. Das Besondere an solchen Konzertveranstaltungen ist, dass neben den Vorverkaufserlösen, die ja über Vorverkaufsstellen und dann per Banküberweisung abgewickelt werden, natürlich auch oder sogar ausschließlich nur eine Abendkasse am Veranstaltungstag gegeben sein wird, hinter der eine freundliche Person im Auftrag des Veranstalters den Eintritt verlangt. Weiterhin sind Konzertveranstalter in der Regel Gewerbebetreibende. In solchen Fällen ist es erforderlich, einen echten Kassenbericht zu führen, da eine Einzelaufzeichnung jeder Bareinnahme von jedem Konzertbesucher nicht möglich sein wird.

Beispiel 65:

Der in der Musikerszene bekannte und beliebte Jazzgitarrist Martin Heitz veranstaltet wöchentlich jeden Freitag in einem Live-Club ein Jazz-Konzert. Die Absprache mit dem Clubbesitzer geht dahin, dass sich Martin um alles selbst kümmert. Das bedeutet, er macht Werbung, setzt sein Freundin an die Abendkasse, zahlt die Gema-Gebühren für die Veranstaltung und behält alle Kasseneinnahmen des Abends für sich. Der Clubbesitzer verdient letztendlich an den Getränken und stellt daher keine Raummiete an Martin in Rechnung. Für die

Konzertabende sucht er sich Musiker bzw. Bands, die nach dem Auftritt, wie es in der Jazzszene üblich ist, großzügig bezahlt werden. Am Abend des 13.11.07 steht Martin sogar selbst noch für eine Nummer mit auf der Bühne. Während er sich bei seinem Inside/Qutside-Solo vom Publikum feiern lässt, sitzt seine Freundin im dunklen Vorraum an der Kasse, beschützt vom Türsteher Arnold. Mittlerweile ist es die 33. Veranstaltung dieser Art im Jahr 2007.

Folgende Vorgänge sind bezüglich der Barkasse geschehen:

1) Vor Beginn des Einlasses hatte die Kassiererin € 100,00 an Wechselgeld in die Kasse gelegt, bestehend aus 10 Scheinen über € 10,00. Das Geld hatte sie von Martins Bankkonto abgehoben.

2) Der Türsteher Arnold bekommt für seine Dienste zum Schutz der Kasse und der Kassiererin € 40,00 für den Abend. Da seine schwangere Freundin im Kreissaal liegt, verschwindet Arnold 30 Minuten vor Ende der Veranstaltung und bekommt seine Gage von € 40,00 um 23.00 h schnell aus der Kasse ausgezahlt, um mit dem Taxi ins Krankenhaus fahren zu können. Die pflichtbewusste Kassenführerin notiert sich diese Auszahlung auf einem Zettel, so dass sie diesen Vorgang nachher bei der Abrechnung nicht vergisst.

3) An Eintritt wurden € 10,00 je Person kassiert. Bei Kassenschluss um 23.30 h kurz vor Ende des Auftritts zählt die Kassiererin einen Kassenendbestand von € 1.710,00.

4) Die 4 Jazzkollegen der Session-Band erhalten später, nachdem Martins Freundin die Kasse abgerechnet hat und Martin das Geld lächelnd übergibt, jeweils in bar eine Gage von € 150,00 für den Abend ausgezahlt, die sich Martin sauber von den Musikern quittieren lässt.

Lösung zu Beispiel 65:

Für diese Veranstaltung führt Martin, vertreten durch seine treue Freundin, die Abendkasse des Konzerts, das er selbst veranstaltet. Da es viel zu aufwendig wäre, jede einzelne Kasseneinnahme aufzuzeichnen, wird ein Kassenbericht für diese Veranstaltung geführt, um den Umsatzerlös des Abends in steuerlich korrekter Weise zu ermitteln. Für einen solchen Kassenbericht könnte beispielsweise folgende Vorlage verwendet werden:

Kassenbericht

Name des Veranstalters:

Blatt Nr.: _____

Veranstaltung: _____

Datum: _____

Kassenbestand bei Kassenschluss durch Zählen: _____

Art der Scheine / Anzahl

_____ _____
_____ _____
_____ _____
_____ _____

Hartgeld: _____

Abgänge und Zugänge **vor** Kassenschluss:

Abgänge laut Beleg oder Eigenbeleg
_____ + _____
_____ + _____
_____ + _____

Zugänge laut Beleg oder Eigenbeleg

_____ − _____

= **Umsatz der Veranstaltung**   = _____

Abgänge **nach** Kassenschluss (optional):

_____ −
_____ −
_____ −
_____ −

**Verbleibender Überschuss aus Barkasse
für den Veranstalter (optional):**   =

Bezogen auf das konkrete Beispiel 65 mit Martin Heitz, seiner Freundin und dem freundlichen Arnold, muss die Kassenführerin den Kassenbestand unmittelbar nach Kassenschluss zählen und diesen gezählten Geldbestand als Erstes in den Bericht eintragen. Danach werden die Geldscheine und das Hartgeld ermittelt und in diesem Bericht aufgeführt.

Im nächsten Schritt trägt man die Beträge ein, die man **vor** Kassenschluss und **vor** dem Zählen des Kassenendbestandes herausgenommen hat. Diese Vorgänge werden auf dem Kassenbericht wieder hinzugezählt. Ebenfalls berücksichtigt werden Gelder, die **vor** Kassenschluss in die Kasse reingelangt sind. Diese werden wiederum abgezogen. Der danach folgende Restbetrag entspricht dem zugeflossenen Umsatzerlös der Veranstaltung.

Der Kassenbericht sollte daher für das Beispiel 65 wie folgt ausgefüllt werden:

Kassenbericht

Name des Veranstalters:

Blatt Nr.: _____33_____

Veranstaltung: _Davis Live-Club_

Datum: _Freitag, 13.11.2007_

Kassenbestand bei Kassenschluss durch Zählen: _€ 1.710,00_

Art der Scheine / Anzahl
_50-er_   _6_
_20-er_   _16_
_10-er_   _106_
_____   ___
_____   ___

Hartgeld: _11 x € 2,00_   _8 x € 1,00_ _____

Abgänge und Zugänge **vor** Kassenschluss:

```
Abgänge laut Beleg oder Eigenbeleg

Gage Türsteher Arnold              +      € 40,00
_____            +    _____
_____            +    _____

Zugänge laut Beleg oder Eigenbeleg

Einlage Wechselgeld bei Beginn     -      € 100,00

= Umsatz der Veranstaltung         =      € 1.650,00


Abgänge nach Kassenschluss (optional):

Gage Ralf € 150,00 siehe Quittung       -     € 150,00
Gage Matthias € 150,00 siehe Quittung   -     € 150,00
Gage Guido € 150,00 siehe Quittung      -     € 150,00
Gage Miles € 150,00 siehe Quittung      -     € 150,00

Verbleibender Überschuss aus Barkasse
für den Veranstalter (optional):        =     € 1.050,00
```

Das Wichtige bei der Führung eines Kassenberichtes ist, die richtige Reihenfolge einzuhalten. Zunächst muss durch Zählen der Kassenbestand bei Kassenschluss ermittelt und eingetragen werden und dann werden die Beträge, die den Kassenbestand beeinflusst haben, durch Hinzurechnung oder Kürzung korrigiert. Auf diese Weise wird der Umsatzerlös der Veranstaltung ermittelt. Diesen Umsatzerlös muss der Musiker wie hier im Beispiel des Martin Heitz dann bei seiner Gewinnermittlung als Barumsatzerlös mit € 1.650,00 erfassen.

Die Gagenzahlungen an die Musiker, die im unteren Teil des Berichtes nach Kassenabrechnung auftauchen, können dann bei der Gewinnermittlung als Betriebsausgabe abgesetzt werden.

Die in diesem Beispiel eines Kassenberichtes im unteren Teil unter der Ermittlung des Umsatzerlöses dieser Veranstaltung eingetragenen Vorgänge sind optional und daher nicht zwingend. Die Gagenauszahlungen an die Musiker nach rechnerischer Ermittlung des Umsatzerlöses haben ja keinen Einfluss mehr auf diese rechnerische Ermittlung. Nur wenn diese Gagenauszahlungen passiert wären, bevor der Umsatzerlös des Abends rechnerisch ermittelt worden wäre, so hätte man diese Gagen genau wie die Gage des Türstehers Arnold vorher wieder hinzurechnen müssen.

Im Beispiel 65 hat die Eintragung der Gagen unten auf dem Bericht und die rechnerische Ermittlung des verbleibenden Barüberschusses für den Musiker als Veranstalter einen ganz anderen Hintergrund. Diese rechnerische Ermittlung des Barüberschusses dient dazu, den in bar verbleibenden Betrag für den Veranstalter genau zu ermitteln, um die Herkunft dieses Bargeldes klar zu dokumentieren. Wir nehmen nun einmal an, dass Martin Heitz das verbleibende Bargeld auf sein völlig überzogenes Konto einzahlt. Wenn Martin nun 3 Jahre später eine Betriebsprüfung bekommt und der freundliche Prüfer die Herkunft dieser Bareinzahlung nachgewiesen haben möchte, dann kann Martin durch den perfekt geführten Kassenbericht zweifellos nachweisen, worher das eingezahlte Geld kommt.

Gleichzeitig dient der im Kassenbericht ermittelte Umsatzerlös der Veranstaltung von € 1.650,00 als Bruttobemessungsgrundlage für das, was Martin im Rahmen der Umsatzsteuer bei seinen Voranmeldungen oder bei seiner Umsatzsteuerjahreserklärung angeben muss, sofern er denn überhaupt mit Umsatzsteuer arbeitet. Angenommen Martin hat als Musiker keine Umsatzsteuerbefreiung als kulturelle Einrichtung, die gleichzeitig auch auf seine Veranstaltertätigkeit durchschlagen würde, und er ist auch kein Kleinunternehmer, so muss er den Bruttoumsatz von € 1.650,00 mit 7 % für Zwecke der Umsatzsteuer erklären.

Die Bemessungsgrundlage für die Umsatzsteuer wäre dann:

€ 1.650,00 : 1,07 = € 1.542,05
€ 1.542,05 x 7 % = € 107,95

Aus den Umsatzerlösen dieses Auftritts müsste er dann € 107,95 an Umsatzsteuer abführen. Eventuell in den ordnungsgemäßen Barquittungen der Musiker enthaltene Umsatzsteuer könnte Martin dann als sogenannte Vorsteuer auf seine Umsatzsteuerzahllast anrechnen.

Hinweis:

Der oben aufgeführte Kassenbericht ist dann zu führen, wenn der Musiker als Veranstalter eines eigenen oder fremden Konzertes tätig wird und daher selbst die Abendkasse einer derartigen Veranstaltung in seinem Namen führen muss. Der Bericht dient der Ermittlung des richtigen Umsatzerlöses der Veranstaltung.

Ein solcher echter Kassenbericht muss nicht geführt werden, wenn der Musiker lediglich seine Gage als Mitwirkender eines Auftritts von dem Veranstalter oder dem sonstigen Auftraggeber in bar erhält. Dann muss diese Einnahme nur in die Einzelaufzeichnung der Bareinnahmen (siehe Beispiel 64) erfasst werden.

2.14 Was versteht man unter Umsatzsteuer nach € 13b UStG – Leistungsempfänger als Steuerschuldner bei der Mitwirkung von ausländischen Musikern bei einem Auftritt?

Mit Wirkung zum 01.01.2002 wurde dieser § 13b UStG eingeführt.
Hierbei geht es um die Verlagerung der Steuerschuldnerschaft zur Umsatzsteuer auf den Leistungsempfänger. Das bedeutet, dass derjenige, der die Gage an den ausländischen Musiker bezahlt, zusätzlich zum Schuldner der Umsatzsteuer wird. Das ist, bezogen auf das normale System der Umsatzsteuer, genau umgekehrt zu dem, was der normale Mensch über die Umsatzsteuer weiß. Grundsätzlich ist es ja so, dass der Empfänger des Geldes die Umsatzsteuer abführen muss und nicht derjenige, der das Geld bezahlt. Hier beim § 13b ist das aber so.

Aus der praxisrelevanten Sicht für den deutschen Musiker tritt diese Steuerschuldnerschaft ein, wenn ein ausländischer Musikerkollege für einen Auftritt in Deutschland engagiert wird.

Übersicht:

Engagiert ein in der Bundesrepublik Deutschland ansässiger Musiker oder eine ansässige Musikgruppe als selbständiger Unternehmer

einen im Ausland ansässigen Musiker

der eine sonstige Leistung nach den Ortsbestimmungen des UStG in Deutschland erbringt (z.B. ein Live-Auftritt in Deutschland)

Rechtsfolge:

so schuldet der deutsche Musiker/Veranstalter/Auftraggeber die Umsatzsteuer (§13b Abs. 2 UStG)

Der ausländische Unternehmer muss weiterhin eine Rechnung an den deutschen Rechnungsempfänger ausstellen (§ 14a Abs. 4 S. 1 UStG), **darf in seiner Rechnung an den deutschen Unternehmer aber nicht die Umsatzsteuer ausweisen (§ 14a Abs. 4 S. 3 UStG)**. Der ausländische Musiker/Künstler muss in seiner Rechnung an den deutschen Unternehmer auf dessen Steuerschuldnerschaft hinweisen.

Beispiel 66:

Der berühmte Hank van de Kaas aus Den Haag wird von der Bluesgruppe „Tribute to Johnny W." Thomas Loyer und Freunde GbR engagiert. Man einigt sich auf eine Bruttogage über € 400,00. Die deutsche Band arbeitet mit Umsatzsteuer und ist vorsteuerabzugsberechtigt. Hank schreibt folgende Rechnung:

```
Hank van de Kaas
Nieuwe Parklaan 2
NL 2597 LA HAYE (Den Haag)


An:
Tribute to Johnny W.
Thomas Loyer und Freunde GbR
Rory-Gallagher-Weg 1
45678 Köln

                                                    07.02.08


Rechnung - Nr.: 36

Für meinen Auftritt am 07.02.08 als Saxophonist im Irish-Club in Köln berechne
ich:

                    € 400,00

Es wird auf Ihre Umsatzsteuerschuldnerschaft als Leistungsempfänger hingewiesen.
```

Hank van de Kaas

Lösung zu Beispiel 66:

Die deutsche Band muss als Schuldner der Gage und Auftragnehmer der Leistung des Hank die Steuer nach § 13b UStG beachten. Da es sich um einen Auftritt auf einem Konzert handelt, sind 7 % Umsatzsteuer von € 400,00 = € 28,00 für Hank von der deutschen Band an das Finanzamt an Umsatzsteuer zu erklären. In der gleichen Höhe darf die Band aber einen Vorsteuerbetrag gegenrechnen. Per Saldo zahlt sie damit keine Umsatzsteuer für Hank an das Finanzamt.

Folgende Punkte sind im Rahmen dieser Vorschrift zu beachten:

1) Der deutsche Musiker als selbständiger Unternehmer wird nur dann zum Steuerschuldner der Umsatzsteuer, wenn es sich bei dem engagierten ausländischen Kollegen im Zeitpunkt der Leistungsausführung (Datum des Auftritts) um jemanden handelt, der weder Wohnsitz, Sitz, Geschäftsleitung oder Zweigniederlassung in der Bundesrepublik hat.[122] Ist sich der deutsche Musiker als Auftraggeber eines anderen Musikers oder einer ausländischen Band nicht sicher, ob diese wirklich in Deutschland ansässig sind (z.B. die Standortfrage ist nicht geklärt oder die Angaben geben Anlass zu Zweifel), so wird trotzdem die Steuer geschuldet, es sei denn, man lässt sich für diese Zwecke die neue Bescheinigung USt 1 TS (Bescheinigung über die Ansässigkeit im Inland) von dem beauftragten Musiker oder der beauftragten Gruppe/Band ausstellen.

2) Die Steuer entsteht mit Ausstellung der Rechnung, spätestens jedoch mit Ablauf des der Ausführung der Leistung folgenden Kalendermonats.
Werden Entgelte oder Teilentgelte bereits vereinnahmt, bevor die Leistung (z.B. der Auftritt) ausgeführt wurde (damit gemeint sind Gagenanzahlungen oder komplette Vorabgagen), so entsteht die Steuer bereits mit Ablauf des Umsatzsteuervoranmeldungszeitraumes der Vereinnahmung des Geldes.

3) Der deutsche Musiker oder Veranstalter als Leistungsempfänger des Ausländers kann die Umsatzsteuer, die er nun auf die als Nettobetrag ohne Umsatzsteuer ausgewiesene Gage berechnet und an sein Finanzamt im Rahmen seiner Umsatzsteuervoranmeldungen abführt, selbst als Vorsteuer gegenrechnen, sofern alle Voraussetzungen für diesen Vorsteuerabzug aus seiner Sicht gegeben sind. Er kann sie beispielsweise nicht gegenrechnen, wenn er Kleinunternehmer ist oder diesen Eingangsumsatz für Umsätze verwendet, die den Vorsteuerabzug ausschließen.[123]
Unterm Strich ist diese Steuer nach § 13b UStG daher keine Mehrbelastung, die der deutsche Musiker für den ausländischen Kollegen trägt, weil er denselben Betrag, den er abführen muss, gleichzeitig als Vorsteuer angerechnet bekommt.

Nur dann, wenn der deutsche Musiker nicht vorsteuerabzugsberechtigt ist, wirkt sich diese Steuerschuldnerschaft als echte Erhöhung der Kosten aus. Das wäre aber genauso, wenn ein nicht vorsteuerabzugsberechtigter Musiker einen deutschen Kollegen engagieren würde, der mit Umsatzsteuer abrechnet. Hier wäre die Umsatzsteuer des deutschen Kollegen ebenfalls nicht als Vorsteuer abziehbar und daher eine echte Kostenerhöhung. Folglich führt der § 13b UStG nicht zu einer Ungleichbehandlung zwischen Deutschen und ausländischen Musikern hinsichtlich der Umsatzsteuer.

4) Der Unternehmer, der in Deutschland monatlich oder vierteljährlich seine Umsatzsteuervoranmeldungen abgibt, erklärt diese Umsatzsteuer nach § 13b UStG im Rahmen der Abgabe dieser Anmeldungen. Die Unternehmer, die zwar normal mit Umsatzsteuer arbeiten, aber aufgrund der geringen Vorjahresumsatzsteuer von max. € 512,00 nur einmal im Jahr die Umsatzsteuerjahreserklärung abgeben, erklären die Steuer nach § 13b UStG über diese Jahreserklärung.

Alle anderen Unternehmer wie z.B. Kleinunternehmer oder sonstige Unternehmer, die überhaupt keine umsatzsteuerpflichtigen Leistungen erbringen (z.B. der Vermieter einer Wohnung, ein selbständiger Versicherungs- oder Finanzvermittler, ein selbständiger Arzt), würden bei Engagement eines ausländischen Künstlers oder einer ausländischen Gruppe die Steuer dann nur über § 13b UStG schulden. Diese Unternehmer haben für das jeweilige Kalendervierteljahr (Monatsanmeldungen sind ausgeschlossen) eine Voranmeldung mit der nach §13b berechneten Umsatzsteuer abzugeben und zwar nur, wenn auch tatsächlich eine solche Steuer entstanden ist.

Hinweis:

Die Verlagerung der Steuerschuld auf den deutschen Unternehmer hat aus Sicht des deutschen Staates eine Sicherung dieser Einnahmequelle zur Folge.
Für den deutschen Musiker ergibt sich dadurch der Nachteil, dass er durch die Verlagerung dieser Steuerschuldnerschaft nun zusätzlichen Verwaltungsaufwand hat und mit seinem Vermögen für die Abführung der Steuer geradesteht. Kritischerweise kann man auch anmerken, dass dem selbständigen deutschen Unternehmer hier schon wieder Verwaltungsaufwand legal per Gesetz übertragen wird, der ihn wieder ein wenig mehr von seiner eigentlichen Arbeit und damit vom Geldverdienen abhält.

2.15 Wie muss bei Engagement eines ausländischen Musikers die Abzugsteuer für beschränkt steuerpflichtige Künstler (Ausländerabzugsteuer nach § 50a EStG) berechnet und abgeführt werden?

Engagiert der deutsche Musiker oder Veranstalter einen ausländischen Kollegen für einen Auftritt in Deutschland, so muss nicht nur die Umsatzsteuer nach § 13b UStG beachtet werden. Neben der Umsatzsteuer hat der Gagenzahler auch noch die Pflicht, den § 50a EStG zu beachten.

Dabei geht es darum, für den ausländischen Kollegen einen Steuerbetrag für die Einkommensbesteuerung abzuführen, sofern die Gage des ausländischen Kollegen einen Betrag von € 250,00 übersteigt.

Es gelten dabei 4 Stufen für die Einbehaltung und Abführung der Steuer für beschränkt steuerpflichtige Künstler. Diese sind:

> bis € 250,00 beträgt die einzubehaltende Steuer = 0 % der Einnahmen,

> über € 250,00 bis € 500,00 beträgt die Steuer = 10 % der Einnahmen + SolZ,

> über € 500,00 bis € 1000,00 beträgt die Steuer = 15 % der Einnahmen + SolZ,

> über € 1.000,00 beträgt die Steuer = 20 % der Einnahmen + SolZ.

Zu beachten ist, dass auch in Rechnung gestellte Nebenleistungen wie Fahrtkosten oder Spesen zu den Einnahmen aus der Darbietung gehören.

Beispiel 67:

Der berühmte Hank van de Kaas aus Den Haag wird schon wieder von der Bluesgruppe „Tribute to Johnny W". Thomas Loyer und Freunde GbR engagiert. Man einigt sich auf eine Bruttogage über € 400,00, von der die Abzugsteuer für ausländische Künstler noch einbehalten werden muss. Hank schreibt folgende Rechnung:

Hank van de Kaas
Nieuwe Parklaan 2
NL 2597 LA HAYE (Den Haag)

An:
Tribute to Johnny W.
Thomas Loyer und Freunde GbR
Rory-Gallagher-Weg 1
45678 Köln   10.02.08

Rechnung:

Für meinen Auftritt am 10.02.08 als Saxophonist in der Söfke in Warendorf berechne ich:
€ 400,00

Es wird auf Ihre Umsatzsteuerschuldnerschaft als Leistungsempfänger hingewiesen.

Hank van de Kaas

Lösung zu Beispiel 67:

Die deutsche Band als GbR muss zum einen auf die € 400,00 die Umsatzsteuer nach § 13b UStG erklären und abführen (vgl. Frage 2.14), erhält aber den gleichen Betrag als Vorsteuer wieder angerechnet, so dass per Saldo eine Umsatzsteuerzahllast von € 0,00 verbleibt.

Zudem müssen 10% von € 400,00 = € 40,00 zuzüglich 5,5% SolZ von den € 40,00 = € 2,20 = insgesamt € 42,20 von der Gage einbehalten und an das deutsche Finanzamt der Band für den Niederländer Hank van de Kaas erklärt und abgeführt werden. Dafür gibt es besondere Vordrucke beim Finanzamt oder über das Internet herunterzuladen, in denen diese Abzugsteuer erklärt und berechnet werden muss.

Praxishinweis:

Ein großes praktisches Problem taucht nun aber auf, wenn vertraglich eine festgelegte Nettoauszahlung an den ausländischen Künstler vereinbart wird und der deutsche Auftraggeber sich zur Übernahme der einkommensteuerlichen Abzugsteuer nach § 50a EStG verpflichtet.

Beispiel 68:

Wie Beispiel 67, aber die beiden Parteien einigen sich vertraglich darauf, dass Hank einen Nettobetrag von € 300,00 ausgezahlt bekommt und dass der Veranstalter/Auftraggeber die Abführung der Ausländerabzugsteuer nach § 50a EStG übernimmt.

Lösung zu Beispiel 68:

Bei dieser Abwicklung ergibt sich zum einen ein Problem, das aufgrund des neuen § 13b UStG der ausländische Künstler in seiner Rechnung auf die Umsatzsteuerschuldnerschaft des Leistungsempfängers hinzuweisen hat. Die Wirkung einer solchen Rechnung kann aber auch ein Künstlervertrag übernehmen, in dem solche Dinge vereinbart bzw. aufgeführt werden.

Weiterhin muss nun das eigentliche umsatzsteuerliche Entgelt richtig durch fiktive Zurechnung der einzubehaltenden Abzugsteuer für beschränkt Steuerpflichtige ermittelt werden, denn die Bemessungsgrundlage für die Umsatzsteuer nach § 13b ist das Entgelt vor Abzug der Abzugsteuer nach § 50a EStG. Bei der Vereinbarung einer vorher festgelegten Nettogage für den Ausländer von € 300,00 entspricht dieser Betrag folglich nicht der umsatzsteuerlichen Bemessungsgrundlage. Damit muss der deutsche Musiker, Veranstalter oder Vertragspartner, der die Umsatzsteuer nach § 13b UStG schuldet, wissen, wie er von dem Nettobetrag auf den Bruttobetrag der Gage vor Einbehalt der Abzugsteuer rechnerisch kommt. Die Bruttogage vor fiktivem Abzug dieser Abzugsteuer nach § 50a EStG beträgt hier (Berechnungsformeln folgen unten) € 335,38. Auf diese € 335,38 müsste die deutsche Band als GbR im Beispiel 68 zunächst 7 % USt nach § 13b UStG = € 23,47 abführen.

Zusätzlich sind € 35,38 an einkommensteuerlicher Abzugsteuer incl. Solidaritätszuschlag (SolZ) für beschränkt steuerpflichtige Künstler nach § 50a EStG in dem extra dafür beim Finanzamt erhältlichen Vordruck zu erklären und abzuführen.

Praxishinweis:

Es ist zu beachten, dass sich der Einbehalt der einkommensteuerlichen Abzugsteuer auf 4 Stufen bezieht, wobei bei jeder Überschreitung der nächsten Stufe um beispielsweise nur 1,00 € der komplette Gagenbetrag der höheren Steuer dieser Stufe unterliegt. Das bedeutet, dass bei einer Bruttogage von beispielsweise € 501,00 schon die 15 %-ige Abzugsteuer zuzügl. SolZ auf den Gagenbetrag anfallen, während bei brutto € 500,00 nur die 10 % zuzügl. SolZ abzuführen sind. Daher ist das Verständnis für die Berechnung äußerst wichtig, um durch Vereinbarung eines geringeren Gagenbetrages von z.B. nur € 1,00 ein Vielfaches an Abzugsteuer nach § 50a EStG sparen zu können.

Translation:

Wird von vornherein bei einem ausländischen Künstler ein Nettoauszahlungsbetrag vereinbart **und der Veranstalter übernimmt laut Vertrag die einkommensteuerliche Abzugsteuer nach § 50a EStG**, so dürfte diese Vereinbarung des Nettoauszahlungsbetrag nicht mehr als € 250,00 betragen, wenn der engagierende deutsche Musiker oder Veranstalter keine Abzugsteuer für beschränkt steuerpflichtige Künstler abführen will. Bei einer Nettogage von nicht mehr als € 250,00 ergibt sich gleichzeitig eine Bruttogage von € 250,00, bei der noch keine Abzugsteuer einzubehalten ist. Gleichzeitig entsprechen auch die Beträge bis € 250,00 der Bemessungsgrundlage für die Umsatzsteuer nach § 13b UStG.

Beispiel 69:

Der spätestens nach der 1. Auflage dieses Buches weltberühmte Niederländer Hank van de Kaas macht in 2008 zwei Auftritte in Deutschland. Laut Vertrag erhält er beim 1. Auftritt von der Veranstalterin Martina Qual eine vereinbarte Nettoauszahlung von € 250,00. Der 2. Auftritt findet in Düsseldorf gegenüber dem Konzertveranstalter Enterprise D & V GmbH & Co. KG statt, bei dem eine Nettoauszahlung von € 260,00 vereinbart wird. Dort hatte man ebenfalls wie bei Martina die Nettogage mit der entsprechenden Übernahme der Abzugsteuer nach § 50a EStG durch den Veranstalter vereinbart.

Lösung zu Beispiel 69:

Martina Qual war geschickt oder hatte Glück oder hat die 1. Auflage dieses Buches gelesen. Für sie fällt neben der Umsatzsteuerschuldnerschaft über § 13b UStG keine Abführung von Abzugsteuer für beschränkt Steuerpflichtige an. Hochgerechnet auf den Nettobetrag von € 250,00 ergibt sich eine Bruttogage über € 250,00. Martina muss 7 % USt nach § 13b UStG = € 17,50 an das Finanzamt abführen, die sie als vorsteuerabzugsberechtigte Unternehmerin wieder voll angerechnet bekommt und daher keine wirtschaftliche Belastung darstellen.

Beim Engagement des Niederländers über Martina Qual sind alle glücklich. Hank van de Kaas erhält € 250,00 ausgezahlt. Martina Qual zahlt per Saldo nichts ans Finanzamt, weil sich die € 17,50 USt durch gleichzeitigen Vorsteuerabzug von € 17,50 neutralisieren.

Bei dem Veranstalter Enterprise D & V GmbH & Co. KG hingegen sieht es viel ungünstiger aus. Von der Nettogage über € 260,00 ergibt sich hochgerechnet eine Bruttogage von € 290,66 (Formeln zu Berechnung folgen unten). Hier müssen zunächst 7 % von € 290,66 = € 20,35 an Umsatzsteuer nach § 13b UStG abgeführt werden, welche der Veranstalter aber auch als Vorsteuer angerechnet bekommt. Zusätzlich muss der Veranstalter nun aber von der fiktiven Bruttogage vor Abzugsteuer nach § 50a EStG = € 290,66 die Abzugsteuer von 10 % zuzügl. SolZ = insgesamt € 30,66 an das Finanzamt abführen. Diese € 30,66 belasten damit de facto den Veranstalter zusätzlich. Aufgrund einer Nettomehrgage im Beispiel 65 von nur € 10,00 muss der Veranstalter nun € 30,66 bezahlen.

Gestaltungshinweis:

Durch die gesetzlich eingefügte stufenweise Erhöhung der einkommensteuerlichen Abzugsteuer für beschränkt steuerpflichtige Künstler nach § 50a EStG kann man eine Grundaussage für zukünftige Gagenvereinbarungen gegenüber ausländischen Künstlern machen:

Die Gagenvereinbarungen sind aus abzugsteuerlicher Sicht immer dann optimal, wenn sie sich an den höchstmöglichen Betrag vor der Grenze zur nächsten Stufe orientieren. Am ungünstigsten ist der Ansatz zu Beginn der nächsthöheren Stufe.

Je nachdem, ob die vereinbarte Gage an den ausländischen Künstler eine Bruttogage oder Nettogage laut Vertrag sein soll, ergeben sich 2 Möglichkeiten zur Berechnung der steuerlich optimalen Gage. Dabei wurde aufgrund der eingefügten 4 Stufen der Besteuerung ein gemeinsamer Gestaltungsspielraum geschaffen, der eine steuerlich optimierte Gagenvereinbarungen möglich werden lässt.

Möglichkeit 1:
Es wird eine Bruttogage vereinbart, von der die Abzugsteuer für ausländische Künstler nach § 50a EStG vom deutschen Auftraggeber noch von dieser Bruttogage zwecks Abführung einbehalten werden muss.

Möglichkeit 2:
Es wird eine Nettogage an den ausländischen Künstler vereinbart, die er dann auch tatsächlich in der Höhe ausgezahlt bekommt, und der deutsche Auftraggeber übernimmt die Abzugsteuer nach § 50a EStG, indem er vom Nettobetrag auf den Bruttobetrag hochrechnet und daraus die Abzugsteuer ermittelt.

Praktische Hilfestellung:

Zu Möglichkeit 1:
Bei der Vereinbarung der Gage als Bruttogage hat der deutsche Musiker oder Veranstalter als Auftraggeber keinen Nachteil, da er von der Gage den Steuerbetrag einbehält. Dennoch kann man dem ausländischen Künstler, sofern das Verständnis über die Problematik vorliegt, plausible Gagenvorschläge machen, die ihm zeigen, dass bei einer höheren Bruttogage unterm Strich weniger Nettoauszahlung für ihn herauskommt als bei Vereinbarung einer ganz bestimmten, niedrigeren Bruttogage. Bis zu einem ganz bestimmten Betrag in jeder Stufe ist der höchstmögliche Betrag der vorherigen Stufe per Saldo aus Sicht des ausländischen Künstlers nämlich besser. **Diesen Punkt sollte man bei Gagenverhandlungen immer mit einbeziehen.**

Die Bruttogage sollte bewusst und gezielt festgelegt werden, weil sie de facto ein Mehr oder beim oberen Betrag zumindest genau die gleiche Höhe an Nettoauszahlung für den ausländischen Musiker bei geringeren Kosten für den deutschen Auftraggeber bringt:

> Anstatt eines Betrages von brutto € 251,00 bis € 280,00
> besser einen Betrag von brutto € 250,00

> Anstatt eines Betrages von brutto € 501,00 bis € 531,00
> besser einen Betrag von brutto € 500,00

> Anstatt eines Betrages von brutto € 1.001 bis € 1.066,00
> besser einen Betrag von brutto € 1.000,00

Zu Möglichkeit 2:
Wird von vornherein eine Nettogage vereinbart, muss der Veranstalter aufpassen, dass er durch eine ungünstig vereinbarte Nettogage nicht ungünstige Mehrkosten an Abzugsteuer nach § 50a EStG hat. Hier besteht bei der vorherigen Vereinbarung eines Nettobetrages eine gewisse Konkurrenz zwischen den Anliegen der beiden Parteien.

Soll die Gage beispielsweise netto € 251,00 betragen, so dürfte es dem deutschen Auftraggeber sicherlich leicht fallen, dem ausländischen Musiker bei Verzicht über netto von nur € 1,00 klarzumachen, dass der Veranstalter bei dieser Nettogage dann insgesamt € 29,60 an Abzugsteuer incl. SolZ spart.

Anders liegt der Fall aber dann, wenn der ausländische Künstler beispielsweise netto € 300,00 verlangt. Der deutsche Musiker oder Veranstalter als Auftraggeber müsste dann schon € 35,38 an Abzugsteuer abführen. Würde man dann aber, um diese Steuer zu vermeiden, nur netto € 250,00 vereinbaren (= die 0%-Schwelle), so würde der ausländische Künstler praktisch auf eine Nettogage von € 50,00 verzichten. Das wird er nicht so einfach hinnehmen wollen. Dieses Problem lässt sich in der Praxis aber nicht beseitigen.

Vom Ergebnis werden sich daher die Gagen bei Vereinbarung von Nettoauszahlungsgagen an den ausländischen Musiker aus Sicht des deutschen Auftraggebers als Vertragspartner voraussichtlich immer an den oberen Nettoschwellen zur nächst höheren Stufe orientieren. Diese betragen:

> Stufe 1: bis netto € 250,00

> Stufe 2: bis netto € 420,00

> Stufe 3: bis netto € 736,00

> Stufe 4: über € 736,00 ist der Betrag offen, da keine weitere Stufe vorhanden

Zur Lösung der praktischen Probleme, bei Vereinbarung von Nettoauszahlungen mit Übernahme der Steuern durch den Veranstalter
- den Betrag der Bemessungsgrundlage für die Umsatzsteuer nach § 13b UStG
- die Schwellen für die nächsthöhere, ungünstigere Stufe
- und die anfallende einkommensteuerliche Abzugsteuer bei beschränkt steuerpflichtigen Künstlern zu berechnen,

können folgende vom Autor entwickelte Formeln helfen:

Praktische Hilfestellung:

Berechnung der Abzugsteuer nach § 50a und Ermittlung der Bemessungsgrundlage für die Steuer nach § 13b UStG bei Vereinbarung einer Nettogage an den Künstler

> Bei einer Nettogage von maximal € 250,00
> Bemessungsgrundlage für Abzugsteuer und Umsatzsteuer §13b UStG ermittelbar durch
> Formel: **Nettobetrag =   Bemessungsgrundlage (BMG) für USt**
> **Abzugsteuer fällt nicht an**

Bei einer Nettogage von mehr als € 250,00 bis max. € 420,87
Bemessungsgrundlage für Abzugsteuer und Umsatzsteuer § 13b UStG ermittelbar durch
Formel: **Nettoauszahlung : 0,8945 = BMG für USt = BMG für Abzugsteuer**
Abzugsteuer = 10,55 % von BMG für Abzugsteuer

Bei einer Nettogage von mehr als € 420,87 bis max. € 736,24
Bemessungsgrundlage für Abzugsteuer und Umsatzsteuer § 13b UStG ermittelbar durch
Formel: **Nettoauszahlung : 0,84175 = BMG für USt = BMG für Abzugsteuer**
Abzugsteuer = 15,825 % von BMG für Abzugsteuer

Bei einer Nettogage von mehr als € 736,24
Bemessungsgrundlage für Abzugsteuer und Umsatzsteuer § 13b UStG ermittelbar durch
Formel: **Nettoauszahlung : 0,789 = BMG für USt = BMG für Abzugsteuer**
Abzugsteuer = 21,10 % von BMG für Abzugsteuer

Beispiel 70 zur praktischen Anwendung der Berechnungsformeln:

Arbid Revel ist selbständiger Gitarrist, arbeitet mit Umsatzsteuer und veranstaltet von Zeit zu Zeit Konzerte. Für das Festival „Akrobaten des Fingertums" am 20.01.08 engagiert er unter anderen noch kurzfristig keinen Geringeren als den Solisten Hereon Kranken aus Österreich.
Hereon konnte mit Arbid eine Nettogage von € 500,00 zuzüglich € 100,00 Fahrtkostenpauschale = insgesamt € 600,00 Nettoauszahlung per Vertrag vereinbaren, wobei der deutsche Veranstalter Arbid Revel die Abzugsteuer für den ausländischen Musiker abführen muss. Es wurde vereinbart, dass Hereon Kranken € 300,00 vorab bei Vertragsabschluss am 10.01.08 überwiesen bekommt und die restlichen € 300,00 (incl. der Fahrtkostenpauschale) am 20.01.08.

Lösung zu Beispiel 70:

Der deutsche Veranstalter Arbid Revel muss für den ausländischen Künstler im Rahmen einer eigenen Schuldnerschaft die Umsatzsteuer nach § 13b UStG erklären. Zudem muss er die Ausländerabzugsteuer nach § 50a EStG wie auch die USt an sein Finanzamt abführen. Allem unterliegt der komplette Gagenbetrag, das heißt auch der Betrag, der auf die Fahrtkosten entfällt. Auch kann er nicht aufgrund der getrennten Überweisung von zweimal € 300,00 den geringeren Steuersatz der Abzugssteuer der 2. Stufe in Anspruch nehmen, sondern er ist zwingend an die 3. Stufe gebunden, weil sich die Steuersätze der Stufen auf die jeweilige Darbietung beziehen. **Durch eine Zahlung der Gage in 2 Raten ist es folglich nicht möglich, die schlechtere Stufe zu umgehen.**
Arbid schaut nun, da er sich dieses Buch gekauft hat, in das entsprechende Kästchen, in welches die Nettogage passt. Bei netto € 600,00 ist dies das dritte Kästchen und er wendet die Formeln an:

Nettoauszahlung : 0,84175 = BMG für USt = BMG für Abzugsteuer
Abzugsteuer = 15,825 % von BMG für Abzugsteuer

Die Bemessungsgrundlage für die Umsatzsteuer nach § 13b UStG und für die Abzugsteuer nach § 50a EStG beträgt danach:

= € 600,00 : 0,84175 = **€ 712,80**

Folglich muss Arbid ans Finanzamt erklären und abführen:

Umsatzsteuer = 7 %   von € 712,80 = **€ 48,90**
Abzugssteuer = 15,825 %   von € 712,80 = **€ 112,80**

Hinweis:

Zu Klarstellung wird nochmals erwähnt, dass sich die eben genannten Berechnungsformeln auf die Sachverhalte beziehen, bei denen mit dem ausländischen Künstler eine **Nettogage** festgelegt wurde und sich der Auftraggeber verpflichtet hat, die Abzugsteuer für beschränkt Steuerpflichtige zu übernehmen. Bei einer Bruttogagenvereinbarung erübrigt sich das komplizierte Rechnen, weil sich die Bemessungsgrundlage der USt für den deutschen Auftraggeber des Ausländers direkt aus der Bruttogage ableiten lässt. Das Gleiche gilt für die Stufen, bei denen die nächst höhere Steuer berechnet wird.

Zur Klarstellung werden diese für **Brutto**gagenverhandlungen nochmals aufgeführt:

Bis € 250,00 beträgt die einzubehaltende Steuer = 0 % der Einnahmen.

Über € 250,00 bis € 500,00 beträgt die Steuer = 10 % der Einnahmen + SolZ.

Über € 500,00 bis € 1000,00 beträgt die Steuer = 15 % der Einnahmen + SolZ.

Über € 1.000,00 beträgt die Steuer = 20 % der Einnahmen + SolZ.

Der deutsche Musiker oder Veranstalter, der den ausländischen Künstler engagiert, ist auf Verlangen verpflichtet, dem Künstler eine Bescheinigung mit folgendem Inhalt auszustellen:

1. Namen und Anschrift des beschränkt steuerpflichtigen Empfängers der Vergütung
2. Art der Tätigkeit und Höhe der Vergütung in Euro
3. den Zahlungstag
4. den Betrag der einbehaltenen und abgeführten Steuer nach § 50a
5. das Finanzamt, an das die Steuer abgeführt wurde

Ein Einbehalt dieser Steuer darf lediglich dann unterbleiben, wenn der ausländische Künstler eine Freistellungsbescheinigung des Bundeszentralamts für Steuern nach § 50d Abs. 1, 2 EStG vorlegen kann.

Hinweis:

Der EUGH hat mit Urteil vom 03.10.2006 C-290/04 „FK Scorpio" entschieden, dass er den § 50a (4) S. 3 EStG für unzulässig hält. In dieser Vorschrift hat der deutsche Gesetzgeber den Steuerabzug für künstlerische Darbietungen mit den oben genannten 4 Stufen ab € 250,00 geregelt. Die EUGH-Richter bemängeln dabei, dass die deutsche Vorschrift keinen Abzug von Betriebsausgaben des ausländischen Künstlers, die in unmittelbarem Zusammenhang mit seiner Darbietung stehen, berücksichtigt. Der Steuerabzug soll nach § 50a (4) S. 3 EStG immer von der Bruttogage einbehalten werden.

Ob der deutsche Gesetzgeber oder die Finanzverwaltung darauf kurzfristig reagiert, ist zur Zeit fraglich.

Voraussetzung für eine Berücksichtigung der Betriebsausgaben ist,

- dass die Ausgaben dem Veranstalter mitgeteilt werden
und
- dass die Ausgaben in unmittelbarem Zusammenhang mit der Darbietung stehen
und
- dass der Künstler Staatsangehöriger eines EU-Staates ist und in einem dieser Staaten lebt.

Problematisch an der Anwendung dieser Rechtsprechung ist, dass der Veranstalter, der den ausländischen Künstler engagiert, weiterhin über § 50 (5) EStG i.V.m. § 73g EStDV für diese Abzugsteuer haftet. Solange der deutsche Gesetzgeber diese neue Rechtsprechung noch nicht in deutsches Recht übernommen hat, empfiehlt es sich daher aus Sicherheitsgründen, den Steuerabzug weiterhin von der Gage ohne mindernde Berücksichtigung von Betriebsausgaben einzubehalten und abzuführen.

Der ausländische Künstler hat dann immer noch die Möglichkeit, über das Erstattungsverfahren nach § 50 (5) S. 2 Nr. 3 EStG gegenüber dem Bundeszentralamt für Steuern nachträglich seine Betriebsausgaben geltend zu machen und die zu hoch einbehaltene Steuer zurückzuerhalten.

2.16 Wo liegt der Unterschied zwischen Selbständigkeit, Selbständiger mit nur einem Auftraggeber und Scheinselbständigkeit?

Die Abgrenzung dieser drei Begriffe ist in erster Linie für das Sozialversicherungsrecht maßgebend.

Scheinselbständigkeit

Ist jemand Arbeitnehmer, so muss der Arbeitgeber entsprechende Lohnsteuer aufgrund des Bruttolohns und der dazugehörenden Lohnsteuertabelle vom Bruttolohn einbehalten und an das Finanzamt abführen. Zusätzlich ist der Arbeitnehmer, der weisungsgebunden durch den Arbeitgeber seine Tätigkeit ausübt, bei Übersteigung der monatlichen Bezugsgrenze von € 400,00 sozialversicherungspflichtig. Das bedeutet, dass der Arbeitgeber zusätzlich noch 50 % aller Beiträge zur Renten-, Arbeitslosen-, Kranken- und Pflegeversicherung vom Lohn bzw. Gehalt einbehalten und zuzüglich seines eigenen Anteils von 50 % an den Sozialversicherungsträger abführen muss. Ausnahmen gelten lediglich bei der sogenannten Gleitzonenberechnung, bei der der Anteil des Arbeitnehmers bis zur Ausschöpfung dieser Grenze geringer ist.

Im Schnitt beträgt dieser Block je nach Wahl der Krankenkasse zwischen 40 % und 42 % des Bruttolohns, wobei dann quasi sowohl Arbeitnehmer als auch Arbeitgeber jeweils ca. 21 % vom Bruttolohn dafür zahlen.

In der Praxis soll es daher auch Fälle geben, bei denen Arbeitgeber solche Angestellten als Selbständige gegen Honorar- oder Provisionsrechnung „beschäftigen". Dann müsste der Arbeitgeber eben nicht die oben genannten Beträge zur Lohnsteuer und Sozialversicherung abführen. Da dies im Einzelfall mit erheblichen Nachteilen des „Beschäftigten" verbunden sein kann, aber auch dem Fiskus dadurch in der Regel Geldbeträge für die Sozialversicherung verloren gehen, werden die Sozialversicherungsprüfer der Krankenkassen oder der Rentenversicherungsträger darauf angesetzt, derartige Scheinselbständige aufzudecken.
Geschieht so etwas, so wird das Verhältnis von der Selbständigkeit in eine abhängige Beschäftigung umgedeutet. Das ist für den Arbeitgeber dann äußerst unglücklich, da er die kompletten Beträge an Lohnsteuer- und Sozialversicherung abführen muss. Zwar könnte er sich den Anteil des Arbeitnehmers an der Sozialversicherung und die Lohnsteuer vom Arbeitnehmer wiederholen, doch haftet er zunächst für die volle Abführung der Beträge. Bekommt er dann von dem Angestellten nichts zurück (z.B. weil dieser kein Geld und keine Vermögenswerte hat), so hat er das Zahlungsproblem ganz alleine.

Natürlich kann ein Selbständiger durch eine Prüfung nicht so einfach in einen Angestellten umgedeutet werden. **Für die Selbständigkeit** im steuerrechtlichen Sinne spricht, wenn die Person eigenverantwortlich, auf eigene Rechnung, nicht weisungsgebunden, mit eigenen Arbeitsmitteln, eigenem Kapitaleinsatz, eigenem Risiko, ohne Urlaubs- oder Überstundenvergütung und zu selbst bestimmten Arbeitszeiten tätig wird.[124] Weiterhin darf es sich nicht um typische Arbeitnehmerleistungen handeln. Das wäre zum Beispiel der Fall, wenn eine Bürosekretärin ihre Tätigkeit gegenüber dem bisherigen Arbeitgeber kündigt und fortan gegen Rechnung als Selbständige für den ehemaligen Chef arbeitet.

Ob der Musiker mit seinen primären Tätigkeiten grundsätzlich in die Problematik zur Abgrenzung zwischen Selbständigkeit und Scheinselbständigkeit kommen kann, wenn er Live-Auftritte, Rechtsübertragungen, Studiojobs etc. macht, hängt vom Einzelfall an. Eine pauschale Aussage kann nicht gemacht werden, da die Vielzahl der einzelnen Kriterien und deren Gewichtung von Fall zu Fall unterschiedlich sind.

So wird der Musiker, der beispielsweise von einem anderen wegen dessen Krankheit als Aushilfe engagiert wird, sicherlich als Selbständiger gegenüber diesem abrechnen können. Bei einem festen Engagement über eine gewisse Laufzeit hingegen können die Kriterien unter Umständen auch zur Angestelltentätigkeit tendieren. Eine nebenberufliche Lehrtätigkeit kann als Selbständiger gemacht werden.[125]

Zur umfangreichen Abgrenzung der künstlerischen Tätigkeit als selbständig ausgeübte freiberufliche Tätigkeit von einer weisungsgebundenen Anstellung dient das BMF-Schreiben vom 05.10.1990.[126] Grundsätzlich ist danach bei der Abgrenzung entscheidend, was wirklich passiert und nicht wie das Verhältnis formal bezeichnet wird. Das Schreiben unterscheidet:

1) Spielzeitverpflichtete Künstler z.B. an Theatern sind abhängig beschäftigt und damit nicht selbständig.

2) Gastspielverpflichtete Künstler als Musiker sind angestellt, wenn sie die Tätigkeit in einer Aufführung übernehmen und gleichzeitig eine Probenverpflichtung übernehmen und die Probenverpflichtung tatsächlich erfüllt wird.

3) Aushilfen für Chor und Orchester sind selbständig, wenn sie nur für kurze Zeit einspringen.

4) Gastspielverpflichtete Künstler einschließlich der Instrumentalsolisten sind selbständig, wenn sie an einer konzertanten Opernaufführung, einem Oratorium, Liederabend oder dergleichen mitwirken.

5) Bei Kulturorchestern sind sämtliche gastspielverpflichteten Künstler selbständig.

6) Freie Mitarbeiter bei Hörfunk und Fernsehen sind grundsätzlich angestellt, es sei denn, ganz bestimmte Personen werden für ganz bestimmte einzelne Produktionen selbständig. Dazu zählen auch musikalische Leiter und Solisten aus Gesang, Musik, Tanz.

Im Einzelfall wird empfohlen, sich dieses BMF-Schreiben vom Finanzamt oder aus Büchereien[127] zu besorgen.

Der **Selbständige mit nur einem Auftraggeber** ist derjenige, der zwar eindeutig eine selbständige Tätigkeit ausübt, aber mindestens 5/6 der Einnahmen von nur einem Auftraggeber erhält und gleichzeitig selbst keine sozialversicherungspflichtigen Angestellten beschäftigt. Dieser Personenkreis bleibt selbständig. Man muss aber dann den aktuellen Prozentsatz der Rentenversicherung aus der Bemessungsgrundlage seines Gewinns (Einnahmen abzüglich absetzbarer Ausgaben) in die Rentenversicherung einzahlen, es sei denn, man hat bei Existenzgründern den entsprechenden Antrag auf Befreiung für die ersten 3 Jahre vor Beginn der Tätigkeit gestellt oder aber es existiert eine anerkannte eigene Altersvorsorge wie z.B. über die Künstlersozialkasse. Im Einzelfall gilt es, sich bei der Deutschen Rentenversicherung Bund zu informieren.

Der Selbständige mit nur einem Auftraggeber war der in der früheren Gesetzesfassung so benannte arbeitnehmerähnliche Selbständige. Letzterer wurde praktisch durch den Selbständigen mit nur einem Auftraggeber ersetzt. Weiterhin ist zu beachten, dass der selbständige Lehrer, z.B. der unterrichtende Musiker, grundsätzlich aufgrund seiner Tätigkeit immer schon zwingend rentenversicherungspflichtig ist und war, wenn keine speziellen Befreiungstatbestände gegeben sind. Der selbständige Lehrer ist daher vollkommen unabhängig zu den neuen Selbständigen mit nur einem Auftraggeber zu sehen.

2.17 Was passiert bei einer steuerlichen Betriebsprüfung?

Steuerliche Betriebsprüfungen können entweder sogenannte Umsatzsteuersonderprüfungen oder umfassende komplette Prüfungen sein.

Die Umsatzsteuersonderprüfungen kommen relativ häufig vor. Der Prüfungsumfang bezieht sich dann nur auf die richtige Umsatzsteuer des Prüfungszeitraums. Andere Steuerarten bleiben dabei unberührt, doch ist davon auszugehen, dass der Umsatzsteuersonderprüfer, der andere Dinge entdeckt, eine entsprechende Mitteilung machen wird.

Die richtige umfassende Betriebsprüfung findet in der Regel für alle Steuerarten und für einen Zeitraum von 3 Jahren statt. Sehr häufig werden Betriebsprüfungen nur deshalb angesetzt, weil die Finanzverwaltung Kontrollmeldungen von anderen Prüfungen erhält. Wird z.B. ein Veranstalter geprüft, so ist davon auszugehen, dass in absehbarer Zeit auch der eine oder andere Musiker, von dem z.B. eine Rechnung bei dem Veranstalter vorlag, die so unglücklich wie im Beispiel 4 von Berti Bizzy ausgefüllt wurde, eine Prüfung bekommt.

Bei den Prüfungen sehen sich die Prüfer die Unterlagen wie Belege, Aufzeichnungen der Bareinnahmen, Kassenberichte, Kontoauszüge und Verträge genau an. Es wird überprüft, ob bei Ausgaben eine betriebliche Veranlassung gegeben ist, ob alle Einnahmen erfasst sind und insbesondere, ob im Hinblick auf den Vorsteuerabzug richtig erstellte Rechnungen vorliegen. Zu beachten ist weiterhin, dass in der Regel nicht nur die Geschäftskonten, sondern auch die Privatkonten eingesehen werden. Weiterhin ist der sogenannte Kassenbericht ein beliebtes Instrument zur Nachprüfung, sofern denn seine Führung überhaupt erforderlich war, z.B. in Fällen, bei denen sich der Musiker regelmäßig auch gewerblich als Konzertveranstalter betätigt.

Stellt der Prüfer Ergebnisse zu Gunsten oder zu Ungunsten des Steuerpflichtigen fest, so werden diese erst einmal vermerkt. In der Regel findet dann mit dem Steuerberater oder dem Steuerpflichtigen oder beiden eine Schlussbesprechung statt, bei der man sich insbesondere über strittige Punkte, die rechtlich nicht genau erfasst werden können, in irgendeiner Form einigt. Aufgrund dieser Ergebnisse wird dann ein Prüfungsbericht erstellt, der die einzelnen Änderungen erfasst.

Einige Wochen nach Abschluss der Prüfung erhält der Steuerpflichtige dann einen geänderten Bescheid bzw. geänderte Bescheide für das oder die Prüfungsjahre, wenn es tatsächlich Änderungen gegeben hat.

Gegen diese Bescheide kann der Steuerpflichtige dann bei abweichender Auffassung Einspruch einlegen. Der Prüfungsbericht selbst kann nicht mit dem Einspruch angefochten werden, sondern nur die Bescheide.

Zu beachten ist, dass im Rahmen einer Prüfung Erkenntnisse erlangt werden können, die auf eine Steuerstraftat wie die Steuerhinterziehung hinweisen. Dann kann es vorkommen, dass am nächsten Morgen nicht mehr derselbe Prüfer erscheint, sondern die Steuerfahndung vor der Tür steht und Einlass erbittet. Liegt eine Steuerstraftat vor, so wird neben den Steuernachzahlungen aufgrund der aufgedeckten Sachverhalte zusätzlich ein Strafverfahren eingeleitet.

Im Normalfall ist es aber so, dass bei einer Betriebsprüfung solche Dinge aufgegriffen werden, deren Rechtslage anders ist als diese vom Steuerpflichtigen erklärt werden, ohne dass eine Straftat vorliegt. Ein häufiges Thema ist z.B. die Höhe der Abschreibungen.
Schreibt ein Musiker ein Klavier über 5 Jahre ab, obwohl die amtlichen Abschreibungstabellen von 10 Jahren ausgehen, so wird diese Abschreibung im Rahmen der Prüfung korrigiert.

Bei der Umsatzsteuer kommt es häufig vor, dass für den Vorsteuerabzug keine korrekten Rechnungen gegeben sind, z.B. weil Name und Anschrift des Unternehmers nicht in der Rechnung über einen Betrag von mehr als € 150,00 aufgeführt sind. Dann muss diese zu unrecht gezogene Vorsteuer im Rahmen der Prüfung und der darauf folgenden geänderten Bescheide wieder zurückgezahlt werden. Bei solchen Fällen handelt es sich aber in der Regel nicht um solche, bei denen das Finanzamt für Steuerstrafsachen eingeschaltet wird.

2.18 Was unternimmt man gegen einen fehlerhaften Steuerbescheid?

Nachdem die Einkommensteuererklärung mit den entsprechenden Anlagen wie der Gewinnermittlung für das jeweilige Jahr eingereicht wurde, stellt das Finanzamt einen Einkommensteuerbescheid zu. Sofern darin einzelne Dinge aus Sicht des Steuerpflichtigen zu seinen Ungunsten fehlerhaft oder abweichend von den erklärten Daten vom Finanzamt angesetzt worden sind und dadurch beispielhaft eine zu hohe Steuer festgesetzt wurde, kann man gegen diesen Bescheid Einspruch einlegen.

Dabei muss dringend die Einspruchsfrist von einem Monat gewahrt werden. Diese ermittelt man, indem man das Datum des Steuerbescheides beachtet und die gesetzliche Zugangsfiktion von 3 Tagen hinzurechnet. Zuzüglich dieser 3 Tage zum Bescheiddatum muss der Einspruch dann innerhalb eines Monats dem Finanzamt zugehen.

Beispiel 71:

Der Einkommensteuerbescheid für das Jahr 2007 wurde mit Erstellungsdatum vom 15.07.2008 an den Jazzsänger Matt Alterier gesendet. Der Bescheid gelangte am 16.07.2008 in seinen Briefkasten. Das Finanzamt hat die Ansparabschreibung für eine Gesangsanlage in Höhe von € 3.000,00 nicht anerkannt, womit Matt nun ca. € 1.000,00 mehr an Steuern zahlen muss, als er dies vorher ausgerechnet hatte.

Lösung zu Beispiel 71:

Aufgrund der gesetzlichen Zugangsfiktion von 3 Tagen gilt der Bescheid am 15.07.2008 + 3 Tage = 18.07.2008 als zugegangen. Matt muss nun innerhalb eines Monats einen Einspruch einlegen. Innerhalb eines Monats bedeutet, dass der Einspruch vor Ablauf eines Monats dem Finanzamt zugehen muss. Folglich muss der Einspruch spätestens vor Ablauf des 17.08.2008 beim Finanzamt sein.

Weiterhin wird durch die Einlegung eines Einspruches die Zahlung des strittigen Betrages aus dem Bescheid nicht verhindert. Will man rechtlich erreichen, dass dieser strittige Betrag der Steuer bis zum Ausgang des Einspruchverfahrens noch nicht gezahlt werden muss, so ist zwingend gegenüber dem Finanzamt zusätzlich die Aussetzung der Vollziehung zu beantragen.

Der Einspruch und der Antrag auf Aussetzung der Vollziehung sollten schriftlich erfolgen und begründet werden. Das könnte wie folgt aussehen:

Matt Alterier
Vorhaltstraße 4
41775 Jazzsingen

an
Finanzamt Jazzsingen
Blaßstraße 7
41775 Jazzsingen

30.07.08

Einkommensteuerbescheid 2007 Matt Alterier
Steuernummer 338/5007/0815

Sehr geehrte Damen und Herren,

gegen den Einkommensteuerbescheid 2007 vom 15.07.2008 lege ich Einspruch ein und beantrage die Aussetzung der Vollziehung.

Begründung:

Obwohl die rechtlichen Voraussetzungen für die Bildung einer Ansparabschreibung von € 3.000,00 gegeben waren und beabsichtigte Investitionen in neue bewegliche Wirtschaftsgüter klar bezeichnet wurden, haben Sie diese Abschreibung fehlerhaft nicht anerkannt.

Mit freundlichen Grüßen
Matt Alterier

Alternativ zum Einspruchsverfahren besteht auch innerhalb der gleichen o.g. Frist die Möglichkeit, einen fehlerhaften Steuerbescheid, der zu Ungunsten des Steuerpflichtigen ergangen ist, durch einen Antrag auf einfache Änderung des Steuerbescheides nach § 172 AO ändern zu lassen. Der Nachteil dieser Variante besteht aber darin, dass nur bei einem Einspruch, nicht aber bei der einfachen Änderung ein Antrag auf Aussetzung der Vollziehung möglich ist.

Sofern der Steuerbescheid gemäß eindeutigem Hinweis in dem Bescheid unter dem Vorbehalt der Nachprüfung nach § 164 AO ergangen ist, so besteht auch nach Ablauf der o.g. Einspruchsfrist noch die Möglichkeit, einen fehlerhaften Bescheid ändern zu lassen. Für Bescheide unter § 164 AO gilt eine Festsetzungsverjährung von 4 Jahren. Auch hier gilt aber, dass bei einem Änderungsantrag innerhalb der Fristen für die Festsetzungsverjährung nach § 164 (2) AO kein Antrag auf Aussetzung der Vollziehung möglich ist.

Beispiel 72:

Wie Beispiel 71, doch versäumt es Matt, rechtzeitig vor Ablauf des 17.08.08 einen Einspruch einzulegen. Da er nun glaubt, dass ein Einspruch keinen Zweck mehr hat, flüchtet er über Wochen abends in seine Stammkneipe und versucht seinen dämlichen Fehler mit Alkohol zu vergessen. Die Steuernachzahlung über € 1.000,00 hat er auch schon geleistet. Im Dezember 2008 trifft er an der Theke einen Steuerberater, der sich gerade den Frust seiner 4. Scheidung von der Seele trinkt. Matt hat den Bescheid in seiner Jackentasche und zeigt ihn seinem neuen Freund voller Frust. Über dem Kästchen der Steuerfestsetzung steht der Vermerk:
„Der Bescheid ergeht unter dem Vorbehalt der Nachprüfung gemäß § 164 AO".

Lösung zu Beispiel 72:

Matt hat Glück. Der Berater erkennt trotz Alkoholkonsum messerscharf den Vermerk nach § 164 AO. Durch einen Änderungsantrag nach § 164 (2) AO kann nun der Bescheid noch zu Gunsten des Matt Alterier geändert werden. Das bereits gezahlte Geld bekommt er zurück und kann daher noch viele Abende an der Theke verbringen.

Sonstige Hinweise:

- Grundsätzlich sind Einkommensteuerbescheide nur dann unter dem Vorbehalt der Nachprüfung, wenn dies durch einen gesonderten Vermerk nach § 164 AO geschieht. Dieser Vermerk darf nicht mit der Vorläufigkeitsfestsetzung nach § 165 AO verwechselt werden. Das ist etwas anderes. Gleiches gilt für sämtliche andere Steuerbescheide mit folgenden Ausnahmen:

- Vorauszahlungsbescheide ergehen immer kraft Gesetzes unter § 164 AO, auch wenn kein Vermerk nach § 164 AO darauf abgedruckt ist.

- Anmeldesteuern wie z.b. Umsatzsteuer durch Abgabe von Umsatzsteuervoranmeldungen ergehen ebenfalls automatisch unter Vorbehalt der Nachprüfung. Das gilt allerdings nicht bei der Umsatzsteuerjahreserklärung, bei der es sich ebenfalls um die Anmeldung einer Steuer handelt, wenn das Finanzamt von der angemeldeten Steuer durch Zustellung eines Bescheides über Umsatzsteuer (nicht zu verwechseln mit „Abrechnung über Umsatzsteuer") abweicht und dies durch Zustellung eines Bescheides kenntlich macht. Nur wenn dann ein extra Vermerk nach § 164 AO enthalten ist, ist auch dieser Bescheid unter Vorbehalt der Nachprüfung. Umsatzsteuervoranmeldungen gelten hingegen auch bei abweichender Festsetzung durch Bescheid wie eine Festsetzung unter dem Vorbehalt der Nachprüfung.

- Sofern der Musiker mit seinen Tätigkeiten ganz oder teilweise der Gewerbesteuer unterliegt, z.B. weil die Tätigkeiten einer GbR gewerblich infiziert wurden oder der Musiker nebenher einen echten Gewerbebetrieb wie z.B. einen Verlag oder ein Label betreibt, so muss ein Einspruchsverfahren gegen die Gewerbesteuer nicht gegen den eigentlichen Gewerbesteuerbescheid der Gemeinde erfolgen, **sondern durch einen Einspruch gegen den Gewerbesteuermessbescheid**. Dieser wird vom Finanzamt zugestellt. Auf dessen Grundlage setzt die Gemeinde nachher die Steuer fest. Ein Einspruch gegenüber der Gemeinde hilft also nicht, sondern nur ein Einspruch gegen den Gewerbesteuermessbescheid des Finanzamts.

2.1.9 Was versteht man unter Abschreibung bzw. Ansparabschreibung?

Tätigt der Musiker Ausgaben für ein Wirtschaftsgut, das länger als ein Jahr zu beruflichen Zwecken genutzt wird, wie es z.b. bei einem Musikinstrument der Fall sein wird und, beträgt diese Ausgabe mehr als € 410,00, so kann der Betrag nicht in voller Höhe bei Bezahlung abgesetzt werden. Die Ausgabe wird über die voraussichtliche Dauer der Nutzung über mehrere Jahre verteilt = abgeschrieben. Wird ein Wirtschaftsgut im Laufe des Jahres angeschafft, so ist für das 1. Jahr nur eine zeitanteilige Abschreibung nach Monaten möglich.
Es bietet sich an, die Abschreibungen in einer Tabelle zu erfassen und diese dem Finanzamt mit einzureichen.

Beispiel 73:

Der begnadete Folksänger Lawendel Neuenkamp benötigt unbedingt ein neues Powermischpult, um seine nuancenreiche Stimme besser zur Geltung bringen zu können.
Am 01.09.2007 kauft er sich einen solchen Mischer von Kettes & Hasselmann, einer inovativen deutschen Firma, und zahlt dafür € 2.500,00 + 19 % Umsatzsteuer € 475,00 = insgesamt € 2.975,00. Lawendel arbeitet mit USt und kann daher die € 475,00 bei seiner Umsatzsteuervoranmeldung für den September angerechnet bekommen.

Lösung zu Beispiel 73:

Im Rahmen seiner Einnahmen-Überschussrechnung kann Lawendel die Ausgabe für den Mischer nicht voll absetzen. Er muss die Netto-Anschaffungskosten (= der Betrag ohne Umsatzsteuer) über € 2.500,00 auf die voraussichtliche Nutzungsdauer für den Mischer von 5 Jahren verteilen. Wäre Lawendel nicht vorsteuerabzugsberechtigt, z.B. weil er sich als Sänger eine Umsatzsteuerbefreiung als kulturelle Einrichtung besorgt hätte oder als Kleinunternehmer ohne Umsatzsteuer arbeiten würde, so müsste er den Bruttobetrag als Anschaffungskosten = € 2.975,00 über die voraussichtliche Nutzungsdauer verteilen. Im ersten Jahr kann er diese Abschreibung (AfA) nur zeitanteilig für 4 Monate ansetzen, da der Mischer am 01.09.2007 gekauft wurde. Im letzten Jahr der Abschreibung lässt man einen Erinnerungswert von € 1,00 stehen. Wenn das Wirtschaftsgut irgendwann durch Verschrottung, Verlust oder Verkauf abgeht, so zieht man diesen letzen € 1,00 auch noch in dem Jahr des Abganges ab.

Die Abschreibungstabelle für 2007 und Folgejahre könnte wie folgt aussehen:

```
                                                Wert am
Wirtschaftsgut    A-Datum    A-Kosten   Dauer   Satz    01.01.07    AfA       Wert 31.12.07
Powermischer Kettes
& Hasselmann      01.09.07   2.500,00   5 J     20%     0,00        167,00 (4/12) 2.333,00


                                                Wert am
Wirtschaftsgut    A-Datum    A-Kosten   Dauer   Satz    01.01.08    AfA       Wert 31.12.08
Powermischer Kettes
& Hasselmann      01.09.07   2.500,00   5 J     20%     2.333,00    500,00    1.833,00


                                                Wert am
Wirtschaftsgut    A-Datum    A-Kosten   Dauer   Satz    01.01.09    AfA       Wert 31.12.09
Powermischer Kettes
& Hasselmann      01.09.07   2.500,00   5 J     20%     1.833,00    500,00    1.333,00


                                                Wert am
Wirtschaftsgut    A-Datum    A-Kosten   Dauer   Satz    01.01.10    AfA       Wert 31.12.10
Powermischer Kettes
& Hasselmann      01.09.07   2.500,00   5 J     20%     1.333,00    500,00    833,00


                                                Wert am
Wirtschaftsgut    A-Datum    A-Kosten   Dauer   Satz    01.01.11    AfA       Wert 31.12.11
Powermischer Kettes
& Hasselmann      01.09.07   2.500,00   5 J     20%     833,00      500,00    333,00


                                                Wert am
Wirtschaftsgut    A-Datum    A-Kosten   Dauer   Satz    01.01.12    AfA       Wert 31.12.12
Powermischer Kettes
& Hasselmann      01.09.07   2.500,00   5 J     20%     333,00      332,00    1,00
```

Unter **Ansparabschreibung** versteht man die Möglichkeit, für die geplante Investition in neue bewegliche Wirtschaftsgüter des Anlagevermögens einen Betrag von 40 % der voraussichtlichen Anschaffungskosten vorab als Betriebsausgabe geltend zu machen.
Weitere Voraussetzung ist, dass das Wirtschaftsgut voraussichtlich innerhalb der nächsten 2 Jahre angeschafft wird. Bei Existenzgründern gibt es dafür einen Zeitraum von 5 Jahren.

Wird das Wirtschaftsgut nach Ablauf der 2-Jahresfrist nicht angeschafft, so ist der Betrag der Absparabschreibung, den man abgesetzt hat, in der Steuererklärung, die 2 Jahre später folgt, wieder gewinnerhöhend aufzulösen.

Zusätzlich müssen für jedes Jahr 6% des Betrages der Abschreibung zusätzlich als fiktive Gewinnerhöhung erfasst werden (= sogenannte Strafverzinsung). Hat man also nach 2 Jahren die Investition nicht durchgeführt, so wäre der damalige Abschreibungsbetrag zuzüglich 12% (für 2 Jahre) dieses Abschreibungsbetrages in dem Jahr der Auflösung dieser Ansparabschreibung wieder gewinnerhöhend zu erfassen. Bei Existenzgründern gibt es diese Strafverzinsung bei Nichtinvestition hingegen nicht. Weiterhin können sie sich 5 Jahre mit der Investition bzw. der Auflösung Zeit lassen. Wurde das Wirtschaftsgut, für das eine Ansparabschreibung geltend gemacht wurde, auch tatsächlich in der Höhe angeschafft, so gibt es ebenfalls keine zusätzliche Verzinsung bei der Auflösung.

Vereinfacht ausgedrückt kann man feststellen, dass es sich bei der Ansparabschreibung im Regelfall immer nur um Steuerverschiebungseffekte und nicht um echte Steuerersparnisse handelt. Man nimmt praktisch einen Abschreibungsbetrag vorweg, den man ja später, wenn man wirklich investiert, auch geltend machen könnte.

Teil 3

Aufräumarbeiten in der Gerüchteküche

Nachfolgend werden Gerüchte dargestellt, die vermehrt in der Musikszene auftauchen und für Verwirrung und Fehler verantwortlich sind. Diese Gerüchte werden kurz und präzise untersucht und deren Wahrheitsgehalt wiedergeben.

Gerücht 1: Der Selbständige zahlt in den ersten 2 Jahren keine Steuern

Falsch!

Alleine die Aussage „keine Steuern" ist vollkommen pauschal, weil es der selbständige Musiker zumindest mit 2 Steuern zu tun bekommen kann, nämlich der Einkommensteuer und der Umsatzsteuer, wobei für letztere völlig andere Entstehungsvoraussetzungen gelten.
Der Hintergrund des Gerüchtes bezieht sich vermutlich auf die Einkommensteuer. Das ist aber nicht richtig, denn Einkommensteuer fällt beim unbeschränkt in Deutschland Steuerpflichtigen immer dann an, wenn das zu versteuernde Einkommen den Grundfreibetrag übersteigt, unabhängig davon, ob es das erste oder zweite oder hundertste Jahr der Selbständigkeit ist oder nicht.

Es gibt zwar die Möglichkeit der gewinnmindernden Ansparabschreibung für Existenzgründer in Höhe von 40% der Anschaffungs- oder Herstellungskosten für geplante bewegliche Wirtschaftsgüter des Anlagevermögens, mit deren Hilfe in vielen Fällen eine Einkommensteuerzahlung im Jahr der Existenzgründung oder einem Folgejahr vermieden bzw. verschoben werden kann. Eine solche Ansparabschreibung ist aber bei Existenzgründern spätestens nach 5 Jahren wieder gewinnerhöhend wie eine fiktive Einnahme (aber nicht mit Umsatzsteuer!) als sonstiger betrieblicher Ertrag in der Gewinnermittlung zu erfassen. Sofern tatsächlich investiert wurde, kann im Rahmen der Auflösung dieser Ansparrücklage der entsprechende Abschreibungsbetrag auch tatsächlich gegengerechnet werden.
Dennoch ist die obige Grundaussage falsch, weil die Ansparabschreibung bis auf konkrete Einzelfälle nur eine Steuerverschiebung und nicht zwingend eine tatsächliche Ersparnis verursacht.

Hinweis: Bitte Gliederungspunkt 1.1.1 noch mal lesen!

Gerücht 2: Als Musiker ist man doch Künstler und kann daher immer mit 7 % Umsatzsteuer abrechnen

Falsch!

Es gibt keine **generelle** Umsatzsteuerermäßigung für Künstler auf 7 %. Im Bereich der USt wird jede einzelne Leistung untersucht. Der Musiker als sogenannter Künstler verdient sein Geld mit verschiedenen Leistungen wie Auftritte, Unterricht, Studioeinspielungen, Komponieren etc. Es könnte auch sein, dass er sein Instrument malt und dieses Bild als Kunstgegenstand verkauft oder aber ein bislang für das Unternehmen genutztes Instrument verkauft. Jede Leistung wird dabei ganz alleine für sich beurteilt.

Dabei werden sich im Regelfall folgende Ergebnisse im Hinblick auf den Umsatzsteuersatz ergeben:

- Verkauf von Kunstgegenständen: USt 7 %
- Verkauf von Musikinstrumenten aus dem Unternehmensvermögen: 19 %
- Musikalische Darbietungen (Auftritte) auf Konzerten: 7 %
- Übertragung von Urheber- und verwandten Leistungsschutzrechten: 7 %
- Studiohonorare in Form einer reinen Zeitvergütung ohne Übertragung der Rechte an den Auftraggeber: 19 %

Eine generelle Ermäßigung auf alles, was ein selbständiger Musiker macht, gibt es nicht.

Gerücht 3: Wenn man ein Engagement gegen Honorarrechnung für eine umsatzsteuerbefreite Einrichtung macht, muss keine Umsatzsteuer berechnet werden

Falsch!

Eine Umsatzsteuerbefreiung für einen Auftritt eines einzelnen Musikers oder einer Musikgruppe lässt sich nicht daraus ableiten, dass der Auftraggeber mit seiner Tätigkeit von der Umsatzsteuer befreit ist oder aus sonstigen Gründen ohne Umsatzsteuer arbeiten kann.

Auch wenn eine umsatzsteuerbefreite Organisation oder Einrichtung oder Gruppe aufgrund ihrer Umsatzsteuerbefreiung selbst nicht zum Vorsteuerabzug berechtigt ist und sich daher in den meisten Fällen bei Gagenverhandlungen weigern will, zusätzlich Umsatzsteuer an den Musiker zu zahlen, so ist dies dennoch keine Rechtsgrundlage für den Musiker, seine eigene Leistung als umsatzsteuerfrei zu behandeln.

Der nicht umsatzsteuerbefreite Empfänger der Gage hat hier aus dem Bruttobetrag des Geldes die Steuer herauszurechnen. Erhält er eine Gage über € 1.000,00, so beträgt die Umsatzsteuer bei einem Steuersatz von 7 % € 1.000,00 : 1,07 x 0,07 = € 65,42.

Hinweis: Bitte Gliederungspunkt 1.1.4.4 komplett durchlesen!

Gerücht 4: **Als verheirateter selbständiger Musiker kann ich durch die bessere Lohnsteuerklassenwahl meines Partners die Steuer senken**

Falsch!

Sofern ein Ehepartner mit positiven Einkünften von mehr als € 410,00 im Jahr selbständig ist oder aber die Steuerklassenkonstellation III und V gewählt wurde, ist zwingend eine Einkommensteuererklärung abzugeben. Die Lohnsteuerklassenwahl entscheidet dabei nur über die Höhe des Lohnsteuerabzugs. Diese durch den Arbeitgeber einbehaltene Lohnsteuer wird auf die tatsächlich festzusetzende Einkommensteuer angerechnet.

Mit andern Worten macht sich die sogenannte bessere Lohnsteuerklasse nur dadurch bemerkbar, dass die Ehegatten jeden Monat etwas mehr Geld zur Verfügung haben bzw. bei der schlechteren Lohnsteuerklasse etwas weniger. Folglich liegt ein Vorteil nur darin, dass dieses monatliche „mehr" an Geld zinsbringend angelegt werden könnte. Durch Abgabe der Einkommensteuererklärung wird aber dann jeder Vorteil oder Nachteil durch eine entsprechende Einkommensteuernachzahlung oder -erstattung automatisch ausgeglichen.
Diejenigen, welche die vermeintlich schlechtere Lohnsteuerklasse gewählt haben, bekommen daher genau diesen vermeintlichen Nachteil bei Abgabe der Einkommensteuererklärung durch eine Mehrerstattung oder Mindernachzahlung zurück.

Hinweis: Bitte Gliederungspunkt 1.1.2 lesen!

Gerücht 5: Als Selbständiger muss ich eine Bilanz und eine doppelte Buchführung erstellen

Falsch!

Sofern ein einzelner Musiker oder eine Musikgruppe mit den primären Tätigkeiten als Musiker bzw. Musikgruppe ihre Einkünfte aus freiberuflicher Tätigkeit nach § 18 EStG erzielt, ist grundsätzlich keine Bilanzierung und keine sogenannte doppelte Buchführung erforderlich. Ausreichend ist die vereinfachte Gewinnermittlung als Einnahmen-Überschussrechnung nach § 4 III EStG und das Führen von Aufzeichnungen, die für die Besteuerung von Bedeutung sind.

Hinweis: Bitte Spezialfrage 2.12 lesen!

Gerücht 6: Als Student zahle ich keine Steuer für musikalische Nebentätigkeiten

Falsch!

Wie bereits zu Gerücht 1 erläutert, fällt Einkommensteuer immer dann an, wenn das zu versteuernde Einkommen den Grundfreibetrag übersteigt. Dabei ist es vollkommen unerheblich, ob man als Student immatrikuliert ist oder nicht. Das Studentendasein hat lediglich den Vorteil, dass man die Studiumskosten zusätzlich als Sonderausgabe oder, sofern das Studium als Weiterbildung/Fortbildung zu sehen ist, die Kosten in voller Höhe als Werbungskosten oder Betriebsausgaben geltend machen kann.

Die insofern voll und nicht nur begrenzt absetzbaren günstigeren Fortbildungskosten liegen z.B. vor, wenn ein selbständiger Pianist (z.B. Unterricht und Live-Auftritte) nebenher ein Klavierstudium in Hilversum beginnt, um seine Fähigkeiten zu verbessern. Die Studiumskosten wären hier in voller Höhe als Betriebsausgaben absetzbar.

Umsatzsteuer würde für den Studenten auf seine selbständige Nebentätigkeit ebenfalls anfallen, es sei denn, er kann die Kleinunternehmergrenze in Anspruch nehmen oder es handelt sich um steuerbefreite oder nicht steuerbare Umsätze.

Insgesamt wird der Student damit grundsätzlich steuerlich so behandelt wie jeder andere auch.

Hinweis: Vergleiche Gerücht 1

Gerücht 7: Im Ausland erhaltene und dort versteuerte Gagen haben keine Auswirkungen auf die deutsche Einkommensteuer, weil ja schon Steuer abgeführt wurde

Falsch!

Zwar werden die Gagen aus Auftritten im Ausland bei der Einkommensteuer eines Musikers aus einigen Staaten (z.B. den Niederlanden) je nach Doppelbesteuerungsabkommen in Deutschland steuerfrei gestellt, doch sind die Überschüsse aus der Tätigkeit im Ausland (Gage abzüglich der damit zusammenhängenden Betriebsausgaben) dennoch als dem Progressionsvorbehalt unterliegende Einkünfte bei der Einkommensteuererklärung mit anzugeben. Der Progressionsvorbehalt bewirkt, dass der Einkommensteuersatz in Prozent vom zu versteuernden Einkommen fiktiv soweit erhöht wird, als wären die ausländischen Einkünfte steuerpflichtig. Bei der Berechnung des zu versteuernden Einkommens werden die ausländischen Einkünfte dann wieder herausgenommen, der höhere Steuersatz bleibt aber bestehen. Sofern noch andere Einkünfte gegeben sind (z.B. die Ehefrau oder der Ehemann arbeitet auf Lohnsteuerkarte), so führt der Progressionsvorbehalt dazu, dass diese anderen Einkünfte durch den etwas höheren Steuersatz nachversteuert werden.

In den meisten aller Fälle ist diese vermeintliche Steuerfreistellung der ausländischen Einkünfte daher von den tatsächlichen Auswirkungen her gar keine Steuerbefreiung, sondern nur eine leichte Verbesserung. In ganz ungünstigen Fällen kann sich sogar ein Nachteil ergeben.
Aufgrund der Doppelbesteuerungsabkommen, die mit den meisten Staaten bestehen, behält Deutschland bei vielen Ländern das Besteuerungsrecht. Dann wird sowohl im Ausland eine Steuer einbehalten und das Ganze in Deutschland noch einmal versteuert. Um eine Doppelbesteuerung zu vermeiden, wird dann aber die im Ausland einbehaltene Steuer auf die deutsche Steuer angerechnet.
Folglich haben also ausländische Einkünfte eines deutschen Musikers im Regalfall sehr wohl Auswirkungen auf die deutsche Steuer.

Hinweis: Vergleiche Gliederungspunkt 1.1.3.1

Gerücht 8: Als Musiker ist man doch Künstler und hat daher nichts mit Gewerbesteuer zu tun

Falsch!

Auch der Musiker kann etwas mit der Gewerbesteuer zu tun bekommen, nämlich dann, wenn er neben der normalen Tätigkeit als Musiker in Form von Auftritten, Unterricht, Studioeinspielungen, Komponieren etc. eine echte gewerbliche Betätigung ausführt und die gewerblichen Einkünfte den Freibetrag von € 24.500,00 übersteigen.

Das kann z.B. der Fall sein, wenn man neben der musikalischen Tätigkeit gleichzeitig als Konzertveranstalter auftritt oder eine Künstlervermittlung betreibt und mit diesem Teil der Einkünfte einen Gewerbeertrag von mehr als € 24.500,00 erzielt.

Eine weitere Gefahr, in die Gewerbesteuer zu gelangen, besteht für Musikgruppen in Form der GbR. Aufgrund des § 15 (3) EStG werden nicht gewerbliche Einkünfte durch eine geringfügige gewerbliche Betätigung infiziert. Verkauft eine GbR z.B. CDs auf Auftritten und beträgt der Umsatzerlös mehr als 1,25 % des Gesamtumsatzes der GbR, so tritt eine gewerbliche Infizierung ein. Allerdings ist dagegen ein Klageverfahren anhängig. Es könnte sein, dass in absehbarer Zeit insgesamt gewerbliche Umsatzerlöse bis € 24.500,00 keine Infizierung auslösen, wenn der Finanzgerichtsklage stattgegeben wird. Derzeit ist aber noch mit der Grenze von 1,25 % der Umsatzerlöse zu kalkulieren.

Gerücht 9: Das Steuerrecht wird immer einfacher

Falsch!

Das 9. Gerücht ist von allen Gerüchten das Widerwärtigste.
Das Steuerrecht wird täglich komplizierter und umfangreicher. Ständig ergehen neue Gerichtsurteile von Finanzgerichten, den Senaten des Bundesfinanzhofs oder des Bundesverfassungsgerichts, die massiven Einfluss auf das Steuerecht haben. Viele dieser Urteile gelangen nicht zur Veröffentlichung, so dass Steuerpflichtige und Berater häufig gar nicht die Chance haben, die Auswirkungen gesammelt und übersichtlich zu verfolgen.

Zudem werden Steuergesetze im Vergleich zu früheren Jahren in relativ kurzen Zeiträumen geändert. Teilweise werden Anwendungen dieser neuen Gesetze mitten ins Jahr verlegt. Auch gibt es sogenannte unechte Rückwirkungen im Bereich der Einkommensteuer. Das bedeutet, gegen Ende eines Jahres wird ein Gesetz verabschiedet, das bereits rückwirkend auf den 01.01. des Jahres gilt, so dass niemand eine Chance hat sich auf die Änderungen einzustellen.

Einige der neuen Gesetze, welche zum Teil nur der Finanzierung von Haushaltslöchern dienen, sind verfassungswidrig und werden daher in lang andauernden Klagen gegenüber dem Bundesverfassungsgericht angefochten. Ein Beispiel dafür ist aktuell die Streichung der Kilometerpauschalen für Fahrten zwischen Wohnung und Arbeitsstätte für die ersten 20 Kilometer. Gegen diese Gesetzesänderung sind bereits die ersten Klageverfahren anhängig.
Eine endgültige Entscheidung des BFH oder nachher des Verfassungsgerichtes kann aber mehrere Jahre dauern.

Im Bereich der Umsatzsteuer ist es so, dass durch EG-Richtlinien und Rechtsprechung des EUGH dem deutschen Gesetzgeber Vorgaben gemacht werden, die er ins deutsche Umsatzsteuerrecht übernehmen muss. Selbst wenn Deutschland einseitig sein Umsatzsteuerrecht vereinfachen wollte, müsste man sich an die übergeordnete EG-Richtlinie halten. Einseitige Änderungen eines EG-Staates sind damit praktisch gar nicht möglich, da die grundlegende Systematik und die grundlegenden Vorgaben zur Harmonisierung der Umsatzsteuer in der EG zwingend ins nationale Recht Eingang finden müssen.

Sofern also jemand ernsthaft behauptet, das Steuerrecht würde einfacher, der sollte bei Ausspruch dieses 9. Gerüchts auch an das 9. Gebot aus der Bibel denken: „Du sollst kein falsches Zeugnis reden wider deinen Nächsten."

Gerücht 10: Auf Musikunterricht muss nie Umsatzsteuer abgeführt werden

Falsch!

Grundsätzlich muss auf jede Einnahme, die ein selbständiger Unternehmer in Deutschland erhält, Umsatzsteuer abgeführt werden. Ausnahmen ergeben sich bei der Kleinunternehmerschaft. Wenn die in einem Kalenderjahr zugeflossenen Einnahmen den Betrag von € 17.500,00 nicht übersteigen, so kann diese Kleinunternehmergrenze in

Anspruch genommen werden. Dann müssten die Einnahmen nicht mit Umsatzsteuer belastet werden.

Sollte diese Grenze aber überschritten werden, so ist der Musiker ab dem Folgejahr grundsätzlich verpflichtet, die USt aus seinen Einnahmen abzuführen.

Sofern es sich aber bei den Einnahmen um solche aus unterrichtender Tätigkeit handelt, so bestehen je nach Fallart 3 Möglichkeiten, dass es sich um eine umsatzsteuerbefreite Einnahme handeln könnte:

1) Der Musiker unterrichtet an einer Hochschule oder anderen öffentlichen oder allgemeinbildenden Schule.

   Folge: Diese Einnahmen aus Unterricht sind dann automatisch von der USt befreit.

2) Der Musiker unterrichtet an einer privaten Musikschule.

   Folge: Die Einnahmen sind dann von der Umsatzsteuer befreit, wenn die Musikschule eine Steuerbefreiung nach § 4 Nr. 21 UStG erhalten hat und die Schule dem Lehrer als Honorarkraft dann eine Bescheinigung ausstellt, dass der Lehrer in diesem begünstigten Bereich tätig ist.

3) Der Musiker hat selbst eigene Privatschüler.

   Folge: Für die Einnahmen von eigenen Schülern, mit denen der Unterrichtende eigene mündliche oder schriftliche Verträge hat, benötigt der Musiker eine eigene Bescheinigung der Bezirksregierung, die bestätigt, dass der Unterrichtende nach § 4 Nr. 21 UStG ordnungsgemäß auf einen Beruf oder eine Prüfung vorbereitet.

Sollten umsatzsteuerbefreite Einnahmen nach § 4 Nr. 21 UStG vorliegen, so werden diese bei der Berechnung, ob die Kleinunternehmergrenze überschritten ist, außen vor gelassen. Sie brauchen dann nicht bei der Berechnung, ob man die € 17.500,00 überschritten hat, mit einbezogen werden.

Hinweis: Vergleiche Gliederungspunkt 1.1.4.4.3 und 1.1.4.4.4

Gerücht 11: Wer als Selbständiger Einkommensteuer zahlt, ist konservativ oder hat keinen oder einen schlechten Steuerberater

Falsch!

Wer als Selbständiger Einkommensteuer zahlt, hat ein so hohes zu versteuerndes Einkommen, dass ihm sein Staat durch die von ihm gewählten Volksvertreter im Rahmen der Gesetzgebung und damit im Rahmen der Steuertarife zumutet, einen bestimmten Teil seines Einkommens in die Solidargemeinschaft einzuzahlen, um unseren Staat aufrechtzuerhalten, an ihm teilzuhaben und denen, die so wenig Einkommen haben, dass sie selbst keinen Beitrag leisten können, etwas abzugeben und zu helfen, ein sozialwürdiges Leben zu führen.[128]

Anhang

Fußnoten

1	§ 1 EStG
2	§ 2 (1), S. 1 Nr. 1-7 EStG
3	§ 1 (1) S. 1 EStG. Die weiteren Spezialfälle der Absätze 2, 3 und § 1a werden bewusst hier in der Einführung herausgelassen
4	Vgl. im Einzelnen zur Abgrenzung Gliederungspunkt 1.1.6
5	Vgl. im Einzelnen Gliederungspunkt 1.1.6
6	Vgl. dazu die Spezialfrage zur Abgrenzung der Selbständigkeit / Scheinselbständigkeit / Selbständiger mit nur einem Auftraggeber zu 2.16
7	R 2 (1) EStR – vereinfacht bedeutet hier, dass zum Zwecke des grundsätzlichen Verständnisses die Sonderbegriffe wie z.B. Altersentlastungsbetrag, Entlastungsbetrag für Alleinerziehende, Verlustabzug nach § 10d, Steuerbegünstigung bestimmter Wohnungen, Härteausgleich etc. hier außer Acht gelassen werden.
8	Im Einzelnen siehe Spezialfrage 2.6
9	Im Einzelnen siehe § 10 EStG, R 10. 1 EStR und folgende
10	Im Einzelnen siehe §§ 33, 33a, 33b EStG, R und H 31.1 folgende EStR
11	Bei allen Beispielen sind die Namen, Personen und genannten Zahlen frei erfunden.
12	Vgl. dazu auch Teil 3 Gerücht 1
13	Vgl. dazu das Beispiel 1 Inga Mic-Phon mit der entsprechenden Anrechnung der Lohnsteuer auf die tatsächlich festgesetzte Einkommensteuer
14	Im Einzelnen vgl. § 40a (2) EStG
15	Im Einzelnen siehe auch Spezialfrage 2.15
16	Artikel 9 (1), (2) S.2 des DBA zwischen der Bundesrepublik und den Niederlanden
17	§ 32b (1) Nr. 3 EStG – vgl. im Einzelnen auch Teil 3 Gerücht 7
18	§ 49 (1) Nr. 2 d) i.V.m. § 50a (4) Nr.1, § 50a (5) S.2 EStG
19	Rechtsgrundlage § 50a (4) EStG
20	Vgl. dazu die Ausführungen zu § 14c (2) UStG bei Gliederungspunkt 1.1.4.9
21	Vgl. Lippros, Umsatzsteuer 19. Auflage S. 38
22	siehe Gliederungspunkt 1.1.1
23	Ausnahme nur unter den Voraussetzungen des § 14c UStG
24	A 16 (1) S. 2, 3 UStR
25	vgl. Lippross a.a.O., S. 167
26	A 17 (1) S. 1 UStR
27	A 18 (1) S. 2 UStR
28	A 18 (2) S. 1 UStR
29	A 19 (1) S. 1 UStR

30	§ 1 (1) S. 1 Nr. 1–5 UStG
31	Vgl. dazu Spezialfrage 2.11
32	Vgl. § 3 (1) UStG
33	Vgl. Einführungssatz zu Gliederungspunkt 1.1.1
34	Es sei denn, er verkauft im Rahmen seines Unternehmens Wirtschaftsgüter des Unternehmensvermögens wie z.b. ein nicht mehr benötigtes Instrument etc.
35	Vgl. § 3 (9) S. 1 und 2 UStG
36	Vgl. die Ausnahme der Lieferung von Speisen zum Verzehr an Ort und Stelle
37	Vgl. dazu die Tatbestandsvoraussetzung „im Inland"
38	Vgl. A 1 (1) S. 1 UStR
39	Vgl. A 1 (1) S. 2 UStR
40	Vgl. A 1 (1) S. 3 UStR
41	Vgl. § 3 (5a) UStG
42	Vgl. § 3 (6) S. 4 UStG
43	Vgl. § 3 (7) S. 1
44	Vgl. § 3a (1) S. 1 UStG
45	Vgl. § 3a (2) S. 1 Nr. 3 UStG
46	Vgl. § 3a (3) S. 1 UStG
47	Vgl. § 3a (3) S. 3 UStG
48	Gleichzeitig kann es sich auch um Rechtsübertragungen der Nutzung des Musikwerkes in Form von Lizenzen handeln, die umsatzsteuerrechtlich die gleiche Konsequenz bezüglich der Ortsbestimmung hätten.
49	Vgl. Spezialfrage 2.10 und 2.11
50	Zur Kleinunternehmerschaft vgl. Gliederungspunkt 1.1.4.3.3
51	Vgl. zur Anmeldung der selbständigen Tätigkeit die Spezialfragen 2.1 und 2.2
52	Vgl. § 4 Nr. 1.b UStG
53	Begriff Vorsteuer vgl. die Ausführungen zu § 15 UStG, Gliederungspunkt 1.1.5.1
54	Vgl. § 19 (3) S. 1 UStG und 1.1.4.4
55	Vgl. zum Steuersatz 7 % Gliederungspunkt 1.1.4.5
56	Vgl. § 19 (2) S. 1, 2 UStG
57	Vgl. § 19 (2) S. 4 UStG
58	Vgl. BHF vom 11.12.97, BStBl. II 1998, S. 420 f.
59	Vgl. A 107 (1) S. 1 UStR
60	Vgl. A 107 (2) S. 4 UStR
61	Vgl. BFH vom 03.05.1989, BStBl. II 1989, S. 815 ff.
62	Vgl. Reiß/Kraeusel/Langer, UStG, Rz. 36 zu § 4 Nr. 21 UStG
63	Vgl. BStBl. II 1999, S. 579
64	Vgl. Reiß/Kraeusel/Langer Rz. 65 zu § 4 Nr. 21. b) UStG
65	Vgl. BStBl. II 1999, S. 579

66	Vgl. § 12 (2) UStG
67	Vgl. dazu später unter Bemessungsgrundlage – Gliederungspunkt 1.1.4.6
68	Vgl. dazu später zum Vorsteuerabzug, Gliederungspunkt 1.1.5.1
69	A 168 (15) S. 2 UStR
70	Vgl. Reiß/Kraeusel/Langer, UStG, Rz 233 zu § 12 (2) Nr. 7c
71	Vgl. A 168 (21) S. 1 UStR
72	Vgl. § 73 UrhG
73	Vgl. A 168 (19) S.4 UStR
74	Vgl. dazu A 168 (20) S. 3 UStR
75	Vgl. im Einzelnen die Ausführungen zu § 15 UStG bei 1.1.5.1
76	§ 33 UStDV
77	Vgl. die Ausführungen zum Vorsteuerabzug bei 1.1.5.1
78	Vgl. §§ 33, 35 UStDV
79	§ 14 (4) S. 1 Nr. 6 UStG, § 31 (4) UStDV
80	Vgl. BFH/NV 1994, S. 63, 129
81	Das heißt, aus der Rechnung des Schreibtisches wurde die Umsatzsteuer nicht im Rahmen des Unternehmens des Musikers zu seinen Gunsten geltend gemacht.
82	Vgl. dazu die Ausführungen zu § 14 UStG bei 1.1.4.7
83	Vgl. Gliederungspunkt 1.1.4.3.2
84	Vgl. Gliederungspunkt 1.1.4.3.2
85	Vgl. die Ausführungen zur Kleinunternehmerschaft bei 1.1.4.3.3
86	Aufgrund aktueller Rechtsprechung sind Vorsteuern aus den Bewirtungsaufwendungen voll abziehbar. Die Kürzung von 30 % gilt nur zu Zwecken des ertragsteuerlichen Betriebsausgabenabzugs, nicht aber mehr für die Umsatzsteuer.
87	Vgl. die USt-Befreiung unter 1.1.4.4.4
88	Vgl. § 2 (1) S. 2 GewStG
89	Vgl. § 15 (3) Nr. 1 EStG
90	Vgl. R 15.6 EStR – künstlerische Tätigkeit
91	Vgl. BFH, BStBl. II 1983, S. 7
92	Vgl. BFH, BStBl. II 1990, S. 643
93	Vgl. BFH, BStBl. II 1983, S. 7
94	Vgl. § 2 (2) GewStG
95	Vgl. § 8 (2) KStG
96	Vgl. § 15 (3) Nr. 2 EStG
97	Vgl. DStR 1999, S 1688
98	Vgl. § 35 (1) EStG
99	Vgl. § 138 (1) S.3 AO
100	Vgl. dazu auch das Beispiel 1 des 1. Teils
101	Vgl. 1.1.4.3.3

102	Vgl. dazu die Frage 2.5
103	Das gilt aber nur, wenn der Pkw des Gesellschafters nicht zwingend notwendiges Sonderbetriebsvermögen ist. Der Pkw würde zum notwendigen Sonderbetriebsvermögen, wenn die Nutzung für die GbR anhand der jährlichen Kilometerleistung 50 % oder mehr der Gesamtfahrleistung des Jahres ist. Dann mussten tatsächliche Kfz-Kosten und nicht die Pauschalen angesetzt werden.
104	Vgl. § 180 (1) AO
105	Vgl. R 12.1 S. 2 EStR
106	BFH vom 23.05.2006, VI R 21/03
107	Vgl. BMF 16.06.98, BStBl. I 1998, S. 863
108	Vgl. dazu Frage 2.4
109	Vgl. R 4.2 (1) S. 4 EStR
110	Vgl. § 6 (1) Nr. 4 S. 1, 3 EStG
111	neue Rechtslage § 6 Abs. 1 Nr. 4 EStG seit dem 01.01.2006
112	Vgl. BMF vom 29.05.2000 Tz 3.1.1.1. BStBl. I, S. 819
113	Vgl. § 3 (1b), S. 1 Nr. 1. i.V.m. S. 2
114	Vgl. Spezialfrage 2.4
115	Vgl. Spezialfragen 2.4., 2.7, 2.10
116	Vgl. BFH vom 15.04.1999, BFH/NV 1999, S. 1410 mit weiteren Nachweisen
117	Vgl. § 158 AO.
118	Vgl. § 145 (2) AO
119	Vgl. § 147 (3) AO
120	Vgl. § 238 (1) S. 1 HGB
121	abgeleitet aus § 146 (1) S. 2 AO
122	Ebenso noch weder in Helgoland und weder in den in § 1 (3) UStG genannten Gebieten
123	Vgl. dazu die umfangreichen Ausführungen zum Vorsteuerabzug bei 1.1.5.1
124	Vgl. zur steuerlichen Abgrenzung H 67 LStH
125	Vgl. H68 LStH
126	BStBl. I 1990, S. 638
127	z.B. abgedruckt in den Beck'schen Textausgaben – Steuererlasse
128	Zitat des Autors nach Genuss einer Flasche Rotwein

Der Autor

Der Autor erhielt im jungen Alter von 13 Jahren seine erste elektrische Gitarre geschenkt, die seine Eltern standesgemäß über ein Pfandkreditgeschäft für ihn erwarben. Mit 16 Jahren kamen die ersten Live-Auftritte in Bands mit selbst erstellten Musikwerken.

Später folgten die ersten professionelleren Auftritte in diversen Gruppen aus dem Bereich Rock & Blues. Leider erst im Alter von 25 Jahren konnte er sich mit Einnahmen aus der Musik das angefangene Wirtschaftsstudium finanzieren. Der Abschluss im Schwerpunktbereich „betriebliche Steuerlehre" fand im Jahr 1993 statt. Von diesem Zeitpunkt bis zum Februar 1998 war er als Angestellter in einer Steuerberaterkanzlei in Münster tätig.

Nach erfolgreich bestandener Prüfung und Bestellung zum Steuerberater übt er seinen Beruf als selbständiger Steuerberater in einer Steuerberatersozietät in Münster aus.

Trotz der schwierigen und zeitaufwendigen Tätigkeit als Berater wird das gemütliche und geräuscharme Musizieren in einer Band aber immer noch betrieben.

Manfred Hilberger
CD-Herstellung von A-Z

Das Ziel der meisten Bands und Einzelinterpreten ist es, früher oder später aus dem Übungsraum herauszukommen und ihre Musik einem breiten Publikum vorzustellen. Dies ist heutzutage ohne eine eigene CD als „Visitenkarte" kaum mehr vorstellbar.
Dieses Buch behandelt alle in diesem Zusammenhang wichtigen Themen: von der CD-Produktion im Homestudio über Cover, Lithos, Drucksachen und Verpackung bis hin zu GEMA, GVL, MP3 und der Gründung eines eigenen Labels – in diesem umfassenden Buch bleibt keine Frage unbeantwortet.

Im handlichen Format, DIN A5, 112 Seiten!
ISBN: 978-3-8024-0222-7

Manfred Hilberger
Das Rock & Pop Business

Alles, was man als Musiker über das Business wissen sollte: Wie bewirbt man sich erfolgreich um Auftritte; wie sollte das Bandinfo gestaltet sein; Tipps zum Proberaum; Gestaltung von Verträgen; GEMA und GVL; Adressen von Veranstaltern, PA-Verleihern, Tonstudios und Plattenlabels aus dem gesamten Bundesgebiet etc.; CD-ROM mit Musterverträgen.

DIN A5, 172 Seiten, mit CD-ROM!
ISBN: 978-3-8024-0351-4

Manfred Hilberger
GEMA – leicht gemacht!

Manfred Hilberger räumt mit vielen Vorurteilen auf und erklärt, wie man auch als Amateur- und Nachwuchsmusiker von der GEMA finanziell profitiert. Als sehr hilfreich erweist sich dieses Buch, wenn es darum geht, sich durch den „Formular-Dschungel" zu kämpfen. Jede einzelne Spalte der Anmeldeformulare (Mitgliedschaft / Songs) wird ausführlich besprochen und erklärt. Dass Dr. Geyer als Pressesprecher der GEMA sich im Vorwort sehr positiv über den Inhalt und Nutzen dieses Werks äußert, ist ein deutliches Indiz für die Fachkompetenz des Autors und die Qualität dieses Buches. Für Musiker und Veranstalter uneingeschränkt empfehlenswert.

DIN A5, Hardcover, 120 Seiten!
ISBN: 978-3-8024-0371-2